Dorothy Gilman lebt im Staat New York. Sie hat sieben erfolgreiche Romane geschrieben, die sich um die unvergleichliche Emily Pollifax drehen.

Von Dorothy Gilman ist außerdem erschienen:

Mrs. Pollifax und das Goldene Dreieck (Band 7837)

Dieses Buch wurde auf chlor- und säurefreiem Papier gedruckt.

Deutsche Erstausgabe September 1992

Titel der Originalausgabe »Mrs. Pollifax and the Whirling Dervish«

Originalverlag Doubleday, New York
Umschlaggestaltung Manfred Waller, Reinbek
Umschlagfoto Günther Kipphan, G + 7 Fotoservice/Joedecke
Satz: MPM, Wasserburg
Druck und Bindung: Elsnerdruck, Berlin
Printed in Germany
ISBN 3-426-03183-3

2 4 5 3 1

Dorothy Gilman

Mrs. Pollifax und der tanzende Derwisch

Krimi

Aus dem Amerikanischen
von Lore Straßl

Knaur

Howard Morhaim
voll Bewunderung,
Zuneigung
und Dank
gewidmet

Prolog

Zwei Tage warteten sie bereits zwischen den niedrigen Dünen, wo ganz in der Nähe ein paar Ziegen ihren Hunger mit dem kärglichen Wüstengras zu stillen versuchten. Sie waren Reguibat, Angehörige eines Stammes, der seit Jahrhunderten in der Sahara zu Hause war, und sie sahen auch wie einfache Nomaden aus, außer daß jeder eine Neunmillimeter-MP auf den Rücken geschnallt hatte und die Zelte hinter ihnen zwei getarnte Landrovers verbargen. Sie trugen khakifarbene Dschellabahs, die mit dem Khakibraun der Wüste verschmolzen, und gewickelte Turbane, die ihr Kinn und fast auch noch die Augen verbargen. In der flachen, leeren Weite der Wüste bewegte sich nichts außer einem Geier, der langsam herabflog, um sich das kleine *frig*, das Lager, anzusehen und festzustellen, ob die zwei Männer, die auf der niedrigen Düne lagen, tot oder lebendig waren. Als einer der beiden seinen Feldstecher an die Augen hob, drehte der Geier, um seine Hoffnung betrogen, ab und setzte seinen Flug nach Süden fort.

Der Ältere sagte: »Er hätte schon gestern hier sein müssen, und ich glaube auch nicht, daß er heute kommt.«

Sein Begleiter nickte. »Es ist nicht gut. Brechen wir bei Sonnenuntergang auf?«

Der Ältere brummte. »Wir sind bereits zu lange hier, nur gut, daß uns keine Flugzeuge, sondern nur Geier entdeckt haben.« Er warf einen Blick auf die Sonne, dann nickte er. »In einer Stunde laden wir Zelte und Ziegen ein und verschwinden.«

»Meinst du, daß es Schwierigkeiten gegeben hat? In seiner Nachricht war von Gefahr die Rede, und er fühlte sich beobachtet.«

Der Ältere hatte die Hoffnung noch nicht aufgegeben. »Seine Nachricht lautete auch, daß er nächste Woche bei uns sein wird, wenn es diese nicht geht.« Er nickte. »Inschallah, er wird kommen.« Er justierte sein Fernglas und blickte noch einmal hindurch, doch auch jetzt war nichts zu sehen als leere Wüste und der Horizont, der unter der gnadenlosen Sonne flimmerte und verschwamm. Schließlich kehrten sie zu ihren Zelten zurück, um die Dunkelheit abzuwarten.

1

Carstairs saß an seinem Schreibtisch hoch oben im CIA-Gebäude und studierte die Fotografie, die vor ihm lag. »Er gefällt mir nicht, Bishop«, sagte er verärgert. »Mir gefällt *absolut* nicht, wen sie da in Kairo für uns ausgewählt haben. Ich habe ein verdammt ungutes Gefühl dabei, diesen Mann allein nach Marokko zu schicken. Es ist ein viel zu wichtiger Job – sieben Menschenleben stehen auf dem Spiel, verdammt!«

Sein Assistent, der ihm gegenübersaß, gab höflich zu bedenken: »Kairo war bisher immer sehr zuverlässig, Sir. Haben Sie einen besonderen Grund ständig ›*Verdammt*‹ zu sagen? Ich gebe ja zu, daß Jankos Schnurrbart für meinen Geschmack etwas übertrieben ist, aber ansonsten . . .«

Carstairs erwiderte finster: »Sie übersehen sein Gesicht, Bishop, die Augen, den Mund. Er sieht unverschämt aus für mohammedanischen Geschmack, ja *arrogant*! Natürlich ist mir klar, daß er der einzige mit Arabischkenntnissen ist, den sie in so kurzer Zeit finden konnten, trotzdem . . .« Leiser und mit noch finsterer Miene fuhr er fort: »Sie wissen, wie verwundbar die Atlasgruppe ist, nur ein Ausrutscher, eine vorschnelle Entscheidung, eine falsche Person . . .« Er schüttelte den Kopf. »Nach Jahren der Feindseligkeiten nehmen Marokko und Algerien plötzlich diplomatische Beziehungen auf, wer weiß, was da passieren kann, welche Schlingen sich zuziehen könnten, oder – verzeihen Sie meine Vermischung von Metaphern – welche Höllen für unsere Atlasgruppe losbrechen könnten, vor allem, wenn wir entdeckt werden. Und jetzt *das!*«

Geduldig versuchte Bishop es aufs neue. »Es könnte ein sehr schlechtes Foto sein. Zu dumm, daß er in Kairo ist; wenn Sie ihn sehen könnten, würden Sie vielleicht Ihre Meinung ändern. Ich verstehe nicht so recht, was Sie haben, Sir.«

»Ich auch nicht«, brummte Carstairs. »Jedenfalls ist es ein sehr scharfes Foto, und irgendwie habe ich kein gutes Gefühl, wenn ich mir diesen Janko ansehe. Natürlich ist mir klar, daß wir unbedingt jemanden brauchen und nur er zur Verfügung steht; aber ich würde mich verdammt viel wohler fühlen – so wie er aussieht –, wenn wir ihm jemanden mitgeben könnten, der ihn im Auge behält und seine Tarnung als Tourist glaubhafter macht. Ich finde, er sieht einfach nicht wie ein harmloser Tourist aus. Es müßte jemand sein, der seiner Erscheinung die Ecken und Kanten nimmt, er kommt mir ausgesprochen hochnäsig und beleidigend vor; jemand ...«

»... der ihm die Flügel stutzt?«

»Mein lieber Bishop ...!«

»Entschuldigen Sie«, tat Bishop zerknirscht.

Carstairs grinste. »Schon gut, ich gebe ja zu, daß ich mich nicht gerade klar ausgedrückt habe, aber ich sage Ihnen, was wir brauchen: eine Mrs. Pollifax.«

Bishop verstand sofort und war beeindruckt von Carstairs' Schlauheit. Sein Chef neigte dazu, die Dinge bildhaft zu sehen, und bei der Erwähnung von Mrs. Pollifax jubelte Bishop insgeheim über Carstairs großartige Idee. Er blickte wieder auf das Bild auf dem Schreibtisch, auf die buschigen schwarzen Brauen, den dichten schwarzen Schnurrbart und die arrogante Miene dieses Jankos und stellte sich den Mann in der Gesellschaft der sonnigen, freundlichen Mrs. Pollifax vor, die einen so arglosen, vertrauenswürdigen Eindruck machte, und mußte lachen.

»Ich verstehe *genau*, was Sie meinen«, sagte er. »Emily hätte einen beruhigenden Einfluß auf ihn und könnte die Wogen glätten, die dieser Bursche aufwühlt.«
Carstairs nickte. »Dieser Max Janko mag ja ein Sprachgenie sein – offenbar sind Sprachen seine Spezialität –, aber so wie er aussieht, bezweifle ich, daß er das Wort Takt jemals gehört hat.« Sein Lächeln schwand. »Bedauerlicherweise gibt es nur eine Emily Pollifax, und wir können Cyrus wohl kaum bitten, uns seine Frau zu leihen, damit sie mit einem anderen herumreist.«
Langsam breitete sich ein Lächeln auf Bishops Gesicht aus; übertrieben beiläufig und verschmitzt erklärte er: »Ich weiß zufällig, daß Cyrus vor drei Tagen weggefahren ist, um seinen neuen Enkel in Kenia zu bewundern. Seine Tochter lebt seit kurzem dort mit ihrem Mann, der Arzt ist.«
Carstairs starrte ihn an. »Allein? Mrs. Pollifax ist nicht mitgefahren?«
Bishops Lächeln wurde noch breiter. »Nein, Sir.«
»Wieso nicht?« wunderte sich Carstairs. »Es ist doch hoffentlich alles in Ordnung zwischen den beiden, oder?«
»Aber ja«, versicherte ihm Bishop. »Es ist nur so, daß es bei ihnen gegenwärtig offenbar einen ziemlichen Enkelkinderboom gibt, da haben sie beschlossen, ihre Verantwortung gegenüber der nächsten Generation aufzuteilen, ehe es ihnen über den Kopf wächst. Er wird zwei Wochen wegbleiben.«
»Hmmmmm«, murmelte Carstairs nachdenklich. »Und Mrs. Pollifax ist zu Haus geblieben und kümmert sich um ihre Geranien, nehme ich an.« Er schwieg einen Augenblick, dann nickte er und schnippte mit den Fingern. »Gehen wir es an, Bishop, nur . . .« Er zögerte stirnrunzelnd. Immer noch fand er es merkwürdig, daß eine

Gruppe, die 1976 als ein Kontroll-und-Gegengewichts-Experiment zusammengestellt worden war, die ganzen Jahre unbemerkt und ungestört geblieben war. Es erschien ihm als ein Paradebeispiel starrer Bürokratie, daß etwas, wenn es erst einmal begonnen war und eigenen Schwung entwickelt hatte, selbst wenn es unsichtbar war, für sie existierte. Er hatte volles Vertrauen zur Atlasgruppe, aber es amüsierte ihn immer wieder, daß in diesem Fall die Rechte nicht wußte, was die Linke tat, und daß es so etwas sogar beim Geheimdienst, ihrem Central Intelligence, vorkam. Er sagte: »Ich frage mich, wie weit wir sie einweihen sollen? Sagen wir ihr, daß sie für eine politische Einzelgänger-Gruppe mit dem Namen Atlas arbeiten wird, die nicht geheimer sein könnte, und nicht für den Hauptarm der CIA?«

Bishop sagte lächelnd: »Ich glaube sogar, sie wäre erleichtert, wenn sie das hörte. Ich bekam einen sehr verärgerten Brief von ihr während der Iran-Kontra-Hearings mit vielen Zitaten aus der US-Verfassung.«

Carstairs lächelte leicht. »Trotzdem können wir es uns nicht leisten, sie allzu sehr einzuweihen, das wäre gefährlich.«

»Es würde sie aber auch schützen«, gab Bishop zu bedenken.

Carstairs überlegte. Als er zu einem Entschluß gekommen war, sagte er mit fester Stimme: »Das glaube ich nicht. Im Grund genommen handelt es sich um eine ganz einfache Erkundungsreise. Die größte Gefahr ist die, aufgedeckt zu werden, doch da während der ganzen Reise keine persönliche Verbindung aufgenommen werden soll, ist das nicht zu befürchten – *solange sich dieser Janko richtig benimmt!*« fügte er schroff hinzu. »Wenn Mrs. Pollifax den Auftrag übernehmen kann, falls sie abkömmlich ist, können wir ja betonen, daß sie für eine separate Abteilung arbeiten wird, doch auf keinen Fall mehr.« Er schüttelte den Kopf.

Bishop sagte ruhig: »Auf die Vermutung hin, daß sie gegenwärtig möglicherweise der CIA nicht grün ist, wohl aber uns?«

Carstairs lächelte. »Wir haben eine weiße Weste – nun, verhältnismäßig jedenfalls«, ergänzte er trocken. »Versuchen Sie, ob Sie sie telefonisch erreichen, und fragen Sie, ob sie einen Auftrag für uns übernehmen und gleich morgen nach Marokko fliegen kann, und wenn ja – helf uns Gott, wenn nicht –, gehen Sie heute nachmittag zu ihr und erklären ihr alles.«

»Mit Vergnügen«, versicherte ihm Bishop erfreut. »Wenn Sie mich jetzt entschuldigen, rase ich mit schicklicher Eile und Daumen haltend zu meinem Telefon.«

»Ein kleines Gebet würde vielleicht auch helfen«, rief ihm Carstairs nach, doch Bishop war bereits in seinem Büro verschwunden und warf die Tür hinter sich zu.

Mrs. Pollifax hatte den Morgen damit begonnen, ein paar Geranien in ihrem neuen Gewächshaus zu stutzen, doch nachdem sie das bei dreien gemacht hatte, ertappte sie sich dabei, daß sie trübsinnig aus dem Fenster starrte. *Es interessiert mich nicht die Bohne, was ich hier mache,* dachte sie. Sie legte die Gartenschere zur Seite, ging in die Küche, schenkte sich eine Tasse Kaffee ein und setzte sich damit an den Eßtisch, wo ihr gewöhnlich die besten Einfälle kamen.

Etwas stimmt nicht, gestand sie sich ein. Vorsichtig ging sie der Sache auf den Grund. Sie bedauerte nicht, daß sie nicht mit Cyrus nach Kenia geflogen war, immerhin hatten sie Weihnachten bei ihrem Sohn Roger in Chicago verbracht und Silvester bei ihrer Tochter Jane in Arizona, und es war sehr schön gewesen, wieder zu Haus zu sein, nur hatte niemand damit gerechnet, daß Lisas Baby einen Monat zu früh käme, und die freudige Nachricht sie erreichte, noch ehe sie ihre Koffer von der Weihnachtsreise ausgepackt hatten.

Vielleicht hatten zu viele Gästezimmer sie ganz einfach müde gemacht; vielleicht lag es auch daran, daß es Januar war und der Himmel von endlosem Grau; doch weder der eine noch der andere Gedanke brachte eine Reaktion, so gab sie beide ungeduldig auf. Als sie tiefer bohrte, stieß sie auf etwas, das sie erschreckte: ihr war langweilig – gräßlich und geistraubend langweilig.

O Gott! dachte sie, *langweilig?*

Sofort wurde ihr klar – was ihr Unterbewußtsein schon die ganze Zeit gewußt hatte –, daß etwas in ihrem Leben fehlte. *Jetzt ist es schon ein ganzes Jahr her,* dachte sie. *Halten sie mich für zu alt?*

»Sie«, sagte sie verärgert laut, weigerte sich, Carstairs, Bishop und die Abteilung beim Namen zu nennen, während sie blicklos durchs Fenster auf den Garten schaute, den das Januartauwetter in Matsch verwandelt hatte.

Es war schon einige Jahre her, daß sich Mrs. Pollifax, einsam, gelangweilt und verwegen zum CIA begeben hatte, um ihren Kindheitstraum, Spionin zu werden, einzugestehen und ihre Dienste anzubieten. Durch puren Zufall – bestimmt war es ein Wunder gewesen, oder? – war sie Carstairs im Wartezimmer aufgefallen, der für einen wichtigen Kurierauftrag verzweifelt nach einer »harmlosen Touristin« gesucht hatte. Und schon war sie unterwegs nach Mexiko gewesen. Seither schien ihr, als hätte sie ihr wirkliches Leben erst richtig während jener Gelegenheiten gelebt, da sie Urlaub von Komitees und Gartenclub nahm, um in seinem Auftrag hinaus in die Welt zu reisen. Immerhin hatte sie dabei Cyrus kennengelernt, sowie alle möglichen anderen faszinierenden Leute, von denen einige ganz versessen darauf gewesen waren, sie umzubringen. Niemandem dergleichen wäre sie in ihrem Gartenclub begegnet.

Ich bin verwöhnt, dachte sie. *Ich habe mich so sehr an diese Unterbrechungen meines Alltags gewöhnt, die das Adrenalin durch die Adern rasen lassen und die Kämpf-oder-Flieh-Reaktionen auf Hochtouren bringen; und das schaffen weder meine Geranien noch der Gartenclub. Cyrus ist wundervoll, aber ich fürchte, nach unseren Abenteuern im vergangenen Januar, die wir auf den Hochebenen von Thailand fast nicht überlebt hätten, genießt er das ruhige Leben, froh darüber, daß alles gut ausgegangen ist.*

Genau wie ich, fügte sie rasch und reuevoll hinzu. Aber so bot ihr das Leben keine Herausforderung, nicht einmal die wöchentlichen Karatestunden erschienen ihr sonderlich sinnvoll. Schließlich drehte sie das Messer noch in der Wunde und sagte laut: »Vielleicht bist du jetzt wirklich zu alt für gefährliche Abenteuer, Emily Pollifax.«

Das Läuten des Telefons ließ sie zusammenfahren, riß sie jedoch nicht aus ihren trüben Gedanken. Sie wußte – sie war sich absolut sicher –, daß der Anrufer entweder Amos vom Gartenzentrum war, der ihr mitteilen wollte, daß der bestellte Dünger eingetroffen sei; oder Mrs. Tilliwit, die sie an die Umweltschützer-Versammlung am Mittwoch erinnern wollte. Widerstrebend gab sie ihren Kaffee auf und hob den Hörer beim fünften Klingeln ab.

»Hallo«, sagte sie seufzend.

»Welch eine Begrüßung«, erklang eine mitfühlende und sehr vertraute Stimme. »Ich hoffe, ich störe keine Totenwache?«

»B-Bishop?« stammelte sie. *»Bishop?«*
»Kein anderer«, versicherte er ihr. »Geht es Ihnen nicht gut?«
Sie lachte zittrig. »Nur ein schauderhafter Anfall von Januarlangeweile.«
»Dann ist es ja der passende Augenblick, Sie zu fragen«, sagte er vergnügt, »ob Sie vielleicht morgen nach Marokko fliegen könnten, in einer Angelegenheit speziell für Carstairs. Auf etwa eine Woche ...«
»Marokko!« keuchte sie, und sofort empfand sie wieder dieses herrliche Gefühl der Erwartung und zu etwas nütze zu sein; sie spürte, wie die Mauern ihres Lebens sich weiteten, wie die seltsame Klaustrophobie schwand, die sie erdrückt hatte. *Nicht* zu alt, dachte sie und jubelte stumm die Worte, *nicht zu alt, nicht zu alt!* Und dann sagte sie einfach: »Ja, Bishop, ich kann morgen nach Marokko fliegen. Ich freue mich.«
»Wundervoll! Ich komme am Nachmittag zu Ihnen, dann können wir alles besprechen. Holen Sie Ihren Reisepaß hervor – es sind weder Visa noch Impfungen nötig – und fangen Sie schon an zu packen.«
Nachdem er eingehängt hatte und sie den Hörer auflegte, stellte sie überrascht fest, daß auch das Wohnzimmer, in dem sie sich befand, lebendig geworden war. Die Farben hoben sich leuchtend von den weißen Wänden ab, die Geranie auf dem Tisch strahlte in flammendem Rot. Dabei hatte vor wenigen Minuten noch alles so düster ausgesehen; *es hat gar nicht an dem Zimmer gelegen,* dachte sie, *sondern an mir, und ich habe es zugelassen.* Verärgert fügte sie hinzu: »Und jetzt, da ich Ja zu Marokko gesagt habe, werde ich mich plötzlich an alle Gefahren erinnern, ohne die es bei Carstairs Aufträgen nie abgegangen ist, und werde über meine Verwegenheit entsetzt sein.«

Sie lachte laut. Wie schwierig es war, ein Mensch zu sein, wie schwierig, konsequent zu sein. Sie beruhigte sich damit, daß Emerson Standhaftigkeit das Schreckgespenst kleiner Geister genannt hatte. Nachdem sie sich derart getadelt und getröstet hatte, stieg sie vergnügt die Treppe hoch, um zwei Reisetaschen zu packen und auf Bishop zu warten.

Er kam um halb drei. Der Kaffee begann bereits ungehalten zu blubbern, als sie einen Wagen die Kieseinfahrt hochbrummen hörte. Sie beeilte sich, die Tür zu öffnen. Es war Monate her, seit sie ihn das letztemal gesehen hatte, und als er jetzt aus einem knallroten Auto stieg, grüßte sie ihn mit einem fröhlichen: »Bishop – ein Jaguar?«

»Nur ein Leihwagen.« Er grinste sie an und nahm seine Aktentasche vom Vordersitz, ohne die man ihn nie sah. »Mit achtzehn war es ein Jeep, in meinen Zwanzigern und Dreißigern war es mir egal, aber wenn man beginnt, auch die letzten Reste seiner Jugend zu verlieren, braucht man so eine Art von Spielzeug.«

»Nicht ungewöhnlich!« Sie nickte. »Aber was ist die Ursache für diese erstaunliche Tiefsinnigkeit?«

»Das mittlere Alter.« Er stieg die Stufen hoch und fügte düster hinzu: »In zwei Monaten werde ich vierzig.«

»Entsetzlich. Kommen Sie herein, ersäufen Sie Ihre Midlife-crisis in Kaffee und erzählen Sie mir von Marokko.«

»Gut.« Er warf seinen Mantel über eine Sessellehne. »Unterhalten wir uns in der Küche, ich mag Küchen. Junggesellen kriegen selten Küchen zu sehen, und ich *mag* sie!«

»Und ich wußte das nicht«, sagte sie trocken. »Eine ihrer ungeahnten Seiten, Bishop.«

In der hellen, gemütlichen Küche legte er seine Aktentasche auf den Tisch, setzte sich und lächelte sie glücklich

an. »Ich habe so viele Seiten, die den Leuten nicht auffallen, das ist die Tragik meines Lebens.«
»Vor allem den Blondinen nicht, für die Sie so schwärmen?«
»Vor allem denen nicht.«
»Ich weigere mich, Mitleid mit Ihnen zu haben.« Sie schenkte zwei Tassen Kaffee ein und brachte eine Platte mit Heidelbeerkuchen.
»Mmmmm«, murmelte er. »Ausgesprochen verlockend dieser Kuchen. Ich muß unbedingt ein Stück kosten, danke.«
»Tun Sie das«, sagte sie zwinkernd; sie zweifelte nicht im geringsten, daß er alle sechs verschlungen haben würde, ehe er sich verabschiedete. »Geht es Mr. Carstairs gut?«
Bishop nickte. »Aber er sehnt sich nach einfacheren Zeiten. Er findet, daß die CIA zu groß geworden ist, zu bürokratisch, zu abartig und arteriosklerotisch, wenn man unser Globalzeitalter bedenkt ... Ansonsten ist er derselbe brillante Carstairs, der einen rasend machen kann –, aber sprechen wir über Marokko.«
»Gut.«
»Also, fangen wir an. Doch ehe Sie sich einverstanden erklären, ist es absolut wichtig, daß Ihnen klar ist, daß Sie für eine ganz kleine Abteilung der CIA arbeiten, die völlig separat, nicht anerkannt und nur sehr wenigen bekannt ist.«
»Interessant«, murmelte sie. »*Sehr* interessant, aber noch nicht einschüchternd ... Bitte reden Sie weiter.«
»Schön. Wir möchten sehr gern – nein, wir brauchen Sie unbedingt, um einen Mann zu begleiten, der einen Auftrag für uns in Marokko durchführt. Wir haben beschlossen – nachdem Sie sich einverstanden erklärt hatten –, daß Sie als seine Tante mit ihm reisen.« Er lächelte zufrieden. »Tante Emily Pollifax.«

»Ich soll ihn nur – begleiten?«

Er nickte. »Viel mehr könnten Sie auf keinen Fall tun, weil Sie nicht Arabisch sprechen und eine Frau sind. Es ist ein mohammedanisches Land, und der Großteil der Frauen, vor allem in ländlichen Gegenden, wird gesehen, aber nicht gehört, und wenn sie verschleiert sind, werden sie nicht einmal richtig wahrgenommen. Sie leben ein abgesondertes Leben, was wohl damit zu tun hat, daß der Koran Frauen als minderwertig betrachtet.«

Mrs. Pollifax schniefte abfällig.

»Jankos Wert«, fügte er tröstend hinzu, »liegt darin, daß er Arabisch spricht . . . Max Janko, den Sie begleiten sollen.«

Sie runzelte die Stirn. »Wozu braucht er mich, wenn er Arabisch kann?«

Bishop seufzte. »Das ist eine etwas heikle Sache, denn nicht er braucht Sie, sondern wir. Carstairs kennt diesen Mann nicht – Kairo hat ihn ausgewählt –, aber wie Sie ja bereits wissen, ist Carstairs fast so was wie ein Experte in Physiognomie, er hat so seine Ahnungen, wenn er sich ein Gesicht ansieht; es ist direkt unheimlich, aber bisher hat er sich, soviel ich weiß, nie getäuscht. Dieser Janko ist der einzige mit Arabischkenntnissen, der sofort verfügbar ist. Und daß er Arabisch kann, ist wichtig, weil Sie praktisch durch ganz Marokko reisen werden, hoffentlich ohne aufzufallen und ständig nach dem Weg fragen zu müssen. Tatsächlich spricht Janko auch Urdu, Chinesisch, Russisch und Rumänisch und kann Sanskrit übersetzen. Aber Carstairs schließt aus seinem Bild, daß es ihm – sagen wir an Höflichkeit und Takt mangelt, in einem mohammedanischen Land gut zurechtzukommen, am nötigen Einfühlungsvermögen, sich aus bedenklichen Situationen herauszureden oder -zuarbeiten.« Er lächelte. »Wenn er mit Ihnen reist, hoffen wir, daß Sie einen netten, tantengleichen Einfluß auf ihn haben werden. Und daß Sie die Wogen glätten können, falls er sich als Elefant im Porzellanladen erweist oder die Sitten und Gebräuche des Landes verletzt – die Beherrschung verliert oder grob wird. Und daß Sie überhaupt die Augen offenhalten. Wir wollen ihn wahrhaftig nicht schlechtmachen«, fügte er hinzu, »aber Carstairs macht sich eben Sorgen, weil es um eine äußerst wichtige Sache geht.«

»Was soll dieser Mr. Janko denn eigentlich tun?« erkundigte sie sich behutsam.

»Nach sieben Personen suchen«, antwortete er. Er kramte in seiner Aktenmappe und holte einen kleinen Umschlag heraus. »Wir hielten es für das sicherste, daß Sie ihm das hier persönlich übergeben. Ihr Bild haben wir ihm getelext, damit er Sie am Flughafen in Fes erkennen kann, wenn er Sie abholt. Aber wir können nicht riskieren, ihm diese Fotos ebenfalls zu senden. Wenn Sie nicht hätten mitmachen können, müßten wir einen Kurier schicken. Diese Bilder kennt nicht einmal Kairo. Hier sind sie.«

Er händigte ihr den Umschlag aus. »Sieben Schnappschüsse, sieben Gesichter. Die jeweilige Adresse steht auf der Rückseite. Die Überprüfung dieser Leute wird Sie von Fes bis hinunter in die Südostecke des Landes führen. Sie werden also ein ganz schönes Stück von Marokko sehen. Dem echten Marokko«, fügte er hinzu.

Sie blickte auf den Umschlag, dann auf Bishop. »Darf man fragen, wer diese Leute sind?«

»Informanten.«

»Ich verstehe . . . aber das ist doch gewiß nicht alles.«

Er zuckte die Schultern. »Bestimmte Gerüchte erreichten uns, aber Carstairs würde sagen, daß das nichts ist, worüber Sie sich den Kopf zu zerbrechen brauchten.«

Sie sagte sanft: »Ich zerbreche mir aber ganz gern den Kopf, Bishop.«
»Ich weiß ...« Er überlegte eine Minute, zögerte und nickte schließlich. »Also gut, ich sage es Ihnen: Wir sind beunruhigt, weil die Beschreibung eines der sieben nicht zu seinem Foto paßt.«
Ihre Augen weiteten sich. »Ein faules Ei unter Ihren sieben?«
»Ja«, sagte er grimmig. »Jemand könnte die Identität eines der Männer unseres Netzes angenommen haben – ich schaudere, wenn ich daran denke, wie – und könnte vorhaben, die anderen unserer Gruppe aufzudecken oder auszuschalten. Mehr als das, meine liebe Mrs. P., darf ich leider weder Ihnen noch Janko sagen. Außer, daß Sie mit dem Wagen von Ort zu Ort fahren werden und daß Janko die Anweisung hat, mit keinem der sieben in Verbindung zu treten, sondern sich nur zu vergewissern, daß jedes Gesicht zu dem jeweiligen auf den Bildern paßt; denn Namen können geändert werden, nicht jedoch die Gesichter.«
»Wie wahr. Aber was ist, wenn ...«
»Wenn ein Gesicht *nicht* paßt«, fuhr er fort, »sollten Sie schleunigst zum nächsten Postamt fahren ...«
»Postamt?«
»Ja. In Marokko werden Fernschreiben von den staatlichen Postämtern abgesandt – und die sind rar in den Gegenden, durch die Sie kommen werden. Sobald Sie ein Hotel erreicht haben, werden Sie Baltimore anrufen, um Ihre Nachricht zu bestätigen. Und da alle Ferngespräche durch Rabat gehen – was Stunden dauern kann –, bitten wir Sie, vorsichtig zu sein, was Sie melden.«
»Ja, natürlich.« Sie nickte. »Das ist alles?«
Er lächelte. »Ich glaube, Sie werden es abenteuerlich ge-

nug finden, nur diese sieben Personen zu finden, ohne daß jemand dahinterkommt, was Sie tun. Deshalb ist Jankos Arabisch so wichtig. Zwei Touristen aus dem Westen, die in irgendeinem gottverlassenen Nest nach dem Weg zu irgendeiner obskuren Person in einer obskuren Ortschaft fragen, würden höllisch auffallen, was zu beachtlichen Schwierigkeiten führen könnte.«

Das klang logisch. Sie nickte. »Und wie werde ich Mr. Janko erkennen?«

Bishop lachte. »Das brauchen Sie nicht. Er wird *Sie* finden, aber Sie können sich auf einen Mann mit buschigem schwarzen Schnurrbart und buschigen schwarzen Brauen gefaßt machen und – wie Carstairs es nannte – von absoluter Arroganz. Aber falls Sie sich tatsächlich am Flughafen in Fes verfehlen sollten, finden Sie ihn im Hotel Palais Jamai, wo wir ein Zimmer gleich neben seinem für Sie reservieren ließen.«

»Palais Jamai«, wiederholte sie.

»Ich habe einen arabischen Sprachführer für Sie organisiert.« Er langte in seine Aktenmappe. »Und einen französischen, weil Marokko bis 1956 französisches Protektorat war. Aber ich glaube, Sie werden genügend Leute finden, die Englisch verstehen, wenigstens in den größeren Städten und natürlich in Fes. Der Sprachführer enthält auch Wissenswertes über Marokko, sowie eine Landkarte.« Seine Hand verschwand noch tiefer in der Aktenmappe. »Und hier sind Ihre Tickets – es gibt nur drei Flüge wöchentlich vom Kennedy Airport, also achten Sie darauf, daß Sie rechtzeitig dort sind –, und hier ist marokkanisches und amerikanisches Geld, Reiseschecks, Ihre Hotelbuchung in Fes – danach sind Sie auf sich selbst gestellt. Und hier sind die übliche Fernschreiberanschrift und Telefonnummer in Baltimore, *falls* . . .«

»Falls«, wiederholte sie ernst.
»Ja, falls ... Wir hoffen natürlich, daß alles in Ordnung ist, aber die Information, die wir telefonisch erhielten, war plötzlich ziemlich undeutlich und paßte absolut nicht zu der anderer Quellen. Sonst noch was? Nein, ich glaube, ich habe nichts vergessen.« Er setzte sich zurück, lächelte und begann sich über den vierten Heidelbeerkuchen herzumachen. »Noch Fragen?«
»Ja. Wie ist Marokko?«
»Arm«, antwortete er. »Nachdem es 1956 seine Unabhängigkeit errungen hatte, sah es sehr vielversprechend aus, doch inzwischen kämpft das Land bereits seit vierzehn Jahren einen Krieg, der es pro Tag gut eine Million Dollar kostet. Deswegen mußten viele Pläne ad acta gelegt werden. Sie werden jedenfalls feststellen, daß es arm ist.«
»Krieg?« fragte sie überrascht. »Mit wem? Was für ein Krieg?«
Bishop griff nach dem Sprachführer, der vor ihr auf dem Tisch lag, und schlug die Landkarte auf. »Sehen Sie dieses Gebiet im Süden von Marokko?«
Sie nickte. »Ganz in Gelb, das bedeutet Wüste, nicht wahr?«
»Richtig. Das ist die Westsahara, in etwa das ödeste und unwirtlichste Land, um das jemand kämpfen kann, aber es ist die Heimat von Berbern und Arabern, die als Sahraoui bezeichnet werden; es sind hauptsächlich Nomaden, die schon immer in dieser Gegend lebten. Die Westsahara war ein spanisches Protektorat, bis es die Spanier Anfang 1976 räumten. Den Sahraoui wurde damals das Selbstbestimmungsrecht – eine Volksabstimmung unter UN-Aufsicht – versprochen, bei der sie ihre Unabhängigkeit oder den Zusammenschluß mit Marokko oder Mauretanien wählen sollten. Doch dazu kam es nie, weil Ma-

rokko sofort einmarschierte, um die Westsahara für sich zu beanspruchen und zu besetzen.«
»Klingt ziemlich gierig«, murmelte Mrs. Pollifax. »Ich nehme an, die Sahraoui leisteten Widerstand?«
Bishop nickte. »Man nennt diese Leute Polisarios, nach der 1973 gegründeten Befreiungsbewegung FPOLISARIO. Sie versuchen seit vierzehn Jahren ihr Land zurückzubekommen. Tatsächlich führten sie lange Zeit einen verdammt guten Guerillakrieg. Nicht von ihrem eigenen Land aus – das mußten sie verlassen –, sondern von Algerien aus, das sie wirtschaftlich und militärisch unterstützt. Ihr Stützpunkt befindet sich in der algerischen Wüste in der Gegend von Tindouf.« Er verzog das Gesicht. »Ich muß hinzufügen, daß sie auch an der diplomatischen Front einen unerbittlichen Krieg führen. Sie nennen sich die Demokratische Arabische Republik Sahara – ein Land im Exil –, sind jetzt Mitglieder der Organisation für Afrikanische Einheit und werden von neunundsechzig unabhängigen Staaten anerkannt – und all das ohne ein Land.«
»Erkennen auch wir sie an?« fragte Mrs. Pollifax erstaunt. »Die USA?«
Er lächelte schwach. »Im Gegenteil, unsere Regierung unterstützt Marokko in seinem Krieg gegen sie. Wir haben Geld, Material und Berater nach Marokko geschickt, ganz zu schweigen von Hubschraubern, Panzern, Luft-Boden-Raketen, Munition und einem elektronischen Zaun, um die Polisarios aus der Westsahara herauszuhalten.«
Angesichts ihrer überraschten Miene sagte er: »Das wußten Sie nicht? Nun, ich nehme an, daß sich nicht sehr viele Amerikaner danach erkundigen, was mit ihren Steuergeldern gemacht wird – leider. Hin und wieder machte

der Kongreß Einwendungen wegen der Kosten, aber theoretisch sind die Zahlungen wichtig, da der König von Marokko, falls er diesen Krieg verliert, auch seinen Thron verlieren würde, auch wenn er Zugeständnisse macht und den Krieg beendet, verliert er seinen Thron – es gab bereits mehrere Anschläge – und der Ist-Zustand ist, wie üblich, dem Unbekannten vorzuziehen, nicht wahr?« Bishop lächelte. »Aber ich glaube, wir müssen den Geschichtsunterricht beenden, denn für uns geht es um das Leben von sieben Menschen – oder von sechs, falls einer davon nicht echt ist –, aber ich wollte Ihnen erklären, warum das Land arm ist und weshalb es ratsam ist, gut auf seine Geldbörse aufzupassen – es gibt unzählige Bettler – und vergessen Sie nicht nachts, Ihre Tür zu verschließen.« Er unterbrach sich und blickte sie forschend an. »Was ist los? Ist etwas nicht in Ordnung?«

»Ja«, sie nickte. »Ich glaube, ich kann diesen Auftrag doch nicht annehmen, Bishop. Nach allem, was Sie mir erzählt haben, gehört meine Sympathie den Polisarios. Und ein Auftrag, sieben Leute zu überprüfen, die gegen sie spionieren ...« Sie schüttelte den Kopf. »Tut mir leid, das kann ich nicht.«

Er lehnte sich zurück und blickte sie bestürzt an. »Verdammt, das habe ich offenbar völlig vermasselt.«

»Ich wüßte nicht, wie Sie es hätten besser machen können«, entgegnete sie.

»Ich wollte Ihnen doch nur erklären, daß Sie auf Ihre Tasche aufpassen müssen ...«

»Ja, und vor allem, *warum*.«

»Dabei ist mir der Gaul durchgegangen und ich habe es verkehrt gemacht.« Düster fuhr er sich durchs Haar. »Hören Sie«, sagte er und begann erneut. »Ich habe ausgesprochen strikten Befehl von Carstairs, Ihnen nicht mehr zu sagen – sowohl zu Ihrer wie unserer Sicherheit – und ich *kann* Ihnen nicht mehr sagen, nur soviel: Würden Sie mir vertrauen, wenn ich Ihnen versichere, daß dieser Auftrag, unter den richtigen Umständen, zur Beendigung dieses Krieges *beitragen* könnte?«

Sie blickte ihn argwöhnisch an. »Ich kann mir nicht vorstellen wie.«

Er seufzte. »Ich könnte darauf hinweisen, daß Informanten mit Informationen handeln, und sehr oft mit solchen, die die Regierung verheimlichen will. Das könnte ich, aber schließlich ist es doch eine Sache des Vertrauens.«

»Vertrauen?«

»Zu Carstairs«, sagte er. Er wirkte gequält und angespannt.

Er hatte es auf den einfachsten Nenner gebracht, was sie für unfair hielt, aber sie konnte nicht bestreiten, daß sie Carstairs vertraute. Sie hatte seine Integrität schätzen gelernt; er hatte ihr nie einen Auftrag gegeben, der gegen ihre Einstellung gewesen wäre, und wenn er wirklich hoffte, daß dieser Auftrag zur Beendigung eines abscheulichen kleinen Krieges beitragen konnte, mochte das durchaus so sein.

Müde sagte sie: »Sie zwingen mich, zuzugeben, daß ich Carstairs vertraue.«

Fast flehend sagte Bishop: »Dann überlegen Sie es sich noch einmal?«

Er wirkte so bedrückt, daß sie lächeln mußte. »Ich vertraue auch Ihnen, Bishop.«

»Danke.«

»Deshalb habe ich es mir noch einmal überlegt und werde den Auftrag annehmen.«

Er seufzte erleichtert. »Gott sei Dank!« rief er inbrünstig. »Sie haben mir ganz schön angst gemacht, wissen Sie?

Davon muß ich mich erst noch erholen.« Benommen blickte er auf die Uhr. »O verdammt! Es ist schon spät. Ich muß mich beeilen.«

»Sie müssen sich immer beeilen«, beschwerte sie sich.

»Wissen Sie, wenn ich im Büro bin, sitze ich hauptsächlich hinter dem Schreibtisch, aber kaum verlasse ich es, muß ich unzählige Erledigungen für Carstairs machen. Ich werde um sechzehn Uhr in Manhattan erwartet.« Er blickte traurig auf die Tortenplatte, auf der sich einmal sechs Kuchenstücke befunden hatten und die nun leer war. »Ausgesprochen köstlich, Ihr Kuchen, es ist wirklich schade, daß ich schon weg muß. Sie werden Janko ganz fest an die Kandare nehmen, falls er anfängt, Leute zu beleidigen, nicht wahr?«

Sie lächelte. »Ich habe zwar kein Anstandsbuch, aber ich werde ihn ermutigen, öfter zu lächeln.«

»Viel Glück«, sagte Bishop trocken und schloß klickend seine Aktentasche. Dann beugte er sich zu Mrs. Pollifax hinüber, küßte sie aufs Haar und sagte: »Tausend Dank, daß Sie es doch machen.«

Als Bishop gegangen war, trug Mrs. Pollifax den Umschlag mit den Bildern nach oben, und während sie sie auf das Bett neben ihre gepackten Reisetaschen legte, versuchte sie sich zu erinnern, was sie über Marokko wußte. Es erstreckte sich über die obere linke Ecke von Nordafrika und grenzte sowohl an den Atlantik wie an das Mittelmeer; Algerien war sein Nachbar im Osten. Und hatte sie nicht auch irgendwo gelesen, daß die Algebra in Marokko erfunden worden war? *Oder entdeckt oder ausgearbeitet oder was man eben mit Algebra tut,* dachte sie verärgert, denn dieses Fach hatte sie in der Schule immer eingeschüchtert.

Natürlich hatte sie den Film *Casablanca* gesehen, und er hatte ihr gefallen, aber Bishop hatte nur von Fes gesprochen ... Und hatten nicht die Römer Nordafrika vor langer Zeit besetzt?

»Was ist aus meinen Geschichtskenntnissen geworden?« klagte sie. Sie setzte sich aufs Bett neben den Umschlag mit den Fotos und erlag ihrer Neugier. Sie holte die Bilder heraus, betrachtete eines nach dem anderen, dann blickte sie jedes einzelne erneut an, und schließlich breitete sie sie auf dem Bett aus, damit sie jedes Gesicht studieren konnte.

Die Fotografien waren zuvorkommend von eins bis sieben numeriert, sie ordnete sie der Reihe nach und konsultierte die kleine Landkarte in ihrem Sprachführer. Sie prägte sich die Route ein, die sie mit Janko durch Marokko nehmen würde, und bemerkte, wie unterschiedlich der Hintergrund jeder Momentaufnahme war, angefangen von den schmalen Gassen in der Altstadt von Fes, bis zu braunen Ebenen und schließlich zu Bergen, von denen einer eine Schneekappe trug.

Die Informanten waren auf den Schnappschüssen deutlich zu sehen, aber sie vermutete, daß ein Amateur sie aufgenommen hatte und wahrscheinlich ohne Wissen der Informanten, denn keiner der sieben posierte vor der Kamera, und nur einer blickte überhaupt in ihre Richtung. Die Gesichter zeigten ihr auch, was Bishop gemeint hatte, als er betonte, daß Marokko ein moslemisches Land war: Sie sah sieben Männer in langen Gewändern, drei hatten Bärte; einer trug einen Fes, die anderen Turbane. Ihre Namen und Adressen auf der Rückseite jedes Bildes klangen fremdartig für amerikanische Ohren: Hamid ou Azu, Ibrahim Atubi, Youssef Sadrati, Omar Mahbuba, Muhammed Tuhami, Khaddour Nasiri, Sidi Tahar Bouse-

ghine, und sie sah, daß sie an Orten wohnten, die Er Rachidia und Erfoud hießen, Tinehir, Ouarzazate Zagora, Rouida ... Nur ihre Berufe waren alltäglich, mit Ausnahme von einem, der mysteriöserweise ein Badehausaufseher war. Die anderen waren, der Reihe nach, ein Messingwarenverkäufer, ein Kaffeehauskellner, ein Hotelkellner, ein Ladeninhaber, ein Friseur und ein Teppichhändler.
Sie studierte ihre Gesichter lange und eingehend, doch nachdem sie die Fotos in den Umschlag zurückgesteckt hatte, tat sie ihn nicht in ihre Handtasche. Statt dessen suchte sie nach dem alten Geldgürtel, den Cyrus so geliebt und nur zögernd gegen einen neuen ausgetauscht hatte. Sie entdeckte ihn unter seinen Socken in einer Kommodenschublade, und stellte fest, daß ihr Gedächtnis sie nicht getrogen hatte: die drei Geldscheinfächer hatten genau die richtige Größe für die Bilder. Sie holte sie wieder aus dem Umschlag und steckte je zwei Fotos in die beiden äußeren Fächer und drei ins mittlere. Sie würde den Gürtel auf ihrer Reise nach Marokko tragen und ihn erst abnehmen, wenn sie Janko die Bilder sicher aushändigen konnte.
Sie lächelte, als ihr bewußt wurde, daß sieben Gesichter für sie zu sieben lebendigen Menschen geworden waren und daß eine Verantwortung auf ihren Schultern lastete.

Sonntag
2

Während des sechsstündigen Nachtflugs nach Casablanca machte Mrs. Pollifax den Rest ihrer Hausaufgaben. Zwar blieben die Fotos sicher in Cyrus' Geldgürtel, aber sie hatte sich die Namen und Adressen der sieben Informanten auf ein Blatt Papier notiert und verbrachte eine

Stunde damit, sie auswendig zu lernen, dann eine weitere, um die Genauigkeit ihres Erinnerungsvermögens peinlichst zu überprüfen. Als sie ganz sicher sein konnte, daß die sieben Namen und Adressen sich unauslöschlich in ihrem Gedächtnis eingeprägt hatten, zerriß sie die Liste in winzige Stücke und spülte sie in der Toilette hinunter. Erst dann gestattete sie sich zu schlafen.

Als das Flugzeug über Casablanca niederging, erwachte sie aus einem etwas unbefriedigenden Nickerchen. Ein Blick auf die Uhr verriet ihr, daß es in New York drei Uhr war, doch durch das Fenster sah sie, daß in Casablanca die Sonne längst aufgegangen und ein schöner, sonniger Morgen angebrochen war. Über den Bordlautsprecher erfuhr sie, daß es hier acht Uhr war, und stellte ihre Uhr entsprechend. Sie hoffte, daß das Flugzeug pünktlich war und sie den Anschlußflug nach Fes erreichen würde.

Zwei Stunden später – sie fühlte sich ein wenig mitgenommen von der Hast und dem Sprachengewirr – landete ihr Anschlußflug in Fes, und ihre Gedanken beschäftigten sich mit der bevorstehenden Begegnung mit Max Janko. Dabei wurde ihr bewußt, daß sich eine gewisse ungute Spannung eingeschlichen hatte und sie sich unwillkürlich gegen diese erste Begegnung mit Carstairs »Angry young man« wappnete. Nach dem Aussteigen ging sie an den vielen Menschen vorbei, die auf Freunde und Verwandte warteten. Fast alle brabbelten Französisch, alle Hautfarben waren vertreten, von Schwarz bis Beige und Weiß, und nahezu die Hälfte der Männer hatten buschige schwarze Schnurrbärte.

Doch keiner der buschigen Schnurrbärte näherte sich Mrs. Pollifax.

Sie wartete geduldig mit den beiden Reisetaschen neben sich. Nach etwa dreißig Minuten trat sie an einen Schalter, hinter dem ein junger Mann stand, und besprach mit ihm die Möglichkeit, Mr. Janko ausrufen zu lassen, doch ihr wurde rasch klar, daß der junge Mann sie nicht verstand und dachte, sie suche einen Mr. Ausruf oder so ähnlich. Da gab sie es auf, trug ihre Taschen zur Straße, stieg in ein Taxi und bat, zum Palais Jamai gebracht zu werden.

Ihr erster Eindruck von der Stadt, durch die sie fuhren, war vage. Sie nahm einen Boulevard mit Bäumen und Blumen an beiden Seiten wahr, gefolgt von schmäleren Straßen, wo die Sonne schräg über alte Mauern fiel, von denen die Tünche abblätterte, da und dort einen Balkon mit feinen Ziergittern und viele Motorräder. Aber viel mehr beschäftigten sie ihre Gefühle, die sich überschlugen. Sie war verwundert, müde, überreizt, argwöhnisch und wußte nicht so recht, ob sie wütend sein sollte, weil Janko sie nicht am Flughafen abgeholt hatte, oder ob sie es philosophisch sehen sollte. Man muß flexibel sein, ermahnte sie sich. Aber Bishop hatte als sicher unterstellt, daß Janko sie abholen würde, und sie konnte sich nicht denken, weshalb er es nicht getan hatte ... Als sie am Palais Jamai vorfuhren, fand sie, daß es herrlich luxuriös aussah, aber im Augenblick interessierte sie sich nicht für diese Pracht; sie zählte lediglich die Dirham für den Taxifahrer und überließ ihre beiden Reisetaschen einem Träger. Nachdem sie sich am Empfang eingetragen hatte, erkundigte sie sich nach der Nummer von Mr. Jankos Zimmer – er hatte 315. Der Träger brachte sie zu Zimmer 314, sie gab ihm ein Trinkgeld und klopfte an 315.

Eine Männerstimme rief: »Ja? Was ist?«

»Ich bin Mrs. Pollifax, eben angekommen.«

»Oh, gut.«

Schritte waren zu hören, die Tür schwang auf, und Mrs. Pollifax stand Janko gegenüber. Kühle Augen begegneten abschätzend ihren, während sie ihn ihrerseits abschätzte. Ein sehr selbstsicherer junger Mann, fand sie, das verriet seine straffe Haltung und sein musternder Blick, sowie die erstaunliche Arroganz, die von ihm ausging. Buschige Brauen, fast so schwer wie sein glänzender schwarzer Schnurrbart, beschatteten seine Augen. Er trug Jeans und ein offenes Hemd, was absolut nicht zu seiner kühlen Förmlichkeit paßte.
»Kommen Sie herein«, forderte er sie auf. Er wirkte amüsiert, nachdem er sich ein Bild von ihr gemacht hatte.
Sie schaute sich in seinem Zimmer um und bemerkte einen vollen Koffer. »Sie sind eben erst angekommen?« fragte sie und hoffte, das würde erklären, weshalb er sie am Flughafen hatte warten lassen.
Er ging nicht darauf ein, sondern sagte: »Setzen Sie sich doch. Sie bringen mir natürlich die Bilder, aber Sie kommen spät, ich hatte Sie schon vor einer Stunde erwartet.«
Sie war überrascht, aber trotzdem höflich. »Man sagte mir, daß Sie mich am Flughafen abholen würden. Wenn ich später hier angekommen bin, als Sie erwarteten, dann, weil ich dort auf Sie gewartet habe.«
Sein Blick ruhte ausdruckslos auf ihr. »Wie töricht von Ihnen, so lange zu warten.« Dann, als wäre er sich seiner Unhöflichkeit bewußt, schenkte er ihr ein sehr charmantes Lächeln, doch es entging ihr nicht, daß es seine Augen nicht erreichte.
Noch einmal sagte sie sehr fest: »Man versicherte mir, daß Sie mich am Flughafen abholen würden. Ist Ihnen etwas dazwischengekommen?«

Gleichmütig zuckte er die Schultern. »Ich hielt es für unnötig.«
»Dann hätten Sie auch damit rechnen müssen, daß ich verspätet hierherkomme«, sagte sie ruhig.
Er wirkte ein wenig betroffen über diese sanfte Zurechtweisung. Er gab seine Kälte auf und lächelte warm. »Hören wir damit auf. Falls ich Sie beleidigt habe, tut es mir leid, aber daß ich Sie abholen sollte, wurde mir nicht ausdrücklich mitgeteilt, und ich hatte gewisse Dinge zu erledigen. Bitte setzen Sie sich. Nehmen Sie meine Entschuldigung an?«
»Natürlich«, sagte sie freundlich, blieb jedoch stehen.
»Wenn ich jetzt bitte die Bilder haben dürfte.« Er streckte die Hand aus und wartete. »Die Fotografien mit den Namen und Adressen, die Sie mir bringen sollen. Es ist wichtig . . .« Ein Klopfen an der Tür unterbrach ihn, und er rief ungeduldig. »Es ist offen, kommen Sie herein!«
Ein Träger öffnete die Tür und verbeugte sich. »Der Wagen ist da, Sir, und ich soll Ihr Gepäck abholen.«
»Ja, ja«, brummte Janko. »Sagen Sie ihnen, daß ich in fünf Minuten unten bin, aber mein Gepäck können Sie gleich mitnehmen.«
Als der Träger nach dem Koffer griff, blickte Mrs. Pollifax Janko interessiert an. »Ich fange an zu verstehen, weshalb Sie meine Ankunft ignoriert haben«, sagte sie sanft. »Sie beabsichtigen offenbar, auch mich zu ignorieren?«
Der Charme schwand. Barsch sagte er: »Ich habe nur darauf gewartet, daß Sie mir die Bilder bringen, bevor ich abreise.« Er zögerte, dann erklärte er grob: »Ich denke gar nicht daran, Sie mitzunehmen. Ich bin gewöhnt, allein zu reisen. Begleitung kommt für mich nicht in Frage – machen Sie eine Tour oder tun Sie, was Ihnen Spaß

macht, aber lassen Sie mich bloß in Ruhe, damit ich meinen Job tun kann. Schon der Gedanke, mit einer – einer ...«

»Einer Tante zu reisen«, warf sie hilfreich ein.

»Ich habe keine Tanten.« Er funkelte sie unter den buschigen Brauen an. »Man hat sich nicht mit mir abgesprochen. Diese Änderung wurde völlig ohne mein Wissen arrangiert. Der ursprüngliche Auftrag war einfach und klar. Ich möchte wissen, was zum Teufel die sich dabei gedacht haben, mir einen Klotz wie Sie ans Bein zu hängen! Sprechen Sie Arabisch? Haben Sie eine Ahnung von meinem Auftrag oder seiner Wichtigkeit? Daß eine Begleitung mich nur behindern kann?«

Kühl entgegnete sie: »Dazu kann ich nur antworten, nein, ja, ja, nein; und Sie darauf aufmerksam machen, daß bessere Köpfe als Ihrer, Mr. Janko, mich hierherschickten, um Sie zu begleiten.«

»Bessere Köpfe? Das ist eine Beleidigung! Es ist völlig unnötig, daß Sie hierbleiben, nachdem Sie die Bilder abgeliefert haben. Ich reise allein, basta!«

Mrs. Pollifax sagte ruhig: »Ich verstehe Ihre Überraschung, daß man Ihnen in letzter Minute eine Tante aufdrängt, Mr. Janko – obwohl ich jetzt durchaus verstehen kann, *weshalb* –, aber ich bin sicher, Sie verstehen auch meine Überraschung, daß Sie ein so ungehobelter und unangenehmer Mensch sind. Offenbar wird uns beiden nichts anderes übrigbleiben, als das Beste aus einer so unguten Situation zu machen.«

»Unmöglich! Ich denke gar nicht daran!«

»Sie sind sehr stur.«

»Nein – selbständig. Geben Sie mir jetzt die Fotos!«

Mrs. Pollifax musterte ihn nachdenklich. »Nein, ich glaube nicht«, entgegnete sie brüsk. »Tatsächlich sehe ich kei-

ne andere Lösung, als die Bilder zu behalten, denn solange ich sie habe, brauchen Sie mich.«
»Das würden Sie nicht wagen!«
»Meinen Sie?«
»Erpressung?«
Sie sagte freundlich: »Ja, ich glaube, so könnte man es nennen.«
Sein Blick fiel auf ihre Tasche, und sie wußte genau, was er dachte; dann schweifte er durch das Zimmer und kehrte abschätzend zu ihr zurück. Auch jetzt erriet sie seine Gedanken und wappnete sich. Er war wütend genug, Gewalt anzuwenden, und sie war bereit, sich zu wehren.
Der Moment verging. Janko zuckte die Schultern und sagte barsch: »Wir vergeuden Zeit.«
»Stimmt«, bestätigte sie, »besonders da die erste Person, die überprüft werden soll, sich hier in Fes befindet, in der Medina.«
Er wirkte überrascht. »In Fes?«
»Ja.«
»Würden Sie die Freundlichkeit haben, nachdem das geklärt ist, mir zu verraten, wohin es dann geht? Wenn ich chauffieren soll, muß ich Karten studieren und eine Route planen«, sagte er sarkastisch. »Oder möchten Sie auch das übernehmen?«
Ruhig antwortete sie: »Die nächste Person, nach Fes, ist in Er Rachidia.«
»Danke«, sagte er verbittert. Er schlug eine große Straßenkarte auf und studierte sie. »Dann geht die Reise also südwärts. Aber in Er Rachidia gabelt sich die Straße, sehen Sie?« Er zeigte ihr die Karte. »Bleiben wir auf der Route 32 und fahren westwärts, oder südwärts weiter nach Erfoud?«

Widerwillig sagte sie: »Erfoud.«
»Gut. Nach Erfoud sind es etwa vierhundertzwanzig Kilometer, das sollten wir in einem Tag schaffen können. Aber nicht heute. Ich *schlage vor*«, sagte er spöttisch, »daß wir unsere Zimmer hier bis morgen behalten und dann Er Rachidia und Erfoud morgen erledigen, außer natürlich, Sie ...?« Er zog eine Braue hoch.
»Sarkasmus ist unnötig«, sagte sie. »Es scheint mir ein sehr vernünftiger Plan zu sein, mit dem ich durchaus einverstanden bin, vor allem, da ...« Sie blickte auf ihre Armbanduhr. »Vor allem, da es bereits Nachmittag ist und wir hier zu tun haben. Wenn Sie mich entschuldigen, gehe ich jetzt in mein Zimmer, ziehe bequeme Schuhe an und bin in fünf Minuten wieder hier.«
»Hoffentlich mit den Fotos«, brummte er.
»Mit einem.« Sie nickte und verließ ihn. Seine Veränderung von Wut zu Sarkasmus hatte sie nicht im geringsten täuschen können. Sie würde auf der Hut sein müssen. *Wie ärgerlich!* Sie seufzte, aber sie durfte auf keinen Fall vergessen, daß er tatsächlich einen flüchtigen Moment bereit gewesen war, die Bilder mit Gewalt an sich zu bringen. Ein seltsamer Mann ... Sie glaubte, daß er es nur nicht versucht hatte, weil er nicht sicher gewesen war, ob sie sie überhaupt in ihrer Handtasche hatte. Aber er würde es wieder versuchen, daran zweifelte sie nicht. Sein empörtes und gekränktes Ego ließ nicht zu, daß er so leicht aufgab.
In ihrem Zimmer nahm sie das Foto Nummer eins aus Cyrus' Geldgürtel. Es stellte Hamid ou Azu dar, einen bärtigen Mann mittleren Alters, der einen roten Fes trug und einen gestreiften Kapuzenmantel, eine Dschellabah. Ein Sonnenstrahl fiel auf sein Gesicht und verwandelte die großen Schalen und Tabletts aus Messing, die ihn auf sei-

nem Stand im Souk umgaben, in Gold. Er sah wie ein gewitzter, reicher Kaufmann aus. Aber sie kannte sein Gesicht ja bereits, hatte es sich eingeprägt, noch ehe sie von zu Hause aufbrach, und seine Adresse hatte sie im Flugzeug auswendig gelernt:
Hamid ou Azu
Place es Seffarin, in der Altstadt Fes el Bali
Schöne Messingware.

3

Nach einer, wie Mrs. Pollifax schien, endlosen Debatte wurde ein Führer namens Dasran für den Ausflug in die Medina gemietet. Diese Meinungsverschiedenheit machte ihr klar, wie es bei jedem Halt, den sie machen mußten, weitergehen würde. Sie war durch die Zeitverschiebung ohnehin ein wenig aus dem Gleichgewicht, und die Vorstellung ließ ihren Ärger aufwallen. »Im Reiseführer steht . . .!«
»Reiseführer!« höhnte Janko.
Worauf sie fortfuhr, daß Fes el Bali Jahrhunderte alt und ein regelrechtes Labyrinth sei, und ein einzelner Messinghändler in all den *Souks* in der Medina einer Nadel in einem Heuhaufen vergleichbar sei.
»Sie haben eine Touristenmentalität«, sagte er abfällig.
Ihre Antwort fiel nicht freundlicher aus. »Es ist ja schön und gut, auf niemanden angewiesen sein zu wollen, aber inzwischen haben wir bereits nach eins, und es gibt so etwas wie Effizienz bei der Erledigung einer Aufgabe.«
Schließlich hatte sie sich durchgesetzt und gewann so wenigstens ein bißchen Ruhe, weil Janko seine schlechte Laune einstweilen nicht an ihr ausließ, sondern an

Dasran, der eine Dschellabah über westlicher Kleidung trug und sie anstrahlte. »Ja ja, ich Sie führen zu Place es Seffarin – viel Messing, viel Kupfer – kommen Sie!«
Sie traten nicht weit vom Hotel durch das Tor Bab Guissa in ein anderes Jahrhundert, in eine mittelalterliche Welt mit Kopfsteinpflaster, schmalen Gassen und Durchgängen, und Mrs. Pollifax' Laune besserte sich sogleich. Souk um Souk lag vor ihnen zu beiden Seiten, von spärlichem Sonnenlicht oben oder schwachem künstlichem Licht unten beleuchtet, doch selbst wenn die Läden wie dunkle Höhlen waren, blendeten doch ihre bunten Farben: über einem Souk hingen riesige Stränge leuchtender Seidenfäden – pink, fuchsienfarbig, purpur, orange – zum Trocknen auf Wäscheseilen. Aus dem nächsten Laden schlugen einem die Düfte von Parfüms und Gewürzen entgegen, und es wurden garantiert zauberkräftige Mittel geboten: Baumrinde, Wurzeln, Tränke und Talismane. Sie kamen an Souks mit Zitronen, Mandarinen, Orangen und schwarzen Oliven vorbei, die zu Pyramiden gehäuft waren, und mit Behältern voll rotem Paprika, gelbem Safran und braungrauem Kümmel. Überall herrschte laute Betriebsamkeit, Ware wurde angefertigt, feilgeboten und nach lebhaftem Feilschen verkauft. Eine Biegung der gewundenen Straßen führte sie an Holzschnitzern vorbei, dann an einem Hemdenmacher, der über seine Nähmaschine gebückt dasaß. Limonade und Kuchenstücke gab es an einem Stand gleich neben einem Laden, wo Schafshäute straff über Tonkrüge gespannt waren, um einmal zu Trommelfellen verarbeitet zu werden.
Mrs. Pollifax, Dasran und Janko bewegten sich in einem steten Menschenstrom: alte Männer in Turban und Dschellabah schlurften neben ihnen, Frauen, von deren

Gesichtern unter den schwarzen Schleiern nur die Augen zu sehen waren, trippelten paarweise dahin, und Kinder rannten barfuß über das von Nässe und Dung glitschige Kopfsteinpflaster. In einer besonders engen und sonnenlosen Gasse schrie ein Mann hinter Mrs. Pollifax heftig, *»Balek! Balek!«* Sie konnte sich gerade noch rechtzeitig genug an die Wand drücken, um nicht von einem eiligen Esel mit riesigen Körben an beiden Seiten niedergetrampelt zu werden. Wo die Gasse breiter wurde, rannte ein Kind an ihnen vorbei, dann hielt es abrupt an und streckte bettelnd die Hand aus.

Händefuchtelnd vertrieb Dasran das Kind, doch der Vorfall hatte ihn offenbar auf eine Idee gebracht, denn er wandte sich strahlend an die beiden. »Sie wollen sehen Messingsachen? Mein Vetter verkaufen wunderschöne Messingschalen – kommen Sie! Nur eine Minute – gleich nächste Straße. Auch sehr preiswert!«

Janko drehte sich um, zog eine Braue hoch und wirkte amüsiert. »Sie wollten es ja nicht anders.«

Derart herausgefordert, sagte Mrs. Pollifax zu Dasran streng: »Wir wollen in die Straße der Messinghändler und bei einem Souk anfangen, der uns im Hotel empfohlen wurde, dem von Hamid ou Azu.«

»Pah!« schnaubte Dasran. »Sie dort werden viel zu viel bezahlen müssen, Sie mir glauben! Mein Vetter . . .«

Sie sagte fest: »Und wir geben ein sehr *gutes* Trinkgeld, wenn wir rasch dort ankommen!«

Er war jedoch nur einen Augenblick lang enttäuscht. »Eine Lederhandtasche? Eine wunderschöne Lederhandtasche? Ich haben anderen Vetter, verkaufen Saffianleder ganz billig.«

»Nein!«

Er seufzte. »Wie *gut* Trinkgeld?« erkundigte er sich und

wog die Aussicht darauf gegen die Provision ab, die seine Vettern ihm bezahlen würden.
»Bringen Sie uns zu Hamid ou Azus Laden, dann werden Sie schon sehen.«
Sein Schulterzucken sagte ihr, wie undankbar er es von ihr fand, daß sie die wundervollen Gelegenheitskäufe ausschlug, die er ihr vermittelt hätte; dennoch führte er sie die Gassen auf und ab, bis sie an einer Kreuzung angelangten, wo er auf einen zur Gasse offenen Souk an der Straßenecke ihnen gegenüber deutete. »Das sein Laden von Hamid ou Azu.«
Und dort war der Mann, direkt vor ihnen. Er saß mit überkreuzten Beinen an einem niedrigen Tisch und redete zu einem jungen Mann neben ihm, der ununterbrochen auf einem Taschenrechner Zahlen eintippte. Auf dem Messingtischchen zwischen ihnen stand ein Tablett mit Glastäßchen voll grünem Tee.
Sie hatten Hamid ou Azu gefunden. Das Gesicht auf der Fotografie war zweifellos seines.
Janko öffnete den Reiseführer – er hatte den Schnappschuß, den sie ihm gegeben hatte – hineingesteckt, verglich die Gesichter und nickte. »Mission erfüllt«, murmelte er. »Nummer eins stimmt.« Mit spöttischem Blick sagte er: »Sie haben den Laden gefunden, nun überlasse ich Sie Dasran. Ich habe Lust auf einen Drink. Falls Sie was von mir wollen, finden Sie mich an der Bar im Hotel.«
Ihr wurde sofort klar, wie sehr er es genoß, sie in einer Lage zurückzulassen, die sie nicht vorhergesehen hatte, als sie auf einem Führer beharrte; nämlich, wie sie Dasran wieder loswerden sollte, nachdem er sie zu Hamid ou Azus Laden gebracht hatte. Schadenfroh überließ ihr Janko dieses Problem. »Gehen Sie nur«, sagte sie betont freundlich. »Da Mr. ou Azu offenbar gerade sehr mit ei-

nem Kunden beschäftigt ist, gehe ich mit Dasran weiter und kaufe einige Andenken.«

Jankos Blick war fast anerkennend, als sähe er in ihr plötzlich eine würdige Gegnerin; dann drehte er sich um und war rasch in der Menge verschwunden.

Sie wandte sich an Dasran, deutete auf seinen Kapuzenmantel und sagte: »Zeigen Sie mir bitte einen Souk, in dem es Dschellabahs gibt.«

Sein Gesicht erhellte sich. »Dschellabahs, ja.«

»Aber keine Vettern, bitte.«

Höflich sagte Dasran: »Dieser Mann – er sehr unfreundlich, nicht? Doch nicht Ihr *Ibn* – Ihr Sohn?«

»Nein – Neffe.«

Als er sie verwirrt ansah, zog sie ihren Sprachführer heraus, blätterte darin, dann deutete sie auf sich. *»Amma.«*

»Ah.« Er nickte. »Nicht Sohn – gut! Ich ihn nicht mögen.«

Das schuf sofort ein wärmeres Verhältnis zwischen ihnen, da Mrs. Pollifax seine Reaktion auf Janko gut verstand – immerhin war das der Grund, weshalb Carstairs sie hierhergeschickt hatte. Nun wollte sie mit seiner Hilfe ein wenig mehr von der Altstadt kennenlernen.

Eineinhalb Stunden später, müde zwar, aber zufrieden, hatte Mrs. Pollifax einen marokkanischen Krummdolch erstanden – *Khanjar* nannte Dasran ihn –, sowie eine graue Wolldschellabah für Cyrus und eine schwarzbraungestreifte für sich selbst. Bei einer Tasse Pfefferminztee in einem winzigen Café erfuhr sie, daß Dasran drei Söhne und eine Tochter hatte, daß schlechte Zeiten waren, daß er und seine Frau aus dem Sous kamen und daß er Mrs. Pollifax auf dem Rückweg zum Hotel an dem Messingladen vorbeibringen und er, falls sie die Preise für zu hoch hielt, für sie feilschen würde.

»Von Herzen ich das tun«, versicherte er ihr, »denn dieser Mann sein kein Vetter. Sie sein nette Dame, aber – wie heißen das Wort? Gutgläubig? Bei Feilschen man müssen ganz, ganz niedrig anfangen. Es sein Spiel, wissen Sie? Ein Spaß. So werden es hier gemacht.«

Mrs. Pollifax wollte ihm sagen, daß es nicht mehr nötig war, den Umweg zu Hamid ou Azus Souk zu machen, allein schon, weil sie inzwischen sehr müde und hungrig war. Doch ehe sie das Dasran erklären konnte, war er schon aufgestanden, und alsbald wurde sie durch die Menge zum Place es Seffarin gedrängt. *Na gut,* dachte sie resignierend, *vielleicht finde ich eine Kleinigkeit, die sich zu kaufen lohnt; außerdem lerne ich ganz gern einen der Informanten kennen.*

Sie kamen bei der vertrauten Kreuzung an, von wo aus sie Hamid ou Azu das erstemal gesehen hatte. Hier war das allgemeine Stimmengewirr lauter, aufgeregter. Ihr wurde bewußt, daß jemand eindringlich schrie und die Leute zu laufen angefangen hatten.

Plötzlich umklammerte Dasran ihren Arm und hielt sie zurück.

»Was ist los?« fragte sie.

»Er sagen, jemand tot.«

»Tot?«

»Er brüllen nach *Ulama* und nach Polizei.«

Sie blickte auf das Durcheinander und keuchte plötzlich: »Sie laufen ja zu ... Dasran, sie laufen zu Hamid ou Azus Laden! Etwas ist passiert! Wir müssen schauen, was passiert ist!« Sie schüttelte seinen Arm ab und rannte über das Kopfsteinpflaster zu dem wachsenden Menschenauflauf vor dem Messingsouk. Sie bahnte sich einen Weg, spähte über Köpfe und Schultern und sah, daß ein Mann über den Messingtisch gekippt war und ein Dolchgriff aus seinem Rücken ragte. Das Gesicht war halb der Menge zugewandt, Augen und Mund standen weit offen; ein Gesicht, das ihr nur allzu vertraut war und das sie erst vor zwei Stunden lebend gesehen hatte, war nun das eines Toten! Eines Ermordeten!

Dasran hatte sich zu ihr vorgekämpft und zupfte an ihrem Ärmel. »Nicht schauen!« warnte er mit weißem Gesicht. »Bismallah, er ist tot!«

»Ja, tot«, flüsterte sie. Und während sie so in dieser dämmrigen, mittelalterlichen Ladenstraße stand, rann ihr ein eisiger Schauder über den Rücken, denn sie dachte daran, daß Hamid ou Azu nicht lediglich ein Messingwarenhändler gewesen war, sondern ein Informant, der zu einem bestimmten Netz gehörte. Sie dachte: *Es ist doch Unsinn, mir einzubilden, daß er deshalb getötet wurde! Bestimmt war er seit Jahren ein Informant, weshalb sollte er ausgerechnet jetzt deshalb ermordet werden?*

Außer der falsche unter ihnen war bereits am Werk, wie Carstairs befürchtet hatte. Wieder schauderte sie und fragte sich, in was sie bei diesem Auftrag hineingeschlittert war.

Die Menge wich an die Häuserwände zurück, um ein Polizeiauto durch die enge Gasse zu lassen. Mrs. Pollifax stieg leichte Übelkeit auf. »Ich hoffe, es ist nicht weit zum Hotel«, wandte sie sich an Dasran. »Ich möchte rasch zurück.« Plötzlich fühlte sie sich überraschenderweise erleichtert, weil sie diesen Auftrag nicht allein durchführen mußte, so unangenehm ihr Begleiter auch war.

Ihr unangenehmer Begleiter starrte in der Hotelbar finster in sein Glas. Als sie sich auf den Hocker neben seinem setzte, blickte er auf und sagte: »Offenbar sind Sie diesen Geier Dasran losgeworden. Hoffentlich haben Sie ihm kein zu hohes Trinkgeld gegeben.«

»Einen kleinen Kognak – egal, welche Marke«, sagte sie zum Barkeeper.

Janko musterte sie erstaunt. »Sie sehen ja entsetzlich aus, was haben Sie denn?«

Der Kognak kam, sie goß die Hälfte in sich hinein und spürte, wie die Übelkeit schwand. »Hamid ou Azu ist tot«, sagte sie.

»Was?« donnerte Janko. Dann sah er sich rasch um. »Tut mir leid. Aber was zum Teufel soll das heißen? Woher wollen Sie das wissen?«

»Auf dem Rückweg zum Hotel kamen wir zu der Kreuzung vor seinem Laden«, antwortete sie, und ihre Stimme zitterte nur noch ein bißchen. »Er war gerade ermordet worden. Er lag mit dem Oberkörper auf dem Tisch und hatte ein Messer im Rücken. Ein sehr *langes* Messer.« Sie schüttelte sich bei der Erinnerung daran.

Janko kniff die Augen zusammen. »Trinken Sie Ihren Kognak aus.«

»Ja. Aber glauben Sie – denken Sie nicht ...«

Er seufzte. »Sie haben eine zu melodramatische Phantasie. Regel eins ist, nie voreilige Schlüsse zu ziehen. In vielen Ländern hier gibt es Blutfehde und lange Listen von Beleidigungen, die gerächt werden müssen. Und wenn Sie denken ...«

Sie leerte ihr Glas, stand auf und unterbrach ihn. »Ich denke«, entgegnete sie kühl, »daß wir morgen *sehr* früh nach Ksar es Souk oder vielmehr Er Rachidia, wie es jetzt heißt, und Erfoud aufbrechen sollen.«

Er nickte. »Treffen wir uns morgen früh um fünf unten im Foyer.«

Sie griff nach ihren Einkäufen und verließ Janko, doch

nicht, um zu ihrem Zimmer zu gehen, sondern um Dasran zu suchen. Sie hoffte, daß er wieder draußen unter den offiziellen Fremdenführern war, die um Hotelgäste konkurrierten, wo sie ihn mittags gefunden hatten. Er war tatsächlich da, hatte sich an einen Wagen gelehnt und hielt mit Habichtaugen Ausschau nach Kundschaft. Als er sie sah, erhellte sich sein Gesicht. »Ah – meine freundliche Dame! Sie möchten neue Tour? Ihnen ich mache guten Preis.«

»Nein, Dasran, aber ich möchte Sie um einen Gefallen bitten«, sagte sie rasch. »Es geht um meinen Neffen.«

Er blickte sie enttäuscht an. »Oh – er.«

»Ja. Ich will ganz offen sein. Er trinkt zu viel, Dasran.«

Der Fremdenführer blickte sie aufmerksam, aber verständnislos an.

»Er trinkt *sehr* viel«, betonte sie. »Seine Mutter ist deshalb sehr unglücklich. Sie weint.«

Dasran verstand nun und sagte mitfühlend: »Ah, *Wiskii*, Wein ... Deshalb er nicht nett.«

»Ja. Er sagt – er schwört, Dasran –, daß er nicht die ganze Zeit, nachdem er uns in der Medina verließ, in der Hotelbar gesessen hat.« Sie seufzte. »Seine Mutter macht sich große Sorgen um ihn. Könnten Sie die Barkeeper unauffällig fragen, ob er dort war, seit er uns verlassen hat? Wenn Sie die Wahrheit herausfinden können, gebe ich Ihnen fünfzehn amerikanische Dollars.«

»Medehm«, versicherte ihr Dasran inbrünstig, »für fünfzehn amerikanische Dollar ich mich stellen auf Kopf!«

»Doch nur für die Wahrheit«, mahnte sie ihn. »Wird man Ihnen gestatten, zu meinem Zimmer zu kommen, damit Sie mir Bescheid geben können? Nummer 314.«

Er strahlte sie an. »Es geben Möglichkeiten, *Medehm*. Ich kommen. Zimmer 314.«

Sie wartete oben geduldig und dachte nach. Sie fühlte sich schon fast eine Spur paranoid, aber sie mußte sichergehen. Janko war CIA-Mann, doch Hamid ou Azu war ausgerechnet heute ermordet worden, und das war ein sehr merkwürdiger Zufall.

Obwohl sie bisher geduldig gewartet hatte, rannte sie zur Tür und riß sie auf, als es klopfte. Dasran stand auf dem Gang und machte ein sehr betrübtes Gesicht.

»Es tun mir so leid, *Medehm*«, begann er. »So leid für seine arme Mutter und für Sie. Madani Amar bedienen ihn an Bar und er mir sagen – tun mir so leid –, Ihr Neffe sitzen in Bar ganze Zeit. Über eine Stunde, fast zwei. Er trinken fünf Bier, ein Kaffee.«

»Die ganze Zeit? Sind Sie völlig sicher? Ist sich dieser Madani völlig sicher?«

Dasran seufzte traurig. »Er nicht einmal Toilette gehen, sagen Madani. Auch Madani sagen, er nicht freundlich, haben ihm kein Trinkgeld gegeben. Seine Mutter auch Madani leid tun.«

»Ja«, sagte sie unendlich erleichtert und gab ihm fünfzehn Dollar. »Danke, Dasran.«

»Seine Mutter werden sein sehr traurig?«

»Ja, sie wird sehr traurig sein«, sagte Mrs. Pollifax, sie selber aber war es keineswegs. Sie würde mit einem Flegel reisen müssen, aber wenigstens nicht mit einem Mörder.

Sie blickte Dasran nach, bis er nicht mehr zu sehen war, dann schloß sie die Tür. Jetzt konnte sie das nächste Foto mit der Adresse aus Cyrus' Geldgürtel nehmen.

4

Mrs. Pollifax schlief, wachte auf, schlief wieder ein und wurde um vier Uhr fünfzehn vom Zimmermädchen mit dem bestellten Frühstück geweckt. Während sie ohne Appetit aß, dachte sie an den gestrigen trübsinnigen Abend, an dem nicht einmal das Fernsehen – ein James-Bond-Film mit französischen Untertiteln – ihre aufgewühlten Nerven hatte beruhigen können. Sie hatte daran gedacht, Carstairs ein Telegramm zu senden, um ihm Hamid ou Azus Tod persönlich zu melden, auch wenn Janko das als Affront auffassen müßte. Doch sie mußte die Idee aufgeben, als sie durch einen Anruf beim Empfang erfuhr, daß alle Postämter bereits geschlossen hatten. Die Frustration belebte ihren Ärger über Janko wieder, dessen Gleichgültigkeit über den Mord sie entsetzte, und einen flüchtigen Moment hatte sie regelrecht Panik empfunden, sieben Tage lang mit ihm unterwegs zu sein. Sie war solche Feindseligkeit nicht gewöhnt, und einen Augenblick lang hatte sie das Verlangen verspürt davonzulaufen. Nur der aufwallende Ärger über seine Unverschämtheit hatte die Panik vertrieben. Tapfer sagte sie sich, daß die Feindseligkeit sein Problem war, nicht ihres, und daß sie nicht zulassen würde – nicht durfte! –, daß sie das berührte und einschüchterte oder, schlimmer noch, ihr Selbstwertgefühl verringerte.

Trotzdem hatte sie nicht gut geschlafen; durch ihre Träume hatte immer wieder ein Mann gespukt, der mit einem Messer im Rücken auf einem Messingtisch lag.

Pünktlich um fünf Uhr war sie mit ihren Reisetaschen in der Lobby und hatte bereits die Rechnung bezahlt. Das Foto mit der Adresse des Informanten in Er Rachidia steckte jetzt in ihrer Handtasche. Janko hatte gesagt, sie würden die Stadt am frühen Nachmittag erreichen, und wenn sie ihn fanden und wenn er derselbe wie auf dem Bild war, konnten sie am selben Tag oder vielmehr am Abend auch noch den Informanten in Erfoud überprüfen. Sie ging jedoch kein Risiko ein und behielt das Bild des Mannes in Erfoud im Geldgürtel. Einstweilen genügte, daß sie Er Rachidia erreichten – wenn auch erst nach einer langen Fahrt –, wo im Café Gharbee ein Kellner sein würde – das hoffte sie zumindest –, der Ibrahim hieß und dem Bild nach ein freundlicher, untersetzter, bartloser Mann war. Auf dem Foto stand er lächelnd, mit grüner Schürze und den Händen auf den Hüften, vor einer Reihe Straßencafétischen.

Eine Minute später stieg Janko aus dem Fahrstuhl, begrüßte sie mit knappem Nicken, und sie folgte ihm hinaus zu dem kleinen blauen Renault, der für sie bereitgestellt war. Seine ersten Worte waren abfällig. »Was ist *das?*«

»Das?« Sie reichte ihm das in Zeitungspapier verpackte Bündel. »Zwei Dschellabahs, die ich gestern in der Medina kaufte.« *Ehe der Ausflug zu den Souks zum Alptraum wurde,* fügte sie in Gedanken hinzu.

Er ließ das Paket in den Kofferraum fallen, als hätte sie ihm eine Mülltüte gegeben. Wie sehr sie sich wünschte, Cyrus wäre hier: Cyrus hätte Janko seine Unverschämtheit rasch ausgetrieben, wie sie es wahrscheinlich auch noch tun mußte. Aber Cyrus' lange Jahre als Anwalt und Richter hatten ihm ein dickes Fell eingebracht und er wäre vermutlich nur amüsiert.

Ich muß versuchen, mich darüber zu amüsieren, dachte sie, als sie auf den Beifahrersitz des Renaults rutschte. Da kam ihr ein neuer Gedanke: Würde er sich Cyrus gegenüber denn überhaupt so benehmen? Tat er es ihr gegenüber nur, weil sie eine Frau war?

Es wäre möglich, daß er sich gedemütigt fühlt, dachte sie überrascht, und diese Erkenntnis erschütterte sie, aber sie klammerte sich daran, um ihn besser verstehen zu können.

»Geben Sir mir das Foto jetzt?« fragte er mit seinem üblichen Sarkasmus und streckte die Hand aus.

Sie reichte ihm das Bild für Er Rachidia. »Wir müssen das Café Gharbee auf der Hauptstraße suchen.«

Mit übertriebener Höflichkeit sagte er: »O vielen Dank!«

Sie fuhren in die milchige Dämmerung, die dem Sonnenaufgang vorhergeht. Der Himmel wurde zusehends heller, und noch ehe sie ganz aus Fes heraus waren, konnte man die Häuser deutlich sehen, und goldenes Licht fiel schräg über die Dächer und vergoldete die Fenster in den weißgetünchten Mauern. Janko fuhr stumm und hielt eine Wand so undurchdringlich wie Plexiglas zwischen ihnen aufrecht. Er wollte sie einfach nicht dabeihaben, und sie hatte das Gefühl, daß sie seine Feindseligkeit fast berühren konnte, daß sie greifbar wurde, Form und Substanz annahm, und beides war bedrückend. Man hatte sie darauf aufmerksam gemacht, daß er arrogant sein würde, doch sie hatte nicht mit einer so betonten, andauernden Ablehnung gerechnet, und sie ertappte sich dabei, darüber nachzudenken, weshalb sie überhaupt hier war. Er machte es ihr klar genug, daß sie ihm von keinem Nutzen war und daß nur ein Fahrer und sieben Bilder nötig für den Auftrag waren; er weigerte sich, mit ihr über die gestrige Tragödie in der Altstadt zu reden, ja sogar über das Wetter, das jetzt dunstig und kühl war. An diesem ersten Morgen in einem fremden Land, mit einem Mann neben sich, der entschlossen war, ihr fremd zu bleiben, fühlte sie sich verstoßen und einsam.

Was trug sie denn bei? Weshalb war sie hier? fragte sie

sich und bemühte sich, sich an die Gründe zu erinnern, die ihr Bishop für ihren Auftrag genannt hatte. *Einen ausgleichenden Einfluß,* hatte er gesagt. *Carstairs ist besorgt ...* Und dann etwas über Wogen glätten, falls Janko beleidigend sein sollte oder die Beherrschung verlor. Das fand sie jetzt regelrecht erheiternd, doch auch ein wenig beruhigend, denn bisher war Jankos Unhöflichkeit nur gegen sie und gegen Dasran gerichtet gewesen. Doch zweifellos würde es bald, nun, da sie Fes zurückgelassen hatten und in ländliche Gegenden kamen, andere Dasrans geben, an denen er seine Verachtung auslassen konnte, und dann würde sie doch von Nutzen sein können. *So ähnlich wie den Dreck hinter jemandem zusammenzukehren, der ihn überall hinwirft,* dachte sie verärgert.

Um sich zu behaupten, sagte sie kühn: »Wie ich hörte, werden in Marokko, da es ein moslemisches Land ist, Frauen Männern gegenüber als minderwertig erachtet. Ich frage mich, Mr. Janko, wenn ich Ihr Benehmen als Maßstab nehme, ob auch Sie vielleicht Frauen als minderwertig ansehen?«

Er bedachte sie mit einem kurzen Blick. »Langweilen Sie mich nicht.«

»Würde es Sie auch langweilen, über den Mord an Hamid ou Azu zu reden? Ist das nicht ein Zufall, über den man sich Gedanken machen sollte?«

Er zuckte die Schultern. »Das ist ausschließlich Sache der Polizei.«

»Aber wenn wir – halten Sie es für möglich, daß man uns folgt und daß wir den Mörder vielleicht zu ihm führten?«

Er stellte spöttisch den Rückspiegel ein und schaute hinein. »Niemand folgt uns, und warum auch? Sie haben eine zu blühende Phantasie!«

Auch sie blickte in den Rückspiegel – die Straße war leer. Sie seufzte und wünschte sich, Janko wäre etwas zugänglicher. »Wie wär's dann mit einem Gespräch über das Wetter, das offenbar kälter wird, als ich erwartet hatte?«
»Ich kann leeres Gewäsch nicht ausstehen!«
Das war es also ... Sinnlos, es weiter versuchen zu wollen. Sie dachte, noch so ein Tag und sie würde ihren Zorn nicht mehr beherrschen können; sie würde Janko anschreien, und sie hatte schon seit Jahren niemanden angeschrien.
Die Straße aus Fes heraus hatte sie am Königspalast vorbeigeführt – einer von sieben, wie ihr Reiseführer ihr verriet. Das Tor war gut von Soldaten in dunkelolivfarbenen Uniformen und Mützen von hellerem Grün mit scharlachroten Insignien bewacht. Als sie die Stadt hinter sich gelassen hatten, kamen sie jedoch in eine fast menschenleere Gegend. Sie fuhren zwischen saftiggrünen Feldern unter einem weiten, blassen Himmel hindurch; das Terrain war flach bis zum Horizont; die einzigen Anzeichen, daß hier Menschen wohnten oder je gewohnt hatten, waren ein paar uralte, zerfallende Mauern und unvermittelt im Nirgendwo ein winziger Krämerladen, dessen Wellblechdach durch Ziegel vor dem Wind geschützt war, der über die Ebene pfiff.
Schließlich erhoben sich spitze Zypressen vor ihnen und lockerten die flache grüne Weite auf, die am Horizont vor dem noch verschwommenen Braun von Bergen endete. Mrs. Pollifax dachte voll Sehnsucht an Cyrus, mit dem sie Gedanken austauschen könnte. Mit ihm wäre eine Fahrt von vierhundertzwanzig Kilometern an einem Tag nie langweilig. Seine Bemerkungen waren immer treffend und häufig humorvoll, und mit ihm in einem Wagen festzusitzen war reine Freude.

Sie dachte: *Bisher lernte ich bei meinen Reisen für Carstairs immer so nette und interessante Leute kennen; da darf ich mich nicht beschweren, wenn ich jetzt auf ein faules Ei gestoßen bin. Ich hatte zuvor eben besonderes Glück.* Sie erinnerte sich plötzlich an John Sebastian Farrell, der sie bei ihrem ersten Abenteuer in Albanien und dann bei einem anderen in Sambia begleitet hatte, sie lächelte bei dem Gedanken an diesen lieben, verwegenen Burschen. So viele andere hatte es gegeben, wie beispielsweise Robin Burke-Jones, den sie als Fassadenkletterer in der Schweiz kennengelernt hatte. Die Weihnachtsgrüße, die jedes Jahr eintrafen, fielen mit ihren exotischen Marken so sehr auf, daß sie die Neugier des Briefträgers nur ablenken konnte, indem sie ihm die Marken für die Sammlung seines Sohnes schenkte. Aber es war ihr gar nicht leicht gefallen, die Umschläge mit dem königlichen Wappen von Sabyã zu erklären.

Sie kamen an der ersten Ortschaft seit einer Stunde vorbei: ein paar mit Mauern umgebene Lehmziegelhäuser mit Flachdächern. Männer in abgetragenen Dschellabahs und Stiefeln standen um einen Riesenhaufen dampfenden Mists, den zwei Burschen auf Eselskarren schaufelten. Das Tor in der Mauer hinter ihnen war von verschossenem Blau, es stand halb offen, und ein barfüßiges Kind schaute ihnen von dort aus zu. Dann lag die Ortschaft hinter ihnen, die Erde färbte sich schokoladenbraun, und entlang der Straße erstreckten sich nun Überlandleitungen. Kleine Berge erhoben sich vor ihnen und verbargen den Horizont; plötzlich machte die Straße eine scharfe Kurve, und – abrupt – lag ein höhlengenarbter Berg vor ihnen, dessen Südhang grün von Flechten und Gras war.

Die Straße stieg nun an, und sie gelangten in eine Landschaft aus Felsen und Gras, mit Bergen im Hintergrund, über denen große, lange Wolken dahintrieben. Zu Mrs. Pollifax' Überraschung räusperte sich Janko. »Der Mittlere Atlas.« Er deutete auf die Berge vor ihnen.

»Danke«, sagte sie höflich, und um vielleicht doch noch zu einer Unterhaltung zu kommen, fügte sie hinzu: »Waren Sie schon mal in Marokko?«

Zu ihrer Enttäuschung antwortete er jedoch nur knapp: »Nein – ich habe lediglich eine sehr gute Karte mitgebracht.«

»Ach so.« Aber sie versuchte es noch einmal. »Da wir mehrere hundert Kilometer fahren müssen, haben Sie gewiß schon überlegt, wo wir zu Mittag essen werden?«

Steif sagte er: »Die nächste nennenswerte Stadt ist Midelt. Dort machen wir Rast.«

»Gut.« Sie schwiegen wieder, aber sie fragte sich, was er wohl dachte, denn sie bemerkte, daß er manchmal finster die Brauen zusammenzog, und einmal verzogen sich die Winkel seiner schnurrbartschweren Lippen zu einem richtigen Lächeln. Verärgert dachte sie, daß er sehr unterhaltsamen Gedanken nachhängen mußte und daß es schade war, daß er sie nicht daran teilhaben ließ.

Sie aßen in Midelt zu Mittag in einem Restaurant mit runden Tischen und roten Stühlen und schmutzigen Fenstern. Sie bestellten eine *Tajine* für zwei Personen, die dampfend aufgetragen wurde. Der große Tontopf war gefüllt mit Mais, gedünstetem Kürbis, Kohl, Linsen und Hühnchenstücken. Wenn Janko schon nicht zu einem Gespräch zu bewegen war, gab es hier zumindest einige Gäste, die Mrs. Pollifax beobachten konnte. An einem kleinen Tisch saß eine junge Europäerin mit einer Packung

Kirizigaretten und einer Kanne Minzetee vor sich; sie blickte ruhig ins Leere, während der Rauch ihrer Zigarette sich um sie kräuselte. In einer Ecke saßen mehrere mürrisch wirkende Arbeiter und in der Nähe eine kleinere Gruppe Touristen, die offenbar deutsch sprachen. Die Wanduhr, eigentlich eine Cola-Werbung, war irgendwann einmal um neun Uhr stehengeblieben. Mrs. Pollifax studierte auch die übrige Reklame an den Wänden: für Stork-Bier, Nestlés Milchpulver und Sidi Harazems Mineralwasser.

Sie bedauerte fast, so rasch schon wieder weiterfahren zu müssen, aber während der restlichen Kilometer wuchs ihr Interesse, denn schon bald würden sie den zweiten Informanten überprüfen, und am Abend dann den dritten. Wenn das so rasch weiterging, würde ihr Auftrag früher als erwartet erfüllt sein und ihr mürrischer Begleiter in einem Winkel ihres Gedächtnisses verschwinden wie die Geranien, die vor drei Jahren trotz aller Pflege nicht hatten gedeihen wollen und an die sie sich kaum noch erinnerte.

Nachdem sie Midelt verlassen hatten, lag eine braune, felsige Landschaft vor ihnen, deren vulkanisch geformte Hochebenen sich vor dem fernen Hintergrund schneebedeckter Gipfel abhoben. Sie kamen an einigen aus runden Steinen erbauten Häusern mit Blechdächern vorbei, dann an einer Ortschaft mit Lehmziegelhäusern, die sogar ein Minarett hatte, von dem eine marokkanische Fahne im Wind flatterte, deren Scharlachrot der einzige Farbtupfen in der düsteren Landschaft war. Ihr Weg führte sie stetig aufwärts. Beweis dafür waren bereits vereinzelte schneebedeckte Flecken auf dem inzwischen kahlen Boden. Die Felsen – in allen möglichen Kupferschattierungen – wurden zu hohen, mit Höhlen durchzogenen Bergen; sie fuhren um eine tiefe Schlucht herum, durch einen aus dem Berg gehauenen Tunnel und gelangten in willkommenen Sonnenschein.

Nach ihrer langen Fahrt durch die leeren braunen Landschaften war Er Rachidia für Mrs. Pollifax eine Oase der Zivilisation. Sie fuhren durch eine breite Hauptstraße, an deren beiden Seiten Schilder in Französisch angebracht waren, wie *Dentiste, Bureau de Poste, Docteur, Tabac, Tailleur.* An einer Kreuzung stand sogar ein überdachter Karren, dessen Besitzer Süßwaren verkaufte. Die Sonne schien, und in welche Richtung Mrs. Pollifax auch schaute, erhoben sich Berge, die immer noch höher anstiegen bis auf die fernen, schneebedeckten Gipfel des Hohen Atlas zu, so daß es aussah, als läge die Stadt zwischen den Bergen eingebettet. Sie fühlte sich sogleich besser. Das Schlimmste war vorbei, sie hatten Er Rachidia erreicht, und ihr nächster und letzter Halt, Erfoud, lag nur noch hundert Kilometer entfernt.

Zu ihrer Freude entdeckte sie sogleich das Café Gharbee an der Hauptstraße gegenüber der Kreuzung, die das Zentrum des Ortes war. »Dort ist es!« machte sie Janko aufgeregt aufmerksam. »Das Straßencafé dort rechts! Sieht es nicht einladend aus?«

»Ich bin durchaus imstande, es auch ohne Hilfe zu finden«, entgegnete er gereizt.

»Das habe ich nicht einen Augenblick bezweifelt.« Sie dachte nicht daran, sich von ihm die gute Laune verderben zu lassen. Sogar Autos gab es hier, die Straße war voll davon, und sie fragte sich, woher sie alle gekommen waren, da sie doch unterwegs kaum welche gesehen hatten. Hier einen Parkplatz zu finden, schien zum Problem zu werden, aber in diesem Augenblick fuhr ein winziger Wagen mit der Aufschrift *Petit Taxi*, ganz nahe am Café,

weg. Janko lenkte den Renault auf den freien Platz und schaltete den Motor ab.
»Ich lade Sie ein«, sagte sie großmütig. »Minzetee oder Espresso?« Ohne auf seine Antwort zu warten oder auch nur darauf, daß er ausstieg, öffnete sie die Wagentür und eilte voraus. Sie war so froh, ein paar Sekunden ohne ihn zu sein, die frische Gebirgsluft atmen und sich die Beine vertreten zu können, ehe sie ganz steif vom Sitzen wurden. Sie wählte einen Tisch nahe der Cafétür, wo sie sowohl ins Innere blicken, als auch die Passanten beobachten konnten. Augenblicke später setzte sich Janko zu ihr.
»Hier sieht man nicht so viele Dschellabahs, dafür erstaunlich viele Hosen und westliche T-Shirts.«
»Provinzhauptstadt«, brummte Janko kurz angebunden.
»Oh.«
Von ihrem Stuhl aus entdeckte sie niemanden, der Ibrahim ähnlich sah, ja, überhaupt keinen Kellner. Sie beschloß, daß jetzt eine günstige Gelegenheit sei, nach der Toilette zu suchen. Janko gähnte, endlich einmal ein menschlicher Zug an ihm. Eine Fahrt von etwa dreihundertzwanzig Kilometern, mit nur einer kurzen Mittagspause, ging auch an ihm nicht spurlos vorüber.
Im Café saßen mehrere Männer an der Theke, wo Tee und Espresso und Bier ausgeschenkt wurden. Hinter dem Tresen stand ein älterer Mann mit buschigem Schnurrbart; aber es war nicht Ibrahim Atubi. Falls sich herausstellen sollte, daß sich der Schwindler hier in Er Rachidia befand, mochte es Unannehmlichkeiten mit Janko geben: Wäre es möglich, daß es durch seine feindselige Einstellung ihr gegenüber beispielsweise zu Schwierigkeiten käme, den Befehl auszuführen, Baltimore sofort zu

benachrichtigen? Würde seine hartnäckige Weigerung, bei diesem Auftrag mit ihr zusammenzuarbeiten, den Zweck dieses Auftrags außer acht lassen? Dieser Gedanke war ihr neu und beunruhigte sie.

Als sie aus der Toilette kam, stieß sie fast mit einem Mann zusammen, der mit einem Tablett durch das Café eilte. Er trug eine grüne Halbschürze und wich mit einem hastigen »Verzeihung, Madame« aus.

Sie blickte ihn an und lächelte. Es war Ibrahim. »Es ist ja nichts passiert«, versicherte sie ihm.

»Ah, Sie sprechen Englisch! Haben Sie bereits bestellt?«

»Wir sitzen draußen«, erklärte sie ihm.

Er nickte eifrig. »Ich komme gleich hinaus, Madame. Entschuldigen Sie bitte, ich mußte noch rasch – wie sagen Sie? – Brötchen holen.«

»Ja, Brötchen.« Sie kehrte zu ihrem Begleiter zurück. Janko hatte sich eine Zigarette angezündet und hing stirnrunzelnd offenbar wieder den Gedanken nach, die ihn schon den ganzen Tag abwesend erscheinen ließen.

Ibrahim folgte, verbeugte sich und erkundigte sich mit einem Lächeln, genau wie auf der Fotografie, nach ihren Wünschen.

Janko bedachte ihn mit einem langen, nachdenklichen Blick, ehe er bestellte: »*Du thé à la menthe.*«

»Espresso«, bat Mrs. Pollifax. Nachdem er gegangen war, lächelte sie Janko an. »Wir haben Ibrahim gefunden.«

Er nickte. »Ja, Ibrahim haben wir.«

»Ein sehr netter Mann.«

Janko zuckte die Schultern. »Kann schon sein.«

Sie bekamen ihre Getränke: Janko ein Glas Tee mit Minzeblättern und Zuckerwürfeln rundum auf der Untertasse und sie ein Täßchen Espresso. Sie hatte es schnell geleert, und da es zu keiner Unterhaltung kam, blickte sie Janko an, der ausdruckslos an seinem Tee nippte. *Zwei Einsame Seite an Seite, ohne sich je zu berühren*, dachte sie – welche Vergeudung! Laut sagte sie mit einem Blick auf die Uhr: »Ich habe meinen Espresso getrunken und werde mich noch ein bißchen hier umsehen. Ich bin bald zurück.«

»Hoffentlich« brummte er.

Sie stand auf und überquerte die Straße. An dem Schild *Dentiste* mit einem bedrohlichen Bild von Zähnen ging sie vorbei und blieb vor einem Zeitungskiosk stehen. Sie lächelte, als sie ein Mickymaus-Taschenbuch sah, auf dem *Mickey Jeux* stand, und als sie keine englischsprachigen Zeitungen entdeckte, ging sie weiter zu dem nächsten Laden. Das Schaufenster war mit roten, gelben und türkisen Papiergirlanden umrahmt, auf dem Aushängeschild stand *Tabac* und auf einem kleineren *Souvenirs*.

Sie trat ein, nickte dem Mann hinter dem Ladentisch zu und schaute sich glücklich um. Hier gab es kleine polierte Kästchen aus Zedernholz, Päckchen mit Räucherwerk und Kerzen für die Moschee, primitive Holzschnitzereien und verschiedene ungewöhnliche Schatullen aus Messing und Silber, von denen sie eine hochhob, um sie sich näher anzusehen und zu bewundern.

Hinter ihr sagte eine Stimme auf englisch: »Das ist ein Koranbehälter – sehen Sie die Kordel? Damit kann man ihn sich um den Hals hängen.«

Das Englisch war fehlerlos. Sie drehte sich um, stellte fest, daß der Ladenbesitzer noch hinter dem Tresen stand, und ein neu hinzugekommener Kunde zu ihr gesprochen hatte: ein Mann in grau-weiß gestreifter Dschellabah und lockerer dunkler Kopfumwicklung, so daß sein sympathisches, gutaussehendes Gesicht mit schmalem Schnurrbart und erstaunlich blauen Augen zu sehen war.

»Oh, vielen Dank, das wußte ich nicht«, sagte sie und lächelte ihn an.
Er rief dem Eigentümer etwas auf arabisch zu und erhielt eine Antwort. Amüsiert sagte er leise: »Es soll fünfundvierzig Dirham kosten, aber wenn Sie es wirklich kaufen möchten, rate ich Ihnen, ihn herunterzuhandeln.«
Es war ein schönes Gefühl, mit jemand Nettem sprechen zu können. Endlich wurde sie wieder als Mensch behandelt, und seine Freundlichkeit rührte sie. »Es ist wirklich sehr hübsch«, sagte sie und strahlte ihn an. »Wären Sie vielleicht auch noch so nett und geben mir einen Tip, wieviel ich dafür bieten soll?«
»Versuchen Sie es mit fünfunddreißig Dirham.«
»O je, wieviel ist das in Dollar? Wissen Sie das zufällig?«
»Hm, ein Dirham ist etwa zwanzig Cent. Also ungefähr sieben Dollar.«
»Das ist nicht viel!« staunte sie. Die Gelegenheit nutzend, rief sie dem Ladeneigentümer zu: »Ich gebe Ihnen fünfunddreißig Dirham, einverstanden?«
Der Mann hinter dem Ladentisch blickte den Blauäugigen mit sanftem Tadel an und zuckte theatralisch die Schultern. »Oui – ja. Fünfunddreißig Dirham.«
»Sehen Sie?« sagte ihr neuer Freund, und fügte hinzu: »Machen Sie eine Tour? Hat man Ihnen schon von Er Rachidia erzählt? Man nennt die Bewohner hier das Schreinvolk, die Abkommen von Ali. Es ist ein ganz besonderer Ort.«
»Auch das wußte ich nicht«, gab sie lächelnd zu und kramte in ihren Münzen. »Ist das ein Dirham?«
»Ja – nein, nicht der, die größeren. Aber es sind nicht genug. Haben Sie Scheine? Ah ja, das sind fünfunddreißig Dirham.«
»Was heißt ›danke‹ auf arabisch?« erkundigte sie sich.

»Schukran.«

Sie nickte. »Dann bedanke ich mich bei Ihnen und sage ›schukran‹ zu ihm.« Der Ladenbesitzer nahm die Scheine, wickelte die Koranschatulle in Zeitungspapier, band eine Schnur herum und überreichte sie ihr.

»Schukran«, sagte sie lächelnd.

»Sie lernen unsere Sprache!« rief er erfreut.

Mrs. Pollifax winkte dem Mann mit den blauen Augen zum Abschied zu, eilte aus dem Laden, und als sie zum Café schaute, sah sie Janko ungeduldig neben dem Wagen stehen. Aber sie kehrte zufrieden zurück; immerhin hatte sie mit zwei Einheimischen gesprochen, hatte eine Beziehung zu diesem Land gefunden, und vielleicht erwies sich diese Reise doch nicht als ganz so trostlos.

Ihre Zufriedenheit wurde jedoch bald vertrieben. Janko war sichtlich wütend. »Wir haben noch hundert Kilometer vor uns!« sagte er verärgert. »Und Sie halten uns auf, genau wie ich vorhergesehen hatte. Muß ich Sie daran erinnern, daß wir die Reise nicht machen, um Sehenswürdigkeiten zu besichtigen oder Einkäufe zu machen?« Als sie ihn lediglich erschrocken über seinen Ton anstarrte, streckte er die Hand aus und sagte: »Ich will jetzt *alle* Fotografien sehen. Sie haben sich lange genug kindisch benommen.«

Sie preßte die Lippen zusammen, ehe sie entgegnete: »Kindisch? Mr. Janko, ich denke gar nicht daran, mir von Ihnen alles bieten zu lassen, und ich kann Ihnen nur sagen, daß ich überkochen werde, wenn Sie sich noch weiter so aufführen; es hat sich schon genug Wut in mir über Ihre Einstellung und Ihre – Ihre Habgier nach diesen Bildern angestaut. Was eine sehr schöne Reise durch Marokko sein könnte, wird durch Ihr Benehmen zu einem höchst unerfreulichen Ereignis.«

»Jetzt beweisen Sie Ihre Naivität und Unerfahrenheit«, sagte er kühl. »Agenten lernen bei der Ausbildung, nie ihre Gefühle zu zeigen. Und Sie haben bereits Ihre Beherrschung verloren.«

»Im Gegenteil«, erwiderte sie. »Sie müssen erst erleben, wenn ich sie verliere!«

»Ich lege keinen Wert darauf«, schnaubte er und öffnete die Wagentür für sie. »Steigen Sie ein, wir haben schon zu viel Zeit vergeudet.« Ohne die Fotografien noch einmal zu fordern, setzte er sich hinter das Lenkrad und ließ den Wagen anspringen.

Jetzt werfen wir uns schon Beleidigungen an den Kopf, dachte sie erbittert und schwieg. Als sie zum Café zurückblickte, sah sie, daß Ibrahim gerade ihren Tisch abräumte; als er den Motor hörte, blickte er auf, sah sie und winkte.

Sie winkte ebenfalls und dachte: *Wenn ich nur hin und wieder einmal Menschen wie Ibrahim und dem Blauäugigen begegne, wird Jankos Gesellschaft vielleicht erträglich.* Aber sie wußte, daß sie eine der vernichtendsten Arten von Einsamkeit erlebte: sich in unmittelbarer Nähe einer Person aufzuhalten, für die sie ein Nichts war und die sie damit zur Unsichtbarkeit und Bedeutungslosigkeit verdammte.

Während Janko aufs Gas trat, hörte sie durch das offene Wagenfenster die ferne Stimme des Muezzins, dessen auf- und abschwellender Ruf die Gläubigen zum Gebet aufforderte – *Allah Akbar! Allah Akbar!* –, und dann fuhr der Wagen räderquietschend auf die P21, die sie nach Erfoud bringen würde. Mrs. Pollifax war froh, daß der zweite Informant gefunden und identifiziert war, und hoffte, daß sie heute auch noch den dritten finden würden, den jungen Hotelkellner namens Youssef Sadrati.

Als sie in Erfoud angelangten, war es bereits dunkel und kalt, sehr kalt, so daß Mrs. Pollifax, als sie das Hotel gefunden hatten, sogar noch in dicken Wolljacken fror und sich nach hellen Lichtern und einem warmen Zimmer sehnte. Ihre Ausdauer wurde jedoch nicht belohnt, denn die Eingangshalle des Hotels war nur kärglich möbliert und schwach beleuchtet. Janko hielt sich zurück, als sie sich am Empfang eintrug und Zimmer 306 zugeteilt bekam. Schließlich erschien ein gebeugter kleiner Mann, nahm ihre Taschen und führte sie durch ein Labyrinth kalter Betongänge, bog nach rechts, dann links, und es war so dunkel, als nähme sie an einer Führung durch Katakomben teil. Als Ziel erwies sich ein Innenhof, dessen Mittelpunkt ein noch gefüllter Swimmingpool war. An jeder Ecke strahlte eine eingelassene Lampe ihr schwaches Licht in die Dunkelheit, und diese gespenstische Beleuchtung verlieh dem Wasser ein finsteres, metallisches Glimmen, das ihm scheinbares Leben gab, wie von einem in der Tiefe verborgenen, schrecklichen Geheimnis. Türreihen umgaben das Schwimmbecken und neben jeder Tür war ein Fenster zu sehen.
»Es ist schrecklich dunkel«, sagte sie zu dem Träger. *Und unheimlich*, fügte sie stumm hinzu. Aber der Mann verstand kein Englisch und nickte nur, als er ihr Zimmer aufsperrte. Mrs. Pollifax warf noch einen Blick auf das gespenstische Wasser hinter sich, und betrat fröstelnd das Zimmer, in dem eine 25-Watt-Birne ein Bett erhellte, einen Stuhl, ein Wandbrett und ein sich anschließendes winziges Badezimmer.
Sie gab dem Mann ein Trinkgeld, dankte ihm, und als er gegangen war, eilte sie zum Fenster, um den Vorhang zuzuziehen, damit sie den dunklen Hof mit dem stumpfglitzernden Wasser nicht mehr sehen mußte. Es war ja

möglich, daß dieses Hotel in einer wärmeren Jahreszeit seinen eigenen Reiz hatte, doch momentan hatte es die Atmosphäre eines verlassenen Sommerlagers. Es gab weder Fernseher noch Telefon in ihrem Zimmer, die Stille war die einer Gruft, und deprimierte sie noch mehr. Aber sie war hungrig und vielleicht würde ein Mahl ihre Lebensgeister wieder wecken. Sie kämmte sich lediglich, dann verließ sie ihr Zimmer, ein bißchen aufgemuntert durch das Licht hinter ein paar ebenfalls zugezogenen Vorhängen. Sie war erleichtert, als sie die Eingangshalle erreichte; keine Geisterhände hatten aus den Gangnischen nach ihr gegriffen; niemand war ihr in der Dunkelheit begegnet; und doch fühlte sie sich merkwürdigerweise verfolgt. Um sich ihre Tüchtigkeit zu beweisen, begab sie sich sogleich an die Theke und ließ sich eine Flasche Mineralwasser geben, das sie zum Zähneputzen benutzen konnte. Mit der Flasche in der Hand marschierte sie in den nebenan liegenden Speisesaal und stellte erfreut fest, daß er hell beleuchtet war und eine größere Gesellschaft Touristen an einem langen Tisch saß.

»Madame gehört zu der Gruppe aus Frankreich?« erkundigte sich ein junger Mann, der ihr entgegengeeilt war.

Sie musterte ihn rasch, aber unauffällig. Er trug Kellnerkleidung: schwarze Hose, schwarze Weste, die ihm ein wenig zu eng war, schwarze Krawatte und weißes Hemd. Er hatte ein glattes, eifriges, braunes Gesicht und sanfte dunkle Augen, und sie lächelte ihn freundlich an, denn er war Youssef Sadrati – sie hatte ihn gefunden, und es war offenbar alles in Ordnung mit ihm. Wie gern hätte sie ihn beim Namen genannt, ihm die Hand geschüttelt und ihm erzählt, daß sie sein Bild schon den ganzen weiten Weg von Amerika bis hierher bei sich trug; aber sie schüt-

telte nur den Kopf und antwortete: »Nein, ich bin allein.«
Er führte sie an einen Tisch und erklärte ihr, weshalb sie heute keine Auswahl hatten. »Es gibt leider nur Tajine, das ist Eintopf mit verschiedenerlei Gemüsen und Hammelfleisch«, bedauerte er mit einem Kopfnicken auf die Touristengruppe. »So viele!«
Sie lächelte. »Dann nehme ich Tajine.«
»Vielen Dank, Madame«, sagte er sichtlich erleichtert und eilte zur Küche.
Eine Minute später betrat Janko den Speisesaal und setzte sich an den Tisch in der gegenüberliegenden Ecke. Wahrscheinlich hatte auch er Youssef gesehen und wußte nun, daß er der Richtige war. Er gönnte ihr keinen Blick, und auch sie schaute kein zweites Mal in seine Richtung. Geduldig wartete sie auf ihren Eintopf, doch allmählich wurde dieses Abendessen zum Alptraum: als ihr Tajine nach dreißig Minuten endlich gebracht wurde, war es kalt; ein Tyrann von Ober schikanierte seine Kellner; und die Touristen wurden immer lauter. Mrs. Pollifax war bei der Nachspeise angelangt, als dem Oberkellner einer seiner Untergebenen zu langsam erschien und er ihm ungeduldig ein Tablett entriß, wobei er stolperte, auf die Knie fiel und die Gläser in einen Scherbenhaufen verwandelte. Der Alptraum war zur Posse geworden. Sie unterdrückte ein etwas hysterisches Lachen, beendete ihre mit Mandelcreme gefüllte Blätterteigrolle und kehrte durch die langen dunklen Gänge zu ihrem Zimmer zurück; sie putzte sich die Zähne, zog sich aus und ließ sich erschöpft ins Bett fallen.
Sie hatte bereits eine Weile geschlafen, als ein leises, aber hartnäckiges Geräusch sie weckte: jemand fummelte an dem Schloß ihrer Tür. Sie rührte sich nicht. Es war zu

dunkel, als daß sie hätte sehen können, wie sich die Tür öffnete, aber sie spürte einen plötzlichen Luftzug über ihr Gesicht streichen, der es ihr verriet, und dann hörte sie das leise Klicken, als die Tür geschlossen wurde.
Bishop hatte sie vor Dieben gewarnt, aber sie glaubte nicht, daß der Einbrecher ein Fremder war. Schon in Fes hatte sie mit dieser Möglichkeit gerechnet: Janko war entschlossen, die Fotografien an sich zu bringen, und hatte die heutige Nacht erwählt, sie ihr zu stehlen.

5

Angespannt und wachsam lag sie im Bett und bereute die Sorgfalt, mit der sie den Vorhang zugezogen hatte. Nicht der geringste Lichtschimmer drang ins Zimmer, deshalb blieb ihr nichts übrig, als sich ausschließlich auf ihre Ohren und ihren Instinkt zu verlassen. Beides sagte ihr, daß der Eindringling das Wandbrett erreicht hatte, auf dem ihre beiden Reisetaschen standen. Das bestätigte einen Moment später ein bleistiftdünner Lichtstrahl, der kurz auf die Wand fiel, ehe er in der blauen Segeltuchtasche mit ihrer Kleidung verschwand. Er war unvorsichtig gewesen, als er die Taschenlampe zu früh anknipste – das Licht hatte flüchtig, aber eindeutig die Umrisse seines Profils gezeigt –, jetzt war er vorsichtiger und er arbeitete im Dunkeln. Lauschend schloß sie die Augen und staunte über diese atavistische Sensitivität, die selbst im zwanzigsten Jahrhundert möglich war: Es fiel leichter, mit geschlossenen Augen zu lauschen, das lenkte ihre Sinne ausschließlich auf Geräusche: auf das kaum hörbare Rascheln von Stoff auf Stoff, das Knistern eines Umschlags, der in ihrer zweiten Tasche geöffnet wurde; das kurze

Atemholen, als Janko eine Fotografie fand, und das Ausstoßen des Atems, als er feststellte, daß es offenbar die eines Amerikaners war. Es folgte das langsame, beinahe unhörbare Öffnen der Reißverschlüsse an den Seitenfächern beider Reisetaschen; dann ging Janko fast lautlos nach links zu dem winzigen Badezimmer.

Mrs. Pollifax erschrak leicht, als ihr klar wurde, daß er als nächstes nach ihrer Handtasche suchen würde. Sie hatte schon lange die Gewohnheit, sie auf Reisen immer ganz nahe bei sich zu behalten, eben aus einem Grund wie diesem, und momentan lag sie in Reichweite auf dem Boden neben dem Bett. Wenn er sie fand und riskierte, sie nach den Fotos zu durchsuchen, hatte sie ein paar interessante Möglichkeiten. Sie konnte entweder weiter vortäuschen, fest zu schlafen, oder ihm einen guten Karatehieb auf den Kopf versetzen, der ihm eine Weile die Besinnung raubte und genau das war, was er verdiente. Sie fand so einen Karateschlag, während er neben dem Bett kniete, außerordentlich verlockend und dachte begeistert darüber nach. Später könnte sie ganz unschuldig erklären: »Oh, es tut mir schrecklich leid, ich hielt Sie für einen Einbrecher!« Er würde ihre ohnehin schlechte Beziehung zueinander zwar kaum verbessern, doch es wäre ein wunderbares Mittel, ein wenig ihres aufgestauten Ärgers abzulassen!

Aber was dann?

Sie seufzte, als sie diese herrliche Idee aufgab. Sie ermahnte sich, daß sie quasi Kollegen waren und Carstairs ihnen beiden diesen Auftrag zugeteilt hatte, der noch nicht einmal halb durchgeführt war. Und natürlich wäre Janko entsetzlich wütend, daß er in ihrem Zimmer ertappt worden war, und noch wütender über den Schlag auf den Schädel; aber sie mußten ja noch weiter mitein-

ander arbeiten. Also sagte sie sich, daß es zwar sehr bedauerlich, doch besser war, diese Idee fallenzulassen.
Er hatte inzwischen seine kurze Suche im Bad beendet und war nun wieder im Zimmer. Sie spürte, wie er näher kam und vermutete, daß er sich vorsichtig auf dem Boden heranarbeitete. Die Vorstellung, daß er sich auf Händen und Knien vorantastete, erschien ihr plötzlich so komisch, daß sie ein Lachen unterdrücken mußte. Gleich darauf hörte sie, wie seine Finger ihre Tasche erreichten und sie vorsichtig öffneten, und da sie die Augen nicht ganz geschlossen hatte, sah sie den Lichtstrahl, als er sie durchsuchte.
Genug! beschloß sie. Sie drehte sich mit den passenden Geräuschen um, hustete leicht und drehte sich wieder zurück.
Sie hatte ihn erschreckt und spürte das Bett vibrieren, als sein Kopf gegen den Rahmen prallte, nachdem er ihn offenbar zu abrupt gehoben hatte. Ein unterdrücktes Keuchen folgte, dann Stille, als er reglos lauschend abwartete. Nachdem er überzeugt war, daß sie nichts gehört hatte und noch schlief, stand er auf und schlich auf Zehenspitzen zur Tür; einen Augenblick später öffnete er sie und schloß sie fast lautlos hinter sich.
Es war vorbei.
Sofort stand sie auf, war hellwach und brauchte auch nicht mehr vorzutäuschen, daß sie schlief. Sie war empört über diese nächtliche Invasion. Sie langte nach ihrer eigenen winzigen Taschenlampe, tastete sich zu der Flasche Mineralwasser auf dem Wandbrett und goß sich ein Glas voll. Sie blieb im Dunkeln stehen, nippte daran und überlegte. Ihr Zorn wuchs, als sie daran dachte, wie besessen er nach den Fotografien sein mußte, daß er sie zu stehlen versuchte, während sie schlief.

Doch ihr wurde auch bewußt – und jetzt erst –, daß sich Janko nicht völlig erfolglos davongeschlichen hatte: Er wußte nun, daß sie die Fotografien weder in ihren Reisetaschen, noch in der Handtasche aufbewahrte, und sie sie infolgedessen am Körper tragen mußte.

Und das war mein *Fehler,* dachte sie. *Ich hätte schon eher im Schlaf murmeln sollen, bevor er meine Handtasche erreichte, auf jeden Fall aber, bevor er sie ganz durchstöbert hatte.*

Nun, da er das wußte, war die Frage, was er als nächstes tun würde, um die Fotos an sich zu bringen.

Aber was sie am meisten beschäftigte, war, *warum* er so versessen auf die Bilder war. Da waren natürlich sein ungeheurer Eigendünkel und sein Ärger darüber, daß man diese Frau mitgeschickt hatte . . . Aber genügte das, sein Eindringen heute nacht zu erklären?

Sie wagte nicht, das Licht einzuschalten, da es durch die Vorhänge zu sehen wäre, so öffnete sie ihre blaue Reisetasche, leuchtete mit dem Lämpchen hinein und holte ein Buch heraus. Sie wollte noch ein bißchen lesen, wenn auch nur in dem dünnen Lichtstrahl, bis sie sich ein wenig beruhigt hatte. Als sie zum Bett zurückkehrte, fiel dieser dünne Lichtstrahl auf etwas Kleines, Pelziges vor dem Bett, gleich neben der Handtasche. Sie fuhr zurück und unterdrückte einen Aufschrei.

Doch das pelzige Ding rührte sich nicht, es huschte nicht davon, als sie näher kam, und nachdem sie sich vorsichtig davorgekniet hatte, erkannte sie, daß es gar kein Tierchen war. Es lag leblos da, schwarz und klein. Verwirrt hob sie es auf und stellte fest, daß es gar kein Fell, sondern ein *Büschel Haare* war.

Verblüfft trug sie es ins Badezimmer, schloß die Tür hinter sich und riskierte es, das schwache Deckenlicht einzuschalten. Das Ding in ihrer Hand war nicht ganz vier Zen-

timeter lang und etwa zweieinhalb Zentimeter breit; das Haar war schwarz und dicht und an einem Stückchen steifem Stoff befestigt, an dem Reste von Klebstoff hafteten. Die Erkenntnis, was das sein mußte, verblüffte sie sehr. Sie hatte die Hälfte eines Schnurrbarts in der Hand!
Er mußte sich gelöst haben, als Janko den Kopf am Bett angestoßen hatte.
Sie reagierte rasch. Sie drehte das Badezimmerlicht aus, kehrte zum Bett zurück und ließ Jankos Schnurrbarthälfte auf den Boden fallen, als wäre es eine tickende Zeitbombe –, und etwas Ähnliches war Janko ja auch wohl, sagte sie sich, als sie sich auf das Bett setzte, um ihre aufgewühlten Gedanken zu beruhigen und zu ordnen und um sich klarzuwerden, was das bedeutete. Die Schlußfolgerung erschien ihr sehr ernst. Ihr erster Gedanke war: *Er darf nicht wissen, daß ich ihn gesehen habe*; ihr zweiter: *Wann wird er zurückkommen, um sich den Schnurrbart zu holen?* Und der dritte, den sie allzugern vermieden hätte, war der erschreckendste: *Wenn Jankos Schnurrbart falsch ist, was ist dann sonst noch falsch an ihm?*
Wenn der Schnurrbart falsch war, waren es dann auch diese lächerlich buschigen Augenbrauen? Und wohin führten sie diese Fragen, und weshalb rann es ihr eiskalt über den Rücken? Sie tastete sich in Gedanken zu ihrer ersten Begegnung zurück, zu einem Janko, der so sehr in seinem Stolz verletzt gewesen war, weil sie sich ihm in Fes angeschlossen hatte, daß nur ihre Weigerung, ihm die Fotografien auszuhändigen, verhinderte, daß er sie einfach zurückließ und allein losfuhr. Aus irgendeinem wichtigen Grund war es absolut erforderlich für ihn gewesen, allein zu reisen, und ebenso wichtig, diese Fotografien an sich zu bringen – so wichtig, daß er nicht einmal davor zurückschreckte, sie zu stehlen.

Und sein Schnurrbart war falsch. *Warum?*
Ihr Herz blieb fast stehen, als sie nun an den schrecklichen Tod von Hamid ou Azu dachte.
Also wirklich, Emily, protestierte sie, *was du da denkst, ist Wahnsinn! Er saß zu der Zeit an der Hotelbar und trank Bier, hast du das vergessen? Außerdem wurde er von Carstairs und seiner Abteilung eingesetzt, er hat den richtigen Namen, er war zur richtigen Zeit am richtigen Ort, und er erwartete eine Mrs. Pollifax . . .*
Aber es war natürlich kein Wahnsinn, und sie wußte es. Hamid ou Azu war der erste Informant von sieben gewesen, die sie überprüfen sollten; gemeinsam hatten Janko und sie ihn gefunden und identifiziert und sich dann getrennt. Sie konnte die vier Biere an der Hotelbar nicht erklären, aber sie konnte es auch nicht länger als reinen Zufall ansehen, daß Hamid ou Azu neunzig Minuten später ein Messer in den Rücken bekommen hatte. Wenn sie und Dasran nicht den gleichen Rückweg durch die Medina genommen hätten, würde sie nicht von seinem Tod erfahren haben. Oder von dem Mord an ihm.
Für wen arbeitete Janko?
Sie war sich bewußt, daß ihr Verstand verzweifelt versuchte, eine andere Erklärung für den Mord zu finden, der tatsächlich Zufall sein konnte. Sie wollte ihren grauenvollen Verdacht auslöschen, doch nichts konnte ihre innere Unruhe vertreiben.
Hatte Janko seine Vorgesetzten verraten? Arbeitete er mit ihr oder gegen sie?
Und die schrecklichste Möglichkeit wartete immer noch auf sie: *Wenn Janko gestern irgendwie in die Altstadt von Fes zurückgekehrt war und Hamid ou Azu getötet hatte – wenn sie für ihre fünfzehn Dollar nicht die Wahrheit erhalten hatte –, was war dann mit Ibrahim, dem zweiten Informan-*

ten, den sie am Nachmittag in Er Rachidia identifiziert hatten?
Sie dachte: *Ich muß von hier aus das Café Gharbee in Er Rachidia anrufen. Ich werde Ibrahim verlangen ... Ich werde dem, der das Telefon beantwortet, erklären, daß ich gestern etwas dort liegengelassen habe, ein Tuch oder sonst was ... Ich werde erklären, daß nur Ibrahim sich erinnern würde ... Er wird ans Telefon kommen,* fügte sie hinzu, *das wird mich beruhigen, und alles wird gut sein.*
Sie blickte auf die Uhr und sah, daß es fünf war – zu früh –, bestimmt wäre es besser, bis sechs Uhr zu warten. Aber auf jeden Fall, egal, was sie durch ihren Anruf erfuhr, mußte sie dafür sorgen, daß Janko die Fotografien, auf die er so scharf war, nie in die Hand bekam.
Sie nahm den Geldgürtel unter ihrem Schlafanzug ab, öffnete die Taschen und zog die übrigen vier Fotos heraus. Nachdem sie sich Streichhölzer aus ihrer Reisetasche geholt hatte, ging sie ins Badezimmer und legte die Schnappschüsse auf das Waschbecken. Sie hatte sie zu Hause studiert und sich im Flugzeug eingeprägt, doch um sicherzugehen, schloß sie die Augen und flüsterte noch einmal die Namen und Adressen: von Omar Mahbuba, der Fossilien und andere interessante Sachen für Touristen in einem winzigen Laden verkaufte, unterhalb eines Hotels in Tinehir ... Muhammed Tuhami, der Friseur in Ouarzazate ... Sidi Tahar Bouseghine, der mit feinen Teppichen in Zagora handelte, und Khaddour Nasiri, der Badehausaufseher in der letzten Ortschaft, Rouida am Rand der Wüste. Sie öffnete die Augen wieder, verbrannte der Reihe nach jedes Bild und sah zu, wie sie sich im Feuer kräuselten. Als sie zu Asche verbrannt waren, ließ sie Wasser ins Waschbecken rinnen, bis die letzten Ascheflocken davongeschwemmt waren.

Kaum war sie fertig, kündete das Krähen eines Hahnes vor dem Badezimmerfenster den Morgen an. Sie schlüpfte rasch in Hose, Sandalen und Pullover und packte ihre Taschen wieder. Da sie annahm, daß es Janko nicht schwerfallen würde, ihr Schloß wieder zu öffnen, um sich seinen Schnurrbart zu holen, sperrte sie die Tür zu und sah sich überrascht einem kalten, nieseligen Morgen gegenüber. Es war bereits sechs Uhr, als sie durch die langen, dunklen Gänge zum Empfang eilte, wo sie noch den Nachtportier vorfand.
»Könnten Sie mich bitte mit dem Café Gharbee in Er-Rachidia verbinden?« fragte sie ihn.
Er blickte sie neugierig an. »Selbstverständlich – eine 057 Vorwahl, es wird ein paar Minuten dauern.«
»Ich warte«, erklärte sie.
Er trug den Apparat zu dem kleineren Tisch an der Seite und redete hinein, ziemlich scharf, wie sie fand, und tippte mit den Fingern ungeduldig auf die Tischplatte. Dann griff er nach einem Notizblock, kritzelte eine Nummer, und gerade, als er den Hörer wieder abhob, öffnete der Oberkellner die Tür zum Speisesaal. Hinter ihm erschien Youssef mit einem Tablett mit Tassen, die er zu dem langen Tisch neben der Tür trug. Als er das Tablett absetzte, gab sie ihrem Instinkt nach und traf eine rasche Entscheidung. »Ich bin gleich zurück«, sagte sie zu dem Portier.
Sie durchquerte den Empfang, betrat den Speisesaal und ging zu Youssef hinüber.
In normaler Lautstärke fragte sie: »Ab wann gibt es Frühstück?«
Er lächelte, verneigte sich und antwortete: »Ab jetzt, Madame.«
Nun sagte sie leise: »Wenn Sie Hamid ou Azu in Fes kennen . . .«

Seine Augen weiteten sich, und er sog hörbar den Atem ein.

»... muß ich Sie darauf aufmerksam machen, daß er ermordet wurde. In seinem Souk.«

Youssef erbleichte. »Wer sind Sie?« keuchte er.

Also war ihm der Name Hamid ou Azu bekannt! Grimmig erwiderte sie: »Die Hand des Schicksals.«

»*Schukran* ... Ich gehe«, flüsterte er.

»Verschwinden Sie rasch!« riet sie ihm. Sie sah, daß der Portier ihr winkte, eilte zum Empfang zurück und griff nach dem Telefonhörer, den er ihr entgegenstreckte.

»Café Gharbee? Sprechen Sie Englisch?«

»Ja, ja, ein bißchen. Was ist?«

»Ich möchte mit Ibrahim sprechen, dem Kellner – er hat mich gestern bedient und ...«

»Ibrahim?« unterbrach die Stimme am Telefon sie. »Nicht hier.«

»Später?«

»Nicht später.«

»Wann, bitte?«

»Tut mir leid, Madame. Wir wissen nicht warum – es ist sehr bedauerlich –, aber die Polizei hat ihn gestern verhaftet. Er war ein so guter Mann!«

Polizei! dachte sie bestürzt. *Hamid ou Azu tot und Ibrahim verhaftet* ... Sie sagte: »Bitte, warum ...«

Eine Hand langte von hinten vorbei und drückte auf die Gabel. Janko sagte glatt: »Guten Morgen, *Tante* – etwa ein Ferngespräch?«

Sie wirbelte verärgert herum und sah, wie er sie vor Wut anfunkelte. »Was erlauben Sie sich?« fuhr sie ihn an und sah, daß sein Schnurrbart vollständig war.

Janko wandte sich an den Portier: »Mit wem haben Sie – meine *Tante* verbunden?«

»Es geht ihn nichts an, sagen Sie es ihm nicht!« wandte sich nun auch Mrs. Pollifax an den Mann.
Der Portier blickte verwirrt von einem zum anderen.
»Sagen Sie es mir!« befahl Janko heftig.
»Mit dem Café Gharbee in Er Rachidia.«
»Ich habe meinen Schal dort liegengelassen, meinen besten noch dazu«, sagte Mrs. Pollifax gereizt. »Er muß dort sein, sonst kann ich ihn nirgends verloren haben!«
Ohne auf sie zu achten, sagte Janko barsch: »Unsere Rechnung, bitte. Und schicken Sie einen Träger zum Zimmer meiner Tante, das ist 306, um ihr Gepäck zu holen. Wir bleiben nicht zum Frühstück.«
Mrs. Pollifax rief hitzig: »Ich bestehe auf Frühstück!«
Der Portier hatte sich umgedreht und rief einen Träger.
Janko zischte: »Sie werden auf gar nichts bestehen! Ich habe eine Pistole auf Ihren Rücken gerichtet. Niemand kann es sehen, denn sie ist in meiner Tasche, aber meine Hand ist ebenfalls in der Tasche, und ich drücke ab, wenn Sie nicht sofort zum Wagen gehen!«
Mrs. Pollifax überlegte kurz. Es hatte sie immer beunruhigt, daß eine Drohung mit der Waffe gewöhnlich viel zu schnell gefügig machte und daß es in manchen Fällen besser wäre, das Risiko einzugehen, in der Öffentlichkeit erschossen als irgendwohin in einen schlimmeren Tod verschleppt zu werden. Fast erlag sie der Versuchung Janko herauszufordern. Sie konnte sich nicht vorstellen, daß er tatsächlich in einem Hotel, vor Zeugen, schießen würde – wenn er überhaupt wirklich eine Pistole in der Hand hielt. Er müßte mit den schlimmsten Folgen rechnen. Bedauerlicherweise war ihr jedoch klar, daß sie keine Wahl hatte. Sie hatte diesen Auftrag angenommen und damit die Verpflichtung, sie durfte jetzt nicht an zu Hause und Cyrus denken, sondern an die vier Leben, denn nun war

es ihre Pflicht, sie zu retten – *inschallah*, dachte sie düster. Sie mußte herausfinden, *warum* Hamid ermordet und Ibrahim festgenommen worden war, entweder von echten Polizisten oder von Männern, die sich als Polizisten ausgegeben hatten. Vor allem aber mußte sie herausfinden, weshalb Janko einen falschen Schnurrbart trug; und hoffen, daß sie den Verstand und die Geistesgegenwart hatte, die sie zum Überleben brauchen würde; das war ein Grund, weshalb sie für diesen Job genommen worden war.

Und so verließ sie – zögernd – den Empfang; sie überlegte, wie sie an den marokkanischen Dolch in ihrer Tasche herankommen konnte, und fragte sich, wie sie ihr Leben retten könnte und ob es überhaupt noch möglich war. Ein kleiner Trost war, daß sie zumindest Youssef hatte warnen können. Er hatte auch genau gewußt, worum es ging, was mehr war, als sie von sich sagen konnte, und sie staunte über den Impuls, der sie dazu gebracht hatte, ihn zu warnen, noch ehe sie erfuhr, daß Ibrahim verhaftet worden war. Es war, dachte sie, als hätte etwas in ihr die ganze Zeit Anhaltspunkte gesammelt und erst an ihr Bewußtsein abgegeben, nachdem Janko seinen Schnurrbart in ihrem Zimmer verloren hatte.

Janko hatte ihr gesagt, daß er allein arbeiten werde, aber es war mehr als das: etwas war furchtbar schiefgegangen, und es gab niemanden, an den sie sich jetzt wenden konnte, und niemanden, der sie retten konnte, außer ihr selbst.

6

Als sie beim Einsteigen einen Augenblick zögerte, stupste Janko sie mit dem, was er als Pistole bezeichnet hatte, in den Rücken, und der Härte und Schwere nach, die sie am Rückgrat spürte, hatte sie keinen Grund, an seinen Worten zu zweifeln. Sie rutschte auf den Beifahrersitz, und als er ebenfalls einstieg, konnte sie die Tatsache nicht ignorieren, daß er zum erstenmal, seit sie sich kannten, nicht nach Namen und Adresse des nächsten Informanten fragte. Um das scheußliche Gefühl in ihrem Magen zu unterdrücken, setzte sie ihre Rolle als Unwissende fort und sagte ungehalten: »Es war unverschämt von Ihnen, meinen Anruf zu unterbrechen! Es war mein Lieblingsschal, den ich in dem Café liegenließ. Außerdem will ich frühstücken. Und dieses Machogerede über Pistolen können Sie sich sparen!«

Spiel diese Rolle weiter, mahnte sie sich eindringlich. *Er darf deinen Verdacht nicht einmal ahnen! Denk nicht daran, daß er die Fotos mit der Pistole in der Hand verlangen wird, und daran, was er tun wird, wenn er mir glaubt, daß ich sie vernichtet habe . . .* Laut sagte sie kühl: »Wir fahren jetzt nach Tinerhir und halten, hoffentlich, unterwegs an, um zu frühstücken. Dürfte ich mir die Karte ansehen?«

»Sie liegt im Handschuhfach.«

Ich tue, als glaubte ich, ich würde lebend in Tinerhir ankommen, dachte sie . . . *Ich werde ihn an der Schläfe treffen müssen, mit dem schlimmsten Karateschlag überhaupt, den man nur benutzen darf, wenn es um Leben oder Tod geht, und das ist nun ganz gewiß der Fall . . . Wenn er mich nahe genug heranläßt und mir Gelegenheit gibt für ein paar mittlere Knöchelschläge, Stöße, Tritte . . . Ich bin sehr gut im Blockieren . . . Da kämen noch der Handgelenkgriff in Frage und der Würgegriff von vorn und der von hinten ... Und dann der Hieb auf die Schläfe.*

Aber zuerst mußte sie herausfinden, für wen er arbeitete, und was hinter seinem Verrat steckte. Sie mußte beschuldigen, reden, Näheres erfahren und hoffen zu überleben, um ihn zu entlarven.

Sie faltete die Karte auf, fand Erfoud, das sie soeben verließen, und sah erstaunt, wie nahe sie der algerischen Grenze waren und daß nur etwa sechzig Kilometer Wüste sie davon trennten. Heute fuhren sie nordwärts, wie sie bemerkte, offenbar zurück zur P32, die sie gestern südwärts genommen hatten und die wie eine rote Halskette die Karte hinunter durch Tinerhir führte, vorbei an einem Ort namens El Kelaa – wieder im Gebirge – und dann nach Ouarzazate, das sich mit fetten Buchstaben abhob. Von dort würde eine scharfe Biegung nach Süden sie auf ihrem Weg nach Zagora wieder in Richtung Wüste und die algerische Grenze führen, und dann hinunter zu ihrem letzten Informanten in Rouida. Sie operierten nun innerhalb eines Halbmonds oder eines sehr großen C.

Sie faltete die Karte wieder zusammen, steckte sie zurück ins Handschuhfach, entschlossen, sich voll auf die Gegend zu konzentrieren. Bei ihrer Ankunft gestern war es bereits zu dunkel gewesen, die Wüste zu sehen, doch jetzt waren ringsum deutlich Zeichen von ihr zu erkennen. Sie sah Palmen und Gärten, die zwar noch nicht bepflanzt, aber mit Erdhaufen umgeben waren, um den kostbaren Regen aufzunehmen. Entlang der Straße zogen sich niedrige Barrieren aus Stroh dahin, die den vom Wüstenwind herbeigewehten Sand zurückhalten sollten. Die Gegend hier war flach und gelbbraun, hin und wieder tauchten ein paar Häuser von der gleichen Farbe wie der bleiche Sand auf, in der Ferne säumten Berge das

Land ein. Es war eine bezaubernde, in gedämpften Tönen gehaltene Landschaft, die wie ein Mittel gegen ihre wachsende Anspannung wirkte. Ein Laster, der Holz geladen hatte, kam an ihnen vorbei, aber Personenwagen waren hier wieder selten. Sie brausten durch einen winzigen Ort, wo drei Frauen in unförmiger schwarzer Kleidung und schwarzen Schleiern an einer Tür kauerten, sie sahen wie zu groß geratene Krähen aus, und barfüßige Kinder standen müßig im Sand und starrten ihnen nach. Als die Sonne höher stieg, hüllte sie die fernen Berge in ein weiches Rosa, und der Sand färbte sich von blassem Beige zu rauhem, körnigen Gelbbraun.

Plötzlich trat Janko auf die Bremse und hielt den Wagen an. Mrs. Pollifax drehte den Kopf, um den Grund dafür zu sehen, da verkrampfte sich ihr Herz. Die Gegend, die so leer ausgesehen hatte, war es nicht völlig. Zwei kleine sandfarbene Bauten standen auf einer niedrigen Anhöhe und eine Art Pfad führte zu ihnen hoch. Der kleinere war eine zerfallende, dachlose Hütte, der größere ein fester, fensterloser Bau mit Kuppeldach, dem eine einsame Palme Schatten schenkte.

Janko fuhr ein Stück rückwärts und auf dem Pfad den Hang hoch. Scheinbar gelassen fragte sie: »Machen wir eine Besichtigung?«

»Es ist die Grabstätte eines Marabuts, eines Heiligen«, erklärte er fast freundlich.

Mrs. Pollifax saß ganz still und dachte: *Eine Grabstätte, wie passend!*

»Man nennt so ein Bauwerk *Kubba*«, fügte er hinzu. »Sie sollten sich wirklich eines ansehen, wenn Sie schon einmal hier sind.« Aus seiner Stimme sprach nun Erregung, und seine Augen glänzten vor erwartungsvoller Besessenheit, die seine ruhige Stimme Lügen strafte, so daß

Mrs. Pollifax sich fragte, ob sie überhaupt Zeit haben würde, etwas über ihn zu erfahren.
Er fuhr den Wagen in den Schatten der Palme und stellte den Motor ab. Ein Blick auf die versiegelte Kubba verriet Mrs. Pollifax, daß Janko sie zu der Hütte mit dem dunklen Eingang und dem zerbröckelnden Fensterrechteck bringen wollte.
»Aussteigen!« befahl er nun und brachte eine Waffe zum Vorschein, eine kurzläufige, glänzende M52.
»Also *doch!*« murmelte sie und blickte ihm gerade in die Augen. »Beabsichtigen Sie, mich hier umzubringen?«
Diese Direktheit überraschte ihn, er wirkte bestürzt. »Machen Sie sich nicht lächerlich, ich will nur die Fotografien. Verdammt, rücken Sie sie heraus!«
Ihr Mund war trocken, und ihr Herz hämmerte, aber sie war mit diesen Symptomen vertraut, sie waren ihr inzwischen zu alten Freunden geworden, deren Wert sie kannte. Dem Tod so oft gegenüberzustehen verlangte dem Herzen einen hohen Preis ab, aber die drohende Gefahr schärfte als eine Art besänftigender Ausgleich die Sinne. Ihr war klar, daß sie in der kommenden Stunde vielleicht sterben würde, aber sie hatte ein ausgefülltes Leben hinter sich, und sie wußte schon lange, daß Carstairs' Leute nicht immer im Bett starben. Sie öffnete die Tür und stieg aus. Als sie einen Wagen unten auf der Straße hörte, drehte sie sich um und schaute hinunter. Doch selbst wenn der Fahrer sie bemerkte, nahm er gewiß an, daß sie Touristen waren, die eine Kubba besichtigen wollten. Sie blickte dem kleinen grünen Wagen nach, bis er außer Sicht war, dann hob sie die Augen zu einem letzten Blick auf die fernen Berge, die blaß mauvefarben im Sonnenschein schimmerten. Schließlich trat sie, mit Jankos Waffe im Rücken und betend, daß er sie nicht von hinten er-

schießen würde, über den Schutt vor der Tür hinein in die Hütte.
Das Dach war längst eingefallen, aber die Deckenbalken waren geblieben, so daß der Sonnenschein ein Gitter über die Trümmerstücke und den Unrat auf dem festgestampften Lehmboden warf. Sie stellte fest, daß die Hütte geräumiger war, als sie von der Straße aus ausgesehen hatte, und sich noch ein zweites Fenster gegenüber dem ersten befand. Diese Entdeckung gab ihr neue Hoffnung, denn so war doch genügend Platz zum Manövrieren – wenn sie Verstand und Geistesgegenwart nutzte... Wenn er sie nicht gleich erschoß, bevor er die Fotos forderte, die sie nicht mehr besaß. Sie stieg über die Trümmer auf dem Boden und suchte ein Fleckchen, wo der Boden frei von Schutt war und blieb unweit vom hinteren Fenster stehen. Erst dann drehte sie sich zu Janko um.
Sein Blick schweifte durch die Hütte, schätzte ihre Größe und Möglichkeiten ab, ehe er sich zu ihr wandte und ausdruckslos sagte: »Sie werden mir jetzt die Bilder aushändigen.«
Er stand wenigstens drei Meter von ihr entfernt – viel zu weit – sie mußte sich rasch etwas einfallen lassen, um näher an ihn heranzukommen, so daß jeder Schlag, jede Abblockung und jeder Gegenschlag in einem gewaltigen *jiyu kumite* kommen konnte, denn es dürstete sie danach, ihn überrascht zu sehen, überwältigt, seine Arroganz zerquetscht, seine Pläne zerschmettert, seinen Körper am Boden. Die Heftigkeit dieses Verlangens erstaunte sie, aber das Problem war, an ihn heranzukommen, bis ihr einfiel, daß sie ja immer noch Cyrus' Geldgürtel um die Taille trug, so leer er jetzt auch war.
»Ja, natürlich, die Fotos.« Sie öffnete den Bund ihrer Khakihose, langte unter das Hemd, schnallte den Gürtel

auf, ohne den Blick von Janko zu lassen, um sofort zu merken, wenn sein Finger am Abzug zuckte, falls er vorhatte, sie sogleich zu töten, da er nun ja das Versteck der Bilder zu kennen glaubte. Sie nahm den Gürtel ab und ging mit ausgestreckter Hand auf Janko zu.

Er argwöhnte nichts. Als sie vor ihm stehenblieb, streckte er die Hand nach dem Gürtel aus, doch kurz ehe er ihn fassen konnte, ließ sie ihn fallen und keuchte: »Oh, Entschuldigung!«

Automatisch bückte er sich danach, da setzte sie mit der Rechten zu einem Seitenhammerschlag auf seine Schläfe an.

Aber sie hatte sich verschätzt. Er war so schnell gewesen, daß der Schlag, als er sich mit dem Gürtel in der Hand wieder aufrichtete, seine Schläfe verfehlte und nur die Kopfseite traf. Er stürzte der Länge nach auf den Schutt, aber er verlor das Bewußtsein nicht. Nur einen Augenblick lag er ein wenig benommen da, aber er hielt die Pistole noch fest in der Hand. »Miststück!« schrie er und hob die M-52.

Sie sagte rasch: »Die Fotografien sind nicht im Geldgürtel.«

»Nicht im ... Marsch, zurück!« brüllte er, stolperte auf die Füße, fuchtelte mit der Pistole in ihre Richtung, während er mit der anderen Hand an den Taschen des Geldgürtels herumfummelte. *»Zurück!«* brüllte er aufs neue, und um seinem Befehl Nachdruck zu verleihen, drückte er den Abzug, und eine Kugel zischte über ihren Kopf hinweg.

Sie machte ein paar Schritte seitwärts, denn sie hatte nicht die Absicht, zum Fenster hinter sich zurückzuweichen. Sie plante ihren nächsten Zug, bereitete sich auf den Aufwärtstritt mit der Ferse vor, ein Tritt in die Weichteile, der ihr Leben vielleicht noch retten konnte; nur war Janko jetzt wachsam und wußte, daß sie nicht wehrlos war. Sie mußte sehr schnell vorgehen. Er ließ den Blick nicht von ihr, während er den Reißverschluß einer Tasche des Gürtels nach der anderen unbeholfen aufzog. Und als er erkennen mußte, daß sie alle leer waren, fuchtelte er noch heftiger mit der Pistole herum.

»Wo?« brüllte er rasend vor Wut. *»Wo sind die Fotos?«*

»Ich zeige es Ihnen«, sagte sie. Sie machte einen Schritt auf ihn zu und konzentrierte Verstand, Körper und ihre ganze List auf einen Sprung, mit dem sie ihn ausschalten konnte. Aber Jankos Blick war an ihr vorbei zum offenen Fenster hinter ihr gewandert, und sie sah, daß er plötzlich mit ungläubiger, verwirrter Miene starrte.

»Nein!« keuchte er. Dann schrillte er: »Nein! Unmöglich! Sie sind tot!«

»*Isadda* – Glaube!« ertönte eine Stimme hinter Mrs. Pollifax, und sie wirbelte erstaunt herum.

7

Ein Mann schaute durch das Fenster, und noch überraschender als seine Anwesenheit war die Tatsache, daß sie ihn kannte: Sie war ihm gestern in dem kleinen Laden in Er Rachidia begegnet, wo er ihr beim Kauf der Koranschatulle geholfen hatte. Es war der Mann mit den blauen Augen. Jetzt stand er draußen mit einer Pistole in der Hand. Er hob sie und schoß zweimal. Janko fiel getroffen auf den Boden, keuchte einmal, dann war er still. Der Mann kletterte durchs Fenster und kniete sich neben Janko, um ihn zu untersuchen.

»Er ist tot«, stellte er fest.

»T-t-tot«, wiederholte sie und sank auf den schuttüberzogenen Boden.

»Mausetot, ja.« Der Mann nickte grimmig. »Ich laufe gewöhnlich nicht herum und erschieße Leute, aber dieser Hundesohn hat sich vor ein paar Tagen redlich bemüht, mich umzubringen, und ich wollte nicht, daß er es noch einmal versucht.« Er musterte sie durch zusammengekniffene Augen und fügte hinzu: »Sind Sie in Ordnung? Kein Schock oder dergleichen?«

Inbrünstig versicherte sie ihm: »Im Gegenteil. Ich bin Ihnen unendlich dankbar – Sie haben mir vermutlich gerade das Leben gerettet, aber wie – wer . . .?«

»Ihr Karate ist verdammt gut«, sagte er. »Ich hätte ihn schon eher erschossen, aber Sie waren ständig im Weg. Schwarzer Gürtel oder brauner?«

»Sie waren die ganze Zeit draußen?« krächzte sie. Sie sammelte rasch ihre Gedanken und erinnerte sich, was sie gesehen hatte, ehe sie die Hütte betrat. Überrascht fragte sie: »Fahren Sie einen kleinen grünen Wagen?«

»Gute Beobachtungsgabe.« Er stand auf, und sie beobachtete ihn, wie er seinen Turban sorgfältig fester um sein gebräuntes Gesicht mit dem schmalen, schwarzen Schnurrbart und den blauen Augen wickelte. »Aber – wer in aller Welt sind Sie?« stammelte sie. »Er sagte, Sie seien tot, und er glaubte es.«

»Das ist jetzt nicht so wichtig, verschwinden wir lieber. Ob Sie es wissen oder nicht, die Polizei folgt Ihnen schon den ganzen Tag.«

»Polizei?« hauchte sie. »Aber warum die Polizei. Ich dachte . . .«

»*Er* war von der Polizei.« Der Blauäugige deutete auf den Toten.

»Janko?«

Er lächelte. »*Ich* bin Janko.« Er streckte die Hand aus, zog Mrs. Pollifax auf die Füße und sagte abrupt: »Ich habe meinen Wagen zwischen zwei Felsblöcken ein paar hundert Meter entfernt, unten neben der Straße, versteckt.« Er führte sie zur Tür und deutete. »Sehen Sie sie? Steigen Sie ein, während ich seinen blauen Renault hinter der Kubba verstecke. Er wird noch früh genug gefunden werden. Welche Farbe hat Ihr Gepäck?«

Sie faßte sich rasch und antwortete bündig: »Eine khakifarbene Reisetasche und eine blaue, beide aus Segeltuch, sowie zwei in Zeitungspapier gewickelte Dschellabahs.« Für Erklärungen würde später Zeit sein, sagte sie sich. Während sie über die Trümmerstücke vor der Schwelle kletterte, schaute sie noch kurz über die Schulter in die düstere Hütte, in der ihr Leben in Gefahr gewesen war. Dieser neue, zweite Janko durchsuchte die Taschen des ersten, holte Brieftasche, Papiere und Schlüssel des Renaults heraus. *Ich sammle offenbar Jankos,* dachte sie und mußte erkennen, daß sie noch ein wenig benommen von den Ereignissen der vergangenen halben Stunde war. Aber es war kein Schock, sagte sie sich fest, außer vielleicht der Schock, am Leben zu sein und ein weiteres Wunder erlebt zu haben. Trotzdem fiel es ihr ein wenig schwer, sich in die Wirklichkeit zurückzustürzen, in der sie sich vor dem Betreten der Hütte befunden hatte. Sie brauchte die Wärme der Sonne auf ihrem Gesicht, während sie den Hang hinunterstieg, und das strahlende Blau des Himmels, um den Alptraum der letzten dreißig Minuten zu vertreiben.

Jetzt gab es einen anderen Janko, über den sie nachdenken mußte, und über die Arbeit, die noch vor ihr lag.

Der Wagen war ein Peugeot und gut versteckt. Sie stieg ein und starrte auf die Unebenheiten der beiden Fels-

blöcke, während sie versuchte, ihre bisherigen Annahmen neu zu ordnen. Die veränderte Lage der Dinge gefiel ihr zwar, aber ihr Verstand war noch völlig durcheinander. Sie hörte, wie der neue Janko den Kofferraum öffnete und wieder zuschlug, und verschob ihre Überlegungen, doch bis er sich hinter das Lenkrad setzte, hatte sie einen Entschluß gefaßt. »Verzeihen Sie«, sagte sie, lehnte sich zu ihm hinüber, legte eine Hand auf seinen Schnurrbart, krallte die Finger an einem Ende hinein und zog heftig.
»Au!« schrie er. »Verdammt, das hat weh getan! Was haben Sie sich dabei gedacht?«
»*Sein* Schnurrbart hat sich gelöst – ich mußte sichergehen!« erwiderte sie.
Der neue Janko lachte. »Das ist also passiert... Mein Schnurrbart sieht jetzt ziemlich armselig aus. Anscheinend dachte er, er müsse sich einen anschaffen, weil ich bekannt für meine buschigen Brauen und den auffallenden Schnurrbart bin – oder vielmehr war«, fügte er hinzu. »Und verdammt, ich will ehrlich sein, dieses Opfer ist mir auch sehr schwergefallen, ich habe beides auf dem Flug von Kairo nach Fes gestutzt. Das war die einzige Verkleidung, die ich fertigbrachte, und sie taugte nicht viel.«
Er fuhr den Peugeot rückwärts durch die Felsblöcke hinaus, und während sie von der Kubba fort, über die leere Straße brausten, warf er ihr einen raschen, nachdenklichen Blick zu. »Als ich ihn durchsuchte – er hat nicht bekommen, was er von Ihnen wollte.« Es war keine Frage, sondern eine Feststellung.
»Stimmt.«
»Sonst würden Sie nicht mehr leben.« Vorsichtig fragte er: »Was wollte er von Ihnen?«
Ihr wurde bewußt, daß sie sich gegenseitig abschätzten und, weil sie sich des anderen noch nicht sicher sein

konnten, behutsam vorwärtstasteten. Sie antwortete ebenso vorsichtig: »Er war hinter gewissen Fotografien her.«

»Bilder«, sagte er jetzt entschlossen, »von sieben Informanten, von denen einer nicht mit dem Foto übereinstimmt?«

»Ja, aber das wußte auch er.«

Er nickte. »Richtig . . . Okay, Sie hatten ein paar schwierige Tage und zu viele Jankos, das ist mir klar. Sie brauchen einen Beweis? Wie wäre es mit dem Namen Fadwa Ali?«

Sie schüttelte den Kopf. »Um al Nil?«

Besorgnis stieg in ihr auf. »Nein, zu beiden – *wer* sind Sie?«

»Was ist mit dem Namen Carstairs?«

Sie stieß einen Seufzer der Erleichterung aus. »Also gut, Carstairs, ja.«

»Schön. Vielleicht trauen Sie mir jetzt ein bißchen. Ich bin Ihnen seit Fes in einem schwarzen Wagen gefolgt, und seit Erfoud in diesem grünen. Ich bin Maximilian Janko, aber meine Freunde nennen mich Max, und ich würde mich freuen, wenn Sie es ebenfalls täten.«

»Max«, wiederholte sie. »Und ich bin Emily Pollifax. Aber wer ist der andere, der erste Janko?«

Grimmig sagte er: »Er war mein Sekretär in Kairo und heißt – hieß – Flavien Bernard. Doch da er sich als Doppelagent entpuppt hat, muß dieser Name nicht stimmen.«

»Flavien Bernard.« Sie runzelte die Stirn. »Aber wie konnte er von dem Auftrag, sieben Personen zu identifizieren, erfahren?«

»Oh, er war sehr geschickt«, antwortete Max bitter. »Als er glaubte, er hätte nichts mehr zu befürchten, prahlte er sogar damit. Er hat die ursprüngliche Anfrage Carstairs nach einem Agenten mit guten Arabischkenntnissen abgefangen, sich meine Personalakte genommen, mein Bild gegen seines ausgetauscht – nachdem er sich einen Schnurrbart und buschige Brauen angeklebt hatte, um sich meinem Aussehen anzupassen – und die angeforderten Unterlagen nach Langley in Virginia geschickt. Als detaillierte Anweisungen von dort kamen, fing er auch diese ab. Ganz zufällig fiel mir eine Kopie davon in die Hand, gerade als er abreisen wollte, und ich stellte ihn zur Rede.«

»Und wie hat er sich da verhalten?« erkundigte sich Mrs. Pollifax.

Heftig erklärte er: »Indem er mich in Kairo einen leeren Fahrstuhlschacht hinunterstieß, woraufhin er logischerweise annahm, daß ich den Sturz nicht überlebt hätte.«

»Großer Gott!« keuchte sie und erinnerte sich an die seltsame Reaktion des ersten Jankos auf das Gesicht am Fenster, und sie verstand jetzt seinen Schock, als er einen Mann sah, den er für tot gehalten hatte. »Und doch leben Sie noch«, staunte sie.

Er nickte. »Ich hatte Glück. Ich mag mich gar nicht daran erinnern, was passiert ist ...« Er schauderte. »Jedenfalls stieß er mich so heftig, daß ich keinen Halt mehr fand ...«

»Reden Sie nicht weiter«, bat sie, als sie seinen Gesichtsausdruck sah.

»Nein, es geht schon wieder.« Er lächelte schief. »Es vertreibt vielleicht die Alpträume, wenn ich darüber rede. Natürlich hätte es eigentlich aus sein müssen mit mir, aber er hatte mich so fest gestoßen, daß ich zur gegenüberliegenden Wand flog. Zwei Stockwerke tiefer schlug ich gegen einen Balken. Es gelang mir, mich daran festzuhalten, und ich hing länger daran, als ich mich erinnern

möchte, bis ich schließlich imstande war, mich hochzuziehen und mich daraufzulegen. Zwei entsetzliche Stunden war ich da oben, zehn Stockwerke über dem Untergeschoß, ehe die Arbeiter von ihrer verdammt langen Mittagspause zurückkamen und mein Brüllen hörten.«
Ernst sagte sie: »Sie hatten wirklich *sehr* viel Glück!«
»Inzwischen«, fuhr er fort, »muß Flavien bereits im Flugzeug nach Casablanca und dann nach Fes gesessen haben. Ich nahm mir nur Zeit, Bescheid zu geben und meine Rippen verbinden zu lassen – zwei wurden angeknackst, als ich auf dem Balken aufschlug –, dann charterte ich ein Flugzeug, das mich direkt nach Fes brachte. Ich erfuhr aber noch, daß mir in letzter Minute eine Mrs. Pollifax zugeteilt worden war ...« Er lachte und fügte hinzu: »Ich amüsierte mich den ganzen Weg nach Fes damit, mir vorzustellen, was Flavien davon halten würde – aber natürlich brachte Sie das in ziemliche Gefahr. Ich wußte, daß für Sie beide für die erste Nacht Zimmer im Palais Jamai reserviert waren, und dort entdeckte ich Sie auch beide am Spätnachmittag an der Bar ...«
Mrs. Pollifax nickte. Das war, als sie sich zur Nervenberuhigung den Cognac bestellt und dem falschen Janko vom Mord an Hamid ou Azu im Souk erzählt hatte.
»... und von da an folgte ich Ihnen ständig.«
Sie lächelte. »Und erklärten mir Koranschatullen in Er Rachidia.«
»Ja, ich wollte wissen, wie Sie sind«, gestand er. »Ich konnte mir vorstellen, was er mit Ihnen vorhatte, und mußte mir ein Bild von Ihnen machen.« Amüsiert erklärte er: »Ich kam zu dem Schluß, daß Sie keineswegs so wehrlos und arglos waren, wie Sie aussahen, und daß Sie nicht so leicht einzuschüchtern oder zu erschrecken seien. Nun, zumindest hoffte ich es.«

»Trotzdem war ich seinetwegen schon etwas beunruhigt«, räumte sie ein. »Aber für wen hat Janko – oder vielmehr Flavien – gearbeitet?«
Er blickte in den Rückspiegel, dann auf seine Uhr. »Kein Wagen auf der Straße, also folgt uns niemand. Aber wissen Sie, daß ich keine Ahnung habe, wohin es als nächstes geht? Ich glaube, unser Abstand ist groß genug. Auf dem Rücksitz ist eine Thermosflasche mit Kaffee, ich denke, wir könnten beide einen brauchen. Wollen wir anhalten?«
»Eine großartige Idee! Mit Kaffee überlebe ich den Vormittag vielleicht.«
Er bog von der Straße ab, und sie stiegen aus. Sie befanden sich inmitten einer riesigen Ebene mit stumpfgelbem Sand und Kies, die sich bis zu niedrigen Bergen derselben Farbe erstreckte. Aber die Sonne schien, der Himmel war von wolkenlosem, strahlendem Blau, und Dampf stieg vom Kaffee auf, als er einen Becher füllte und ihr reichte.
»Ein Genuß!« sagte sie lächelnd. »Ich hatte kein Frühstück.«
Er hob seinen Becher mit ernstem Gesicht. »Einen Toast auf uns beide und auf eine erfolgreiche Beendigung unseres Auftrags.«
»Darauf trinke ich gern.« Und als erstes Zeichen ihres Vertrauens zu ihm sagte sie: »Wir müssen nach Tinerhir zu Informant Nummer vier. Er heißt Omar Mahbuba und handelt mit Versteinerungen. Und darf ich Sie noch einmal fragen: Für wen hat dieser andere Janko – dieser Flavien – gearbeitet?«
Und während sie in dieser flachen, kiesigen Wüste standen, die leer war, wenn man von den Telegrafenmasten absah, die quer hindurch verliefen, sagte er es ihr:

»Für den marokkanischen Geheimdienst.«

»Marokkanischen?« krächzte sie. Sie war wie betäubt. Viele Möglichkeiten hatte sie sich durch den Kopf gehen lassen, aber nicht die, daß er zu diesem Land gehörte und die ganze Zeit über weitverzweigte Verbindungen verfügt hatte. Jetzt verstand sie, wieso er ruhig in der Bar im Palais Jamai hatte sitzen können, während Hamid ou Azu ermordet wurde. Er brauchte nur vom Hotel aus zu telefonieren, das konnte lediglich Minuten gedauert haben. Sie stellte sich vor, wie er mit dem Hörer in der Hand barsch sagte: »Der Mann ist Hamid ou Azu, ein Messinghändler in Fes el Bali. Er ist jetzt dort. Gehen Sie sofort!«

Sie stammelte: »Aber ich hatte angenommen, daß die Informanten . . .«

Er schüttelte den Kopf. »Alle sieben Informanten sind Polisarios, jeder einzelne – Nomaden, Sahraoui, die in der Wüste um ihr Land kämpfen, das Westsahara war, bis Marokko es sich aneignete.«

Ihre sofortige, heftige Reaktion überraschte sie und erst recht Max Janko. »Ich bin ja so erleichtert . . .«

»Erleichtert?«

»Ich mußte auf pures Vertrauen hin hierherkommen«, erklärte sie ihm ernst. »Oh, ich bin so froh, daß ich es getan habe. Denn als Bishop mir in groben Zügen über diesen Krieg erzählte, weigerte ich mich zunächst, den Auftrag anzunehmen, meine Sympathie galt ganz . . .« Sie unterbrach sich und runzelte die Stirn. »Aber er sagte mir auch, daß die USA Marokkos Kampf gegen die Polisarios mit Waffen und Geld unterstützen.«

Vorsichtig sagte er: »Sie müssen wissen, daß die CIA nicht ein einziges großes Ganzes ist, sondern Abteilungen hat und Unterabteilungen . . . Mitte der siebziger Jahre wurde Atlas als kleine Einheit aufgestellt, völlig unabhängig vom Rest der CIA.« Er hielt inne und sagte abrupt: »Hören Sie, hat man Ihnen denn nicht gesagt, was Sie erwartet? Daß dieser Auftrag von *Atlas* ist?«

Sie schüttelte verwirrt den Kopf. »Bishop sagte mir lediglich, daß nur sehr wenige etwas von dieser Abteilung wissen, daß sie – irgendwie separat ist.«

»Separat!« rief er heftig. »Sie und ich hätten nicht die geringste Rechtsgrundlage und bestimmt nichts zu lachen, wenn wir von CIA-Leuten hier in Marokko gestellt würden. Und es sind welche hier, das dürfen Sie mir glauben.«

Sie sagte verärgert: »Dann dürfte es an der Zeit sein, daß ich Näheres erfahre. Was *ist* Atlas?«

Etwas ruhiger erklärte er: »Also gut, ich sage Ihnen, wie es dazu gekommen ist. Mitte der siebziger Jahre stellte sich heraus, daß die CIA hier ziemlich kaltblütige verschleierte Operationen durchzog, und es kam zu Skandalen. Es war eine schlimme Zeit – ich hörte, daß Ihr Kongreß ernsthaft erwog, geheime CIA-Operationen zu verbieten.«

»Sie haben nicht ganz damit aufgehört«, warf sie trocken ein.

Er überging es. »Daraufhin entstand Atlas, eine kleine, sehr geheime Gruppe, die konträre politische Möglichkeiten ausloten sollte, um für den Fall bereit zu sein, wenn da andere Leute ans Ruder kämen.«

»Wie klug«, bemerkte sie, »und überraschend!«

Er lächelte anerkennend. »Ein bißchen Zynismus? In diesem besonderen Fall ist es wahrhaftig klug, denn nun, da Marokko und Algerien ihre Beziehungen wieder aufgenommen haben, könnte es sein, daß die UNO doch noch die Volksabstimmung durchführen kann, die freie Wahl, die den Sahraoui vor Jahren versprochen wurde. Verdammt spät, natürlich, denn der marokkanische König hat inzwischen die Westsahara mit Marokkanern überflutet. Aber besser spät als gar nicht.« Er lächelte. »Ich sollte vielleicht erwähnen, daß es in Washington immer gemischte Gefühle wegen dieses Krieges zwischen Marokko und den Polisarios gegeben hat. Es ist offensichtlich – und wurde auch öffentlich zugegeben –, daß keine Seite gewinnen kann und daß es schließlich zu Unterhandlungen kommen muß, und daß die Sahraoui wahrscheinlich zumindest einen Teil ihres Landes zurückbekommen werden.

Wenn das geschieht«, fuhr er fort, »ist da eine Frage, die vielen zu schaffen macht: An wen werden sich die Polisarios wenden, sobald sie wirklich ihre unabhängige Demokratische Republik Sahara haben? An den Iran? An Libyen? An die Sowjetunion? Werden sie für Freundschaft mit den USA aufgeschlossen sein oder ihnen nachtragen, daß sie den König unterstützten, als er ihnen ihr Land wegnahm? Wir halten es für absolut notwendig, mit ihnen in Verbindung zu bleiben, allerdings muß ich zugeben«, fügte er trocken hinzu, »daß dies in der allgemeinen Habgier auch nicht nur aus purer Menschenliebe so ist. Die Westsahara hat nämlich zufällig reiche Phosphatlager, die denen Marokkos kaum nachstehen, und das könnte ein beachtliches Kartell zur Folge haben. Die Minen sind von großer Bedeutung für die Sahraoui in diesem öden Wüstenland, um das sie kämpfen, denn sie bringen ihnen zusätzliche Aufmerksamkeit.«

»Aber die Polisarios sind Mohammedaner? Heißt das, daß in diesem Krieg Moslems gegen Moslems kämpfen?«

Er nickte.

»Und am seltsamsten ist, daß sich ein Netz von Polisario-Informanten wie ein Faden durch Marokko zieht!«

»Und außerordentlich gefährlich für jeden von ihnen«, erklärte er grimmig. »In diesem Land wird jeder, der auch nur im geringsten mit den Polisarios sympathisiert, sofort ins Gefängnis gesteckt. Amnesty International ist schon eine ganze Weile sehr bestürzt darüber und über die Gerüchte von Folterungen.«

Folterungen, dachte sie schaudernd und erinnerte sich daran, was man ihr in Hongkong angetan hatte. »O diese kleinen, vergessenen Kriege!« sagte sie zornig. Es gab noch so viele Fragen. Sie verstand beispielsweise nicht, weshalb in aller Welt, diese Polisario-Informanten unter diesen Umständen der Atlas-Gruppe trauten. Als ihr die volle Bedeutung des soeben Gehörten bewußt wurde, blickte sie besorgt auf die Straße hinter ihnen.

»Wir sollten nicht so lange Rast machen«, sagte sie beunruhigt. »Fahren wir jetzt lieber weiter. Wenn die Polizei eingeschaltet wurde – wenn sie uns gefolgt sind und sie nach dem blauen Renault Ausschau halten –, werden sie sich bald fragen, wo er abgeblieben ist, oder?«

Er nickte. »Ein völlig neuer Aspekt, für Sie zumindest. Die Hölle wird los sein, wenn sie Flavien finden.« Er entfaltete eine Landkarte. »Tinerhir ist nur noch knappe hundert Kilometer entfernt, und ich glaube, ein paar Stunden sind wir noch sicher, aber ich halte es für angebracht, wenn wir erst nach Einbruch der Dunkelheit dort eintreffen.« Er musterte sie kritisch.

»Was ist los?«

»Wir passen nicht zusammen«, erklärte er. »Ich bin in Dschellabah und Turban, Sie aber tragen Touristenkleidung.« Er wickelte seinen Turban auf und nahm ihn ab. Dunkles, lockiges Haar kam zum Vorschein, und plötzlich sah er gar nicht mehr wie ein Araber oder Berber aus. »Falls wir angehalten werden sollten – das tun sie manchmal, um nach Drogen zu suchen, wie ich hörte –, würde man Sie erkennen. Haben Sie vielleicht ein Kopftuch oder einen Hut, um Ihr Haar zu bedecken? Momentan kennen sie weder mich noch den Wagen – zumindest nehme ich das an –, aber Sie wurden mit Flavien gesehen, seit Sie Fes verließen, wenn auch nur aus der Ferne.«

»Einen Moment«, sagte sie. Sie ging zu ihren Reisetaschen, kramte darin und brachte ein blaues Kopftuch zum Vorschein und eine weiße Bluse, die sie gegen die rosafarbene austauschte, die sie trug. Als sie zu Max zurückkehrte, sah er in Hose und Hemd so westlich aus wie sie. »Sind Sie Amerikaner?« fragte sie ihn.

Er schüttelte den Kopf. »Eigentlich Engländer, aber in Sambia geboren, in Indien aufgewachsen und in Amerika aufs College gegangen. Verrückt, nicht wahr?«

Sie lachte. »Ich glaube, ich mag Sie bereits.«

Er hielt die Wagentür für sie auf. »Es ist ja schön und gut, daß Sie mich mögen – ich mag Sie übrigens auch –, aber was ist mit den Fotos? Trauen Sie mir? Trauen Sie mir genug, daß Sie sie mir jetzt zeigen?«

»Ich fürchte, Sie werden *mir* trauen müssen«, antwortete sie. Und als sie die Fahrt fortsetzten, beschrieb sie ihre ersten beiden Tage mit dem Mann, den er Flavien nannte. Sie erzählte ihm vom Mord an Hamid ou Azu; von der Nacht, als Flavien ihr Zimmer durchsucht hatte; von ihrer Bestürzung, als sie von Ibrahims Verhaftung erfahren hatte; von ihren Ängsten und Befürchtungen, und daß sie es für sicherer gehalten hatte, die Fotografien zu vernichten. »Ich kann Ihnen die Namen und Adressen aufschreiben«, schloß sie, »aber nicht die Fotografien zeigen, und ohne sie ...«

Er sagte ernst: »Ohne sie können nur Sie die Männer identifizieren.« Er nickte. »Sieht ganz so aus, als müßte ich Sie mit meinem Leben beschützen, Sie verwöhnen, Ihnen alles nachsehen ...«

»Und mich füttern, hoffentlich«, warf sie verschmitzt zwinkernd ein.

Er schüttelte den Kopf. »Spaß beiseite, ist Ihnen klar, daß Sie das – auch wenn es Ihnen nicht gefällt – unbeschreiblich wichtig macht? Unsere Gegner werden nichts unversucht lassen, um Sie in die Finger zu kriegen!«

Sie blickte ihn erschrocken an. Er hatte vermutlich recht, aber es versetzte ihr doch einen leichten Schock; bisher hatte sie nicht daran gedacht, daß sie die einzige Person im ganzen Land war, die wußte, wie die übrigen Informanten aussahen, und daß dies die Information war, auf die der marokkanische Geheimdienst außerordentlich scharf war. Sie war auch die einzige, die den Schwindler aufdecken konnte, was sie zur noch größeren Gefahr machte.

8

Carstairs saß an seinem Schreibtisch und studierte eine Notiz, als Bishop ihm gutgelaunt über die Sprechanlage mitteilte: »Kairo auf Apparat 3, Sir. Fadwa Ali möchte Sie sprechen.«

Carstairs runzelte die Stirn, nicht über die Unterbrechung, sondern weil die Verbindung innerhalb der Atlas-Gruppe strikt auf einem Minimum gehalten wurde und der Anruf nichts Gutes bedeuten konnte. »Zerhacken Sie den Anruf, Bishop, und kommen Sie zu mir, ich brauche Sie vielleicht.«

Er hob den Hörer von Apparat 3 ab und meldete sich: »Hier Carstairs, wie geht es Ihnen, Fadwa?«

»Guten Morgen, ja«, antwortete Fadwa Ali. »Sie werden das bitte zerhacken, ja?«
»Wird schon gemacht«, versicherte ihm Carstairs und zog eine Braue hoch, als Bishop hereinkam.
»Bereits erledigt«, sagte Bishop. Er setzte sich und griff nach einem Apparat, um mitzuhören.
»Hier ist etwas passiert«, begann Fadwa Ali, und Carstairs nickte. »Wir haben Ihnen einen Mann namens Max Janko sehr empfohlen. Verstehen Sie mich?«
»Ja.« Carstairs Lippen spannten sich. »Und es ist etwas schiefgelaufen?«
»Ja, sehr«, antwortete Fadwa Ali. »Das Foto, das man Ihnen übermittelte, ist von einem Doppelagenten ausgetauscht worden und nicht das von Max Janko ...«
O Gott! dachte Carstairs und sagte grimmig: »Sprechen Sie weiter.«
»Unser Janko hatte einen Sekretär, Flavien Bernard. Er hat Ihr Ersuchen um einen arabischsprechenden Agenten abgefangen. Sie wissen selber, wie schnell alles ging, weil es ein Notfall war, gerade vor meiner Abreise nach Tunis. Dieser Bernard flog nach Marokko, um Ihren Agenten zu treffen.«
Carstairs holte scharf Luft und sein Gesicht wirkte steinern. Bishop, der mithörte, dachte: *Aber unser Agent ist Mrs. Pollifax! Er meint Emily ...*
»Sie meinen Mrs. Pollifax«, echote Carstairs seine Gedanken, und nur seine Augen verrieten seinen Schock.
Fadwa fuhr fort: »Wir konnten Flaviens echte Identität noch nicht feststellen – ich weiß nicht, wie er es geschafft hat, durch alle Sicherheitsüberprüfungen zu kommen, aber was jetzt natürlich wirklich wesentlich ist ...«
Carstairs fluchte. »Wirklich wesentlich ist, daß meine Agentin, Mrs. Pollifax, ihm die Fotografien aller sieben In-

formanten mit Namen und Adressen ausgehändigt hat. Und das bedeutet den Tod für sieben Personen und wahrscheinlich für Mrs. Pollifax ebenfalls.« Er fügte bitter hinzu: »Ich nehme an, er hat auch unseren Mann, Janko, getötet?«

Fadwa sagte: »Ich hielt es für angebracht, Ihnen das Schlimmste sofort mitzuteilen, aber noch ist Hoffnung.«

»Die könnten wir brauchen«, entgegnete Carstairs knapp.

»Ein Wunder ist bereits geschehen. Unser Mann hat einen grauenvollen Anschlag überlebt. Er wurde in einen leeren Aufzugsschacht geworfen. Janko war Flavien auf die Schliche gekommen und hatte ihn zur Rede gestellt, und Flavien stieß ihn vom zehnten Stockwerk hinunter. Er nahm natürlich an, daß Janko es nicht überlebt hat. Ein Wunder, wie ich schon sagte. Janko klammerte sich zwei Stunden an einen Balken im achten Stock und wurde dann endlich von Arbeitern gerettet. Er unterrichtete das Büro vom Flughafen aus, ehe er nach Fes abflog, um nach Flavien zu suchen. Nicht in bester Verfassung, wie Sie sich denken können, aber wenigstens am Leben.«

Carstairs pfiff durch die Zähne. »Guter Mann! Und dann?«

Fadwa seufzte. »Da endet das Wunder. Ich wartete mit dem Anruf, weil ich hoffte, von Janko zu hören, sobald er Fes erreichte. Aber er hat sich immer noch nicht gemeldet.«

»Das ist weniger gut.«

»Leider. Wenn Sie seine Personalakte lesen, werden Sie sehen, daß er im Büro sehr gut ist im Umgang mit Dokumenten, allem Schriftlichen, vielen Sprachen, Codes und so weiter, aber er hat keine Erfahrung im Außendienst. Er reiste mit zwei gebrochenen Rippen ab, wie er uns mitteilte, und zweifellos hatte er einen Schock. Schlimmer noch, er hat keine Waffe dabei. Er hat vielleicht Schwierigkeiten gehabt, in Fes an eine Schußwaffe zu kommen, und ohne wäre es grober Leichtsinn gewesen, diesen Flavien im Hotel zu stellen, nachdem er wußte, was das für ein Mann ist. Man kann nur hoffen, daß er es nicht getan hat.«

Carstairs seufzte. »Ich verstehe.«

»Eines kann ich Ihnen noch sagen«, fuhr Fadwa fort. »Durch mehrmalige Anrufe im Hotel Palais Jamai in Fes erfuhren wir, daß ein Mr. Max Janko und eine Mrs. Reed-Pollifax das Hotel gestern um fünf Uhr früh verlassen haben.«

»Fünf Uhr morgens! Zumindest lebte sie da noch«, sagte Carstairs eine Spur erleichtert. »Aber wenn sie mit dem falschen Max Janko abgereist ist – wenn sie mit diesem Flavien unterwegs ist –, verdammt, Fadwa, meine Agentin hat nicht die leiseste Ahnung, daß sie den Falschen begleitet.« Er hielt inne, als ihm ein viel schrecklicherer Gedanke kam.

Fadwa sprach ihn aus. »Oder er hat sich ihrer sofort entledigt, nachdem sie aus dem Hotel waren, und sie reist gar nicht mit ihm. Wir müssen damit rechnen . . . Sobald sie ihm die Liste und die Fotos gegeben hat, war sie von keinem Nutzen mehr für ihn.«

Entledigt, dachte Bishop. *Er spricht von Mrs. Pollifax! Er sagt, sie könnte ermordet worden sein. Warum benutzt er ein so schreckliches Wort wie »entledigt«? Es klingt unmenschlich; er meint tot; er meint, daß sie jetzt bereits tot ist, ohne je erfahren zu haben, warum wir sie schickten und in was sie da hineingeraten war. Gleich werde ich mich übergeben . . .*

Carstairs hatte eine Akte hervorgeholt und sagte: »Wir dürfen nichts als gegeben annehmen, Fadwa. Wir müssen tun, was wir können, und hoffen. Sie haben die Namen der Informanten nicht erhalten, aber ich gebe Ihnen jetzt einen. Notieren Sie bitte.«

»Ich tue alles – sagen Sie es nur.« Zum erstenmal klang Emotion in Fadwa Alis Stimme, und Bishop konnte seinen Zorn nachempfinden.

»Ich nenne Ihnen den Namen des Informanten in Fes und möchte, daß Sie herausfinden, egal wie – in diesem Notfall dürfen Sie auch per Telefon Verbindung aufnehmen, Sie haben meine Genehmigung, obwohl nur Gott weiß, ob es in der Medina überhaupt Telefone gibt –, also ich möchte, daß Sie herausfinden, ob mit Informant Nummer eins in Fes alles in Ordnung ist.«

»Gut. Sagen Sie mir den Namen.«

»Hamid ou Azu.« Er buchstabierte es und beschrieb, wo der Souk zu finden war.

»Ich habe es notiert«, sagte Fadwa. »Ich habe einen Kontaktmann in dieser Gegend, der gleich zu dem Souk gehen kann – absolut diskret, natürlich, ohne Fragen zu stellen. Es wird sehr vorsichtig vorgegangen, das kann ich Ihnen versichern.«

»Gut, rufen Sie mich sofort wieder an, sobald Sie etwas wissen.«

»Natürlich. Sonstige Namen?«

Carstairs entgegnete ruhig: »Sie wissen das absolute Geheimhaltung notwendig ist. Ich riskiere bereits sehr viel damit, daß ich Ihnen soviel übers Telefon sage. Finden Sie nur heraus, ob Nummer eins in Ordnung ist. Wenn nicht . . .«

»Ja?«

»Wenn nicht, sind wir in noch größeren Schwierigkeiten. Dann müssen wir alles neu überdenken und nochmals anfangen.«

Als er den Hörer aufgelegt hatte, sagte Bishop heftig: »Verdammt!«
Carstairs nickte. »Sie sprechen mir aus der Seele, aber es wäre verfrüht, Mrs. Pollifax aufzugeben, ehe wir nicht mehr wissen.« Er bedachte seinen Assistenten mit einem schiefen Lächeln. »Wir saßen schon des öfteren hier und haben sie betrauert, Bishop, doch irgendwie hat sie es immer geschafft.«
»Aber es war nie wie dieses Mal!« rief Bishop zornig. »Sie haben Fadwa Ali gehört. Wir haben sie den Händen eines Hundesohns ausgeliefert, der Leute in Aufzugschächte wirft. Sobald sie ihm die Namensliste ausgehändigt hat, und vor allem die Fotografien – *wie sie auf uns angewiesen war, verdammt . . .«*
»Beruhigen Sie sich!« mahnte Carstairs.
»Aber es muß doch irgend etwas geben, was wir tun können!«
Carstairs sagte leise: »Ja, wir können uns wieder an die Arbeit machen und warten, bis wir von Fadwa hören.«
Bishop funkelte ihn an und ging zur Tür seines Büros.
»Bishop.«
Widerwillig drehte er sich um.
»Sie wissen genausogut wie ich, daß es ein gefährliches Geschäft ist und daß sich Mrs. Pollifax darüber im klaren ist.«
»Sind Sie da sicher?« entgegnete Bishop steif. »Vielleicht zu Anfang, aber sie hatte immer wieder soviel Erfolg und Glück, daß ich wetten möchte, sie hat inzwischen vergessen, daß es auch Mißerfolge geben kann.«
Carstairs sagte geduldig: »Es gibt momentan nichts, was Sie oder ich *tun* könnten.«
»Außer warten«, erinnerte ihn Bishop verbittert.
Aber sie brauchten nicht einmal die ganze, vorhergesehe-

ne Stunde zu warten. Weil die Neuigkeit schlecht war, kam Fadwas Rückanruf bereits vierzig Minuten später über den Zerhacker. Es war nicht nötig gewesen, daß sein Mittelsmann in Fes persönlich nach Hamid ou Azu schaute. »In der Medina weiß jeder, daß er tot ist«, sagte Fadwa düster. »Er wurde am Sonntag nachmittag in seinem Souk ermordet, am hellichten Tag! Von hinten erstochen. Niemand weiß von wem, niemand hat etwas gesehen.«

»So ist es also.« Carstairs blinzelte. »Das ändert die Sache natürlich.«

»Ich habe keine Hoffnung mehr«, gestand Fadwa. »Inzwischen hat er bestimmt auch Ihre Agentin getötet.«

Mit einem Blick auf Bishops erstarrtes Gesicht, entgegnete Carstairs: »Die Agentin, die ich schickte, ist schlau, Fadwa. Wir wollen die Hoffnung noch nicht aufgeben.«

»Aber sie ist eine – *Frau*.«

Carstairs lächelte schwach und ohne den Blick von Bishop zu lassen, sagte er fest: »Eine Frau, die einmal eine Gruppe Flüchtlinge, darunter zwei Verwundete, aus Albanien herausholte, obgleich ihre Chancen gleich Null waren. Es mag zwar nicht viele von uns geben, Fadwa – und dies könnte das Ende für Atlas sein –, aber mir kommt eine Idee. Ich muß noch darüber nachdenken.«

»Aus *Albanien*, ist das Ihr Ernst?« fragte Fadwa ungläubig.

»Ja, aus Albanien.«

»Aber was können wir jetzt tun?«

»Ich brauche ein wenig Zeit, Fadwa. Ich setze mich mit Ihnen in Verbindung.«

Als er aufgelegt hatte, fragte Bishop mißtrauisch: »Was für eine Idee? Wollen Sie Fadwa oder mich damit aufmuntern? Es gibt niemanden, den wir um Hilfe bitten könnten. Sie wissen, wie klein die Atlas-Gruppe ist. Nicht einmal nach oben können Sie damit gehen, weil Mornajay auf Urlaub ist.«

»Erstaunlich, nicht wahr? Dieser Mann, der sich nie einen Urlaub gönnte, bis er vergangenes Jahr diese abrupte und geheimnisvolle Reise nach Thailand machte. Und seither hat er sich bereits eine Woche Urlaub im Juli genommen und jetzt zwei Wochen im Januar. Sehr gut für seine Gesundheit, finden Sie nicht?«

Bishop starrte ihn an. »In unserer gegenwärtigen Lage reden wir von Mornajays Gesundheit?«

Carstairs lächelte. »Sie sollten sich schämen, Bishop, Sie haben vergessen, wo er Urlaub macht ... Er ist in Spanien, Bishop – Spanien! Nur durch die Straße von Gibraltar von Marokko entfernt. Rufen Sie bitte seine Sekretärin an und erkundigen Sie sich, wo er heute zu erreichen ist.«

Verwirrt fragte Bishop: »Aber was könnte *er* denn tun?«

Carstairs seufzte. »Bishop, bis es wirklich keine Hoffnung mehr gibt, bis wir Gegenteiliges hören, machen wir weiter – *müssen* wir weitermachen –, als sei Mrs. Pollifax am Leben. In Schwierigkeiten möglicherweise, aber am Leben. Und wenn sie noch lebt, wissen wir, wohin sie unterwegs ist. Wir dürfen es nicht wagen, Fotografien zu faxen, aber wir haben die Ortschaften auf ihrer Liste. Wir können jemanden zu den beiden letzten schicken, nach Zagora und Rouida, falls sie es dahin schafft.«

»Glauben Sie wirklich – aber wen?«

»Mornajay natürlich«, antwortete Carstairs und lehnte sich in seinem Schreibtischsessel zurück. »Mornajay ist von der CIA und ebenso von Atlas, und er ist einer der Oberen. Er hat Einfluß, Verbindungen und Erfahrung. Urlaub oder nicht, wir müssen wissen, was sich tut, und er ist der Richtige, das herauszufinden.«

»Gott sei Dank!« murmelte Bishop. Er beugte sich über die Sprechanlage, gab eine zweistellige Nummer ein, erreichte Mornajays Sekretärin und übergab an seinen Vorgesetzten.
Einen Augenblick später sagte Carstairs: »Mrs. Hudson? Hier Carstairs. Können Sie mir bitte sagen, wie ich Mr. Mornajay so rasch wie möglich erreichen kann? Unbedingt noch heute, am liebsten innerhalb der nächsten Stunde, besser noch in den nächsten fünf Minuten?«

9

Sie fuhren schon eine ganze Weile schweigend, aber es war ein beschauliches Schweigen, während jeder die Ereignisse der vergangenen Stunden verdaute. Mrs. Pollifax hatte noch viele Fragen, aber sie ignorierte sie einstweilen und hing dem Staunen und der Freude darüber nach, daß sie noch lebte. Das brachte eine Flut wohltuender Gefühle gegenüber ihrem Begleiter und gegenüber dem Land mit sich, durch das sie jetzt fuhren, eine rauhe, steinige Öde, die flach wie ein Teppich zwischen den Bergen ausgebreitet lag. Es war ein Bild, das aus nur zwei Farben bestand, doch diese Farben waren das Saphirblau des Himmels und der fernen Berge und das satte Tonbraun der Erde. Das Leben hatte sie wieder, nicht nur im weitesten Sinn, sondern auch, weil der Mann neben ihr sie respektierte, weil er ansprechbar und aufgeschlossen war. So fiel es ihr leichter, die nagenden Gedanken eine Weile zu verdrängen, wie gering ihre Chancen waren, der hiesigen Obrigkeit zu entgehen.
Sie kamen an einer Reihe konischer, vulkanförmiger Formen im Sand vorbei, die die endlose Fläche auflockerten.

Max fuhr langsamer. »Ich glaube, das sind Brunnen – vielleicht Foggaras«, sagte er. »Würde es Ihnen etwas ausmachen, wenn ich anhalte und rasch hinüberlaufe?«

»Ich laufe mit«, antwortete sie. »Aber was sind Foggaras?«

»Schon seit Jahrhunderten übliche Bewässerungssysteme«, erklärte er über die Schulter, während er bereits über die Straße zu den kleinen Erhebungen mit den kegelförmigen Gipfeln rannte. Er kletterte eine hoch und rief hinunter. »Es sind tatsächlich Schwemmkegel von Foggaras, oder vielmehr waren es. Jetzt sind sie mit Sand verstopft. Früher mußten Sklaven bis zu dem unterirdischen Wasser graben, und viele erstickten, wenn die Schächte über ihnen einstürzten.«

Mrs. Pollifax kletterte die nächste Erhebung hoch, blickte in den sandgefüllten Krater und zog sich hastig zurück.

Max, der sie beobachtet hatte, nickte. »Genau. Es könnte auch Ihnen passieren, wenn Sie hineinfielen – wie Treibsand, vermute ich.«

Er rutschte zu ihr hinunter auf festen Boden, und sie blieben kurz stehen, um sich umzuschauen, zum unglaublich blauen Himmel und zu der Weite aus Steinen und Sand. »Welch wildromantisches Land«, murmelte Mrs. Pollifax. »Und doch – warum wirkt es trotz des strahlenden Himmels und der Sonne so finster?«

»Seine Geschichte ist finster, das ist es, was Sie spüren«, entgegnete er. »Marokko hat erst ziemlich spät den Anschluß an die moderne Welt gefunden. Das war erst kurz vor dem ersten Weltkrieg, und dieser Teil hier wurde erst drei Jahrzehnte danach gezähmt. Anfang dieses Jahrhunderts – und noch eine ganze Weile danach – gab es weder Landkarten noch Straßen in ganz Marokko, nur Karawanenpfade.« Er deutete nach Osten zu den hohen, fernen Bergen. »Auf der anderen Seite dieses Gebirges lebten die Sultane in verschwenderischem Reichtum – in Fes, Meknes, Rabat und Marrakesch –, doch dieser Teil wurde *bled-el-sida,* Land der Dissidenten, genannt.«

»Weil sie etwas gegen Sultane hatten?«

Er grinste. »Oh, sie erkannten den Sultan als Beherrscher der Gläubigen an, aber sie weigerten sich, ihm Steuern zu zahlen. Die Stammesoberhäupter bauten sich Burgen und Festungen auf den hohen Atlasbergen und trugen ihre Blutfehden und Ehrenhändel auf ihre eigene Weise aus. Also reiste der Sultan hin und wieder über das Gebirge, um die Steuern selbst einzutreiben. Er nahm seine Frauen und Nebenfrauen mit, Sklaven, Minister, Armeen und Hunderte von Zelten und Pferden – können Sie sich das vorstellen? –, traf sich mit den Stammesoberhäuptern und forderte ihre Untertanentreue und ihre Steuern.«

»Den ganzen weiten Weg aus dem Norden?« staunte Mrs. Pollifax. »Aus Fes oder Rabat?«

Max nickte. »Den ganzen weiten Weg. Natürlich nicht oft, denn immerhin brauchte man für so eine Reise fast ein Jahr.«

»Und sie bezahlten?«

»Nicht immer bereitwillig. Ich habe gelesen, daß der Sultan jene köpfen ließ, die sich weigerten. Die Köpfe wurden gepökelt nach Fes mitgenommen und am Palasttor aufgehängt.«

Mrs. Pollifax schauderte. »Ich hoffe, das war vor *sehr* langer Zeit.«

Max zuckte die Schultern. »Im Gegenteil, diese Seite des Atlas wurde von den Franzosen nicht vor 1934 erschlossen – und ich sollte vielleicht erwähnen, daß die Franzosen nicht weniger grausam waren und selten Gefangene nahmen.«

Verwundert fragte sie. »Aber warum wollte Frankreich es?«

»Oh, alle wollten es«, erwiderte er, »das bewahrte es ja so lange davor, erobert zu werden. Marokko liegt oben am Mittelmeer, an der engsten Stelle nur vierzehn Kilometer von Gibraltar entfernt, gleich dahinter Spanien; aber die Franzosen wollten es hauptsächlich, weil sie bereits Tunesien und Algerien übernommen hatten und sie fanden, daß Marokko eben mit dazugehörte.« Er schüttelte den Kopf. »Die Eroberung von Marokko – sie dauerte Jahrzehnte – war blutig, *sehr* blutig, voll Verrat, Heimtücke und Grausamkeiten auf beiden Seiten.«

Mrs. Pollifax sagte ernst: »Das erklärt meine Gefühle. Ich dachte zuerst, es käme von all dem Negativen, das ich mit Janko – Flavien – erlebte, aber es hielt an. Mit Ihnen zu reisen ist viel angenehmer, wissen sie? Er hat bloß gebrummt.«

Max lächelte. »Vielleicht liegt es hauptsächlich daran, daß ich Sie nicht umbringen will.«

»Das ist bei einer Freundschaft sehr wichtig«, versicherte sie ihm mit ernster Stimme, aber vergnügt zwinkernd, als sie zum Wagen zurückkehrten.

Während sie ihre Fahrt nach Tinerhir fortsetzten, sagte sie: »Aber Sie müssen mir noch erklären, weshalb, um alles in der Welt, irgendein Polisario dieser Atlas-Gruppe trauen würde.«

»Das ist leicht erklärt. Wenn ich es recht verstehe, ist das allein diesem Carstairs zu verdanken, der Sie hierhergeschickt hat. Wie gut kennen Sie ihn? Wußten Sie, daß er mit der Geheimdienstarbeit im zweiten Weltkrieg im OSS anfing?«

»Ja, das wußte ich.« Sie lächelte, als sie sich erinnerte, wie sie während ihres zweiten Abenteuers von Carstairs' Laufbahn erfahren hatte. »Er arbeitete im besetzten Frankreich, wo er Menschen und Informationen hinausschmuggelte. Sein Deckname war Black Jack.«
Max blinzelte. »Großer Gott, Sie wissen eine Menge über ihn, und ganz gewiß mehr als ich! Aber er war nicht während des ganzen Krieges in Frankreich. Weil er fließend Französisch sprach, versetzte man ihn, sozusagen zur Erholung, als Verbindungsoffizier nach Nordafrika; dort übergab man ihm jedoch schon bald den Befehl über eine geheime Kommandosache, bei der es um die Zerstörung eines Munitionslagers bei Tripolis ging – ich nehme an, aufgrund seiner früheren Erfahrung in Europa.«
»Hoffentlich, nachdem er sich gründlich erholen konnte«, warf Mrs. Pollifax ein.
»Na ja, zu wünschen wäre es ihm gewesen, weil er die Wüste mit Landrovern durchqueren und in eine vom Feind besetzte Stadt gelangen mußte. Jedenfalls arbeitete er da mit einer gemischten Truppe aus Europäern und Nordafrikanern zusammen, dazu gehörte ein Marokkaner, der ihm das Leben rettete.«
»Großer Gott!« rief sie erschrocken, »was ist passiert?«
»Wie ich hörte, fanden sie das Munitionslager und legten unbemerkt die Zündschnüre. Sekunden ehe es in die Luft flog, rasten sie davon, doch dabei fiel Carstairs über eine Kiste und brach sich das Bein. Sein marokkanischer Kamerad kehrte um, trotz der Gefahr für sich selbst, holte ihn noch rechtzeitig heraus und schleppte ihn aus Tripolis hinaus, während das Inferno losbrach.«
Leise sagte Mrs. Pollifax. »Wenn er nicht umgekehrt wäre, um ihn zu holen . . .«
»Gäbe es keinen Carstairs mehr.«

Sie nickte. »Also verdankt er jedes neue Lebensjahr seinem marokkanischen Freund.«
»Ja.«
Sie dachte, wie sehr sich ihr eigenes Leben geändert hatte, seit sie Carstairs kannte. Sie dachte an die Arbeit, die er seither getan hatte, und an die anderen, deren Leben er gerettet oder verändert hatte. Und wieder spürte sie ein Erschauern, wie immer, wenn schicksalhafte Ereignisse ihre Schatten warfen und unsichtbare Kräfte zu walten schienen. Ernst sagte sie: »Es wäre eine Ehre, einen solchen Mann kennenzulernen, der sein Leben für einen Freund aufs Spiel gesetzt hat.«
Er blickte sie kurz an. »Es wäre möglich, daß wir ihn beide kennenlernen werden, denn ich habe so ein Gefühl, als wäre er einer dieser Informanten. Es war natürlich dieser Mann, an den sich Carstairs wandte, als er an den Aufbau einer solchen Gruppe dachte. Sie blieben die ganze Zeit in Verbindung miteinander, müssen Sie wissen.«
Es wunderte sie nicht. Besorgt sagte sie: »Ich hoffe, er war nicht dieser Hamid ou Azu, der in Fes ermordet wurde.«
»Das hoffe ich auch.«
Die Berge kamen allmählich näher und streckten schon große Steine wie Fühler auf dem flachen Tafelland aus. In der Ferne wurden Bäume sichtbar, und bald kamen sie an einer kleinen Ortschaft mit Lehmziegelhäusern vorbei, die wie die meisten in dieser Gegend von einer Mauer umschlossen war. Eine Kuh war an der Mauer angebunden, und neben ihr stand ein Mädchen, das einen langen roten Rock über einer tiefrosa Hose trug und ein grünes Tuch um den Kopf. Die Wüste hatte Feldern Platz gemacht, die zusehends grüner und üppiger wurden.
»Getreide für Couscous«, sagte Max. »Ich glaube, wir nä-

hern uns Goulmima, dann hätten wir die halbe Strecke nach Tinerhir hinter uns.«

»Bedeutet das etwas zu essen?« fragte Mrs. Pollifax. »Ich habe *großen* Hunger.«

»Ich weiß, und ich werde auch den Versuch wagen, etwas aufzutreiben, aber es ist besser, wenn Sie im Wagen bleiben und sich unter der Decke auf dem Rücksitz verstecken. Sie müssen bedenken, daß die Polizei inzwischen sehr an Ihnen interessiert sein könnte.«

»Glauben Sie, daß Flaviens Leiche schon gefunden wurde? Es ist doch erst ein paar Stunden her.«

»Geheimdienst und Polizei sind zu vielem fähig, wenn sie es für wichtig genug halten. Ich glaube, daß sie ihn noch nicht entdeckt haben, aber darauf können wir uns nicht verlassen.« Er fügte ernst hinzu: »Doch es ist leider nicht nur das ... Als ich Ihnen aus Er Rachidia hinaus folgte, war Ihnen die Polizei auf den Fersen. Erinnern Sie sich an das Militärlager, an dem wir vorbeikamen, kurz ehe wir für unsere Kaffeepause anhielten?«

Sie zuckte zusammen. »Es ist mir nicht aufgefallen.«

»Verständlich, es sah wie alle anderen mauerumgebenen Ortschaften hier aus, nur hatte es Insignien am Tor. Ich vermute, man handhabt es so, daß man aufpaßt, wohin Sie fahren, ohne Ihnen direkt mit einem Wagen zu folgen, den man in diesem Vorwüstenland gar nicht übersehen könnte. Ich glaube, sobald Sie aufbrachen, folgte man Ihnen ein paar Kilometer, um sicherzugehen, und verständigte dann das nächste Militärhauptquartier, das einen Beobachter postierte.«

»Und das bedeutet, daß der nächste Beobachtungsposten den blauen Renault nicht zu Gesicht bekam.«

»Richtig. Ob Flaviens Leiche inzwischen gefunden wurde oder nicht, ist unwichtig. Bekannt ist ihnen auf jeden

Fall, daß er auf geheimnisvolle Weise irgendwo zwischen Erfoud und Goulmima verschwand.
Und was noch schlimmer ist«, fuhr er düster fort, »ich hatte keine Zeit, mir einen falschen Paß zu besorgen. Ich kam mit meinem eigenen in Fes an, und es wird bestimmt nicht lange dauern, bis sie dahinterkommen, daß sich der echte Max Janko in Marokko aufhält. Dann werden sie sofort eruieren, welche Wagen ich geliehen habe, und dahinterkommen, daß ich Ihnen und Flavien gefolgt bin, und sie werden Straßensperren aufstellen, um uns zu schnappen.«

Mrs. Pollifax seufzte. »Nicht gerade eine erfreuliche Lage.«

»Erfreulich! Sie jagt mir ganz schön Angst ein! Wir können diesen Wagen nicht mehr lange benutzen, ohne erwischt zu werden.«

Sie nickte. »Dann müssen wir ihn stehenlassen, eine andere Wahl haben wir nicht.«

»Wie soll's danach weitergehen? Großer Gott, was dann?«

Ruhig und fest sagte Mrs. Pollifax: »Ich glaube, wir *müssen* Tinerhir riskieren, doch danach wäre es Leichtsinn, den Wagen zu behalten. Wir müssen natürlich auch unser Gepäck zurücklassen.«

»Verdammt, Sie haben recht – und *niemand*, den wir um Hilfe angehen könnten!«

»Das stimmt nicht«, widersprach sie ruhig. »Da sind die Polisario-Informanten, die wir überprüfen sollen.«

Max lachte bitter. »Wenn wir sie finden können.«

»In Tinerhir haben wir Omar Mahbuba.«

»Sicher – außer ausgerechnet er ist der Schwindler, den wir aufdecken sollten. Und der Himmel weiß, wenn er es ist, gibt es keine Hoffnung mehr für uns.«

Sie blickte ihn erstaunt an. »Wie pessimistisch Sie plötzlich sind! Es gibt *immer* Hoffnung!«
»Ihr Glaube ehrt Sie, aber ich kann ihn nicht teilen!« sagte er hitzig.
»Vielleicht haben Sie nicht soviel Erfahrung wie ich? Wenn die Verzweiflung groß genug ist ...«
Er lachte. »Erfahrung! Wußten Sie denn nicht, daß das mein erster richtiger Außendienstauftrag ist? Mein Ressort sind Sprachen, Statistiken und Übersetzungen. Ich arbeite in einem Büro. Sie wählten mich nur, weil ich Arabisch spreche.«
»Oh!« sagte Mrs. Pollifax bestürzt. Ihr wurde bewußt, daß ihre Reaktion darauf ein Gefühl der Müdigkeit war, das aus der Erkenntnis resultiere, daß sie nun doppelte Verantwortung trug. Andererseits, dachte sie, änderte sein Geständnis nichts an der beruhigenden Tatsache, daß ihr Begleiter bereits zwei Morde verhindert hatte, den an sich selbst und den an ihr. »Niemand würde Sie für unerfahren halten«, versicherte sie ihm, und das meinte sie absolut ehrlich. Sie hielt es für angebracht, wieder zu ihrem ursprünglichen Thema zurückzukehren. »Also, wie sieht es mit etwas zu essen aus?«
Er mußte lachen. »Sie haben recht – und hartnäckig sind Sie auch.« Er hielt den Wagen am Straßenrand an und öffnete ihr die Tür. »Und jetzt auf den Rücksitz mit Ihnen, wir sind gleich in Goulmima.«
Sie bekam nichts von Goulmima zu sehen, aber Max gab seine laufenden Kommentare ab: »Viel freundlichere Stadt«, rief er über die Schulter. »Sehr hübsche Ziergitter vor den Fenstern. Ich habe gerade zwei Frauen in eine Gasse eilen sehen, und weder die eine noch die andere trug Schwarz – erstaunlich! Ah, da sehe ich einen *baehl*,

einen Lebensmittelladen. Ich werde um die Ecke herum parken.« Er hielt an und stellte den Motor ab. »Ich gehe jetzt und verschließe die Türen. Sie bekommen doch genug Luft, oder?«

»Ja.«

»Gut.«

Sie hörte seine Schritte verklingen und war mit ihren Gedanken allein, solchen, auf die sie gern verzichtet hätte. Beispielsweise, was in aller Welt sie tun würden, sobald sie den Wagen in Tinerhir abgestellt hatten. In Fes war Hamid ou Azu ermordet, und in Er Rachidia Ibrahim verhaftet worden. In Erfoud hatte sie Youssef warnen können, aber sie mußten immer noch nach Tinerhir, dann nach Ouarzazate, Zagora und nach Rouida, direkt am Rand der Wüste. Und wenn sie das auch noch erreicht hatten, was dann? Dann konnten sie weder vor noch zurück.

Hör auf! tadelte sie sich streng. *Du hast Hunger, Emily, das ist alles.* Sie beschäftigte sich damit, die Stunden nachzurechnen, seit sie nichts mehr in den Magen bekommen hatte, und war bei achtzehn, als sie Max' Stimme hörte.

»Ja, ja, Engländer«, sagte er. »Und jetzt verschwindet, kein Bakschisch mehr, comprenez-vous? Fort!« Schrille Kinderstimmen beklagten sich lautstark, als er die Tür öffnete und hinter das Lenkrad rutschte. Einen Augenblick später heulte der Motor auf, und die Stimmen blieben zurück. Über die Schulter sagte er: »Ich kann Kinder nicht betteln sehen, und so haben sie es geschafft, mir neun Dirham abzuknöpfen, verdammt. In ein paar Minuten dürfen Sie wieder auftauchen. Es sind noch etwa siebzig Kilometer bis Tinerhir.«

Dem Klang seiner Stimme entnahm sie, daß auch er die

letzte Viertelstunde über ihre Lage nachgedacht hatte und seine Gedanken ebenso besorgt gewesen waren wie die ihren. Aber er hatte sechs Orangen mitgebracht, vier Dosen Ölsardinen und zwei Flaschen Mineralwasser. Das beendete zumindest das unfreiwillige Fasten.

10

Tinerhir war ein Oasenmarktflecken im Saharavorland, jetzt in der Spätnachmittagssonne cremefarbig und rotbraun. Sie hatten beschlossen, einen kurzen Streifzug durch den Ort bei Tageslicht zu wagen, denn – wie Mrs. Pollifax zu bedenken gegeben hatte – müßten sie, wenn es erst einmal dunkel war, nach dem Weg fragen, dann würde man sich vielleicht an sie erinnern, wenn die Polizei ihnen folgte und nach ihnen fragte. Sie entdeckten auch mehrere Hotels, und Omar Mahbubas Laden sollte ja in der Nähe von einem Hotel sein.
Sie fragten vorsichtig einen zerlumpten alten Mann und erfuhren, daß das gesuchte Hotel sich auf dem hohen Hügel über der Stadt befand, und die Serpentinenstraße dorthin von der Hauptstraße abzweigte. Sobald sie das wußten, verließen sie sofort die Stadt und verbrachten die nächsten zwei Stunden damit, darauf zu warten, daß die Sonne hinter den Bergen unterging. Sie versteckten ihren Wagen hinter einem baumlosen Hügel und machten sich mit Bedauern, aber konsequent daran, ihr Gepäck auf das Notwendigste zu reduzieren, soviel wie in einem Rucksack und Mrs. Pollifax' geräumiger Handtasche verstaut werden konnte.
»Vorurteile sind hier alles«, sagte Max stirnrunzelnd.

»Eine Touristin trägt keinen Koffer, aber ein Tourist darf einen Rucksack mit sich herumschleppen.«

»Ich weigere mich, meine Dschellabahs aufzugeben!« sagte sie entschieden.

»Das sollen Sie auch nicht, wir brauchen sie vielleicht, falls wir zu auffällig werden, aber ...« Er musterte sie kritisch. »Sie könnten sie tragen – natürlich in Zeitungspapier gewickelt –, ohne Ihr Touristenimage zu verletzen. Sie könnten sie ja eben erst gekauft haben.«

Das sagte Mrs. Pollifax schon mehr zu, und sie machte sich an die weitere Auswahl. Sie behielt ihren dicksten Pullover, den sie unter dem Trenchcoat tragen konnte, und gab Max für den Rucksack Bluse und Socken zum Wechseln, Zahnbürste, Haarbürste und Kamm, ihr Fläschchen mit Vitamintabletten und ein anderes mit Aspirin. Reiseschecks, Geld und Paß blieben in ihrer Handtasche, in der auch noch Platz für einen zusammenklappbaren Becher, Reinigungstabletten für das Wasser, den Reiseführer und den marokkanischen Dolch war.

Max fügte den Turban seiner früheren Verkleidung hinzu, seine *Schuchara* – die flache, lederne Umhängetasche, die Einheimische zur Dschellabah trugen –, ihre Landkarten, seine Socken, zwei Päckchen Pulversuppe und eine wollene Mütze.

Als sie in der Dunkelheit zurück nach Tinerhir fuhren, hielten sie Ausschau nach einer Nebenstraße nicht allzuweit vom Hotel, in der sie den Peugeot abstellen konnten.

»Ich glaube, es wäre menschenfreundlich, wenn wir den Schlüssel im Kofferraumschloß steckenlassen, damit der Inhalt *rasch* gestohlen werden kann. Ich meine, mir wäre es lieber, wenn ein Bedürftiger und nicht die Polizei sich bedient.«

»Gute Idee«, sagte Max. Er fuhr den Wagen vorsichtig zwischen zwei heruntergekommene Lehmziegelhäuser und stellte den Motor ab. »Schnell raus!« befahl er.

Mrs. Pollifax stieg aus, Max verschloß die Türen und steckte den Schlüssel ins Kofferraumschloß. Mit Rucksack und Dschellabahbündel tauchten sie in die Dunkelheit – zwei Touristen auf dem Weg zum Hotel auf dem Hügel.

Etwa fünfzehn Minuten später gelangten sie leicht atemlos von dem steilen Weg oben an. Inzwischen glitzerten Sterne am Himmel und der Halbmond ging auf. Sie blieben kurz am Geländer stehen und blickten hinunter auf den Ort mit den Umrissen der Lehmziegelhäuser und darüber hinweg auf die Silhouette des Gebirgszugs. Hinter ihnen befand sich das langgestreckte Luxushotel mit seinem Flachdach, doch als sie darauf zugingen, konnten sie keine Läden sehen; das Hotel nahm die gesamte Hügelkuppe ein. Während sie im Dunkeln standen und sehnsüchtig auf die einladenden Lichter des Hotels starrten, brauste ein Wagen den Berg hoch und hielt vor dem Eingang an. Zwei Männer stiegen aus, und als sie in den Kreis des Lichtes traten, das aus der Eingangshalle fiel, zog Max Mrs. Pollifax noch tiefer in den Schatten.

»Rühren Sie sich nicht. Die zwei gefallen mir nicht«, flüsterte er.

»Wieso?« wisperte sie zurück.

»Kriminalbeamte sehen überall gleich aus«, antwortete er grimmig. »Die gleichen dunklen Anzüge, die gleichen grauen, ausdruckslosen Gesichter.«

»Glauben Sie, sie suchen uns – oder vielmehr mich?«

Er antwortete nicht. »Sehen wir zu, daß wir diesen Fossilienladen finden. Wenn er in der Nähe des Hotels sein soll, müssen wir ihn ja irgendwo hier finden. Kommen

Sie, um das Hotel führt ein gepflasterter Weg, schauen wir, was sich auf der anderen Seite befindet.«

Zehn Minuten später fanden sie ihn. Es war ein winziger Laden etwas unterhalb des Hotels an einer ungepflasterten Straße mit weiteren kleinen Lehmziegelhäusern. Auf einem Schild stand FOSILS – SUVENIRS. Eine Glühbirne beleuchtete drei hölzerne Stufen zu einer schäbigen Veranda und der Haustür, hinter der helles Licht brannte. Ein Mädchen, das von Zigeunern abstammen mochte, kauerte auf der obersten Stufe und spülte Trinkgläser in einer flachen Schüssel voll Wasser. Sie trug einen Rock, mit weinrotem Blumenmuster, über einer knallroten Hose, dazu eine blaue Bluse und zerrissene Schuhe. Als sie die Besucher schüchtern anlächelte, blitzten die Zähne weiß aus dem dunklen Gesicht. Sie hörte mit dem Spülen auf, rannte zurück in den Laden, rief nach jemandem und verschwand durch eine Türöffnung, an der Glasperlenschnüre als Abtrennung hingen.

Sie gingen hinein und stellten fest, daß der winzige Raum menschenleer, aber mit Ware vollgestopft war. »Nicht nur Fossilien«, murmelte Mrs. Pollifax und blickte auf die Wände, an denen Teppiche und Dolche hingen, Regale mit aneinandergereihten Versteinerungen und glänzenden Steinen, einem wunderschönen Kohlebecken aus Messing und Kupfer sowie Weidenkörben voll Gebetsschnüren und Halsketten aus polierten Steinen. Ein verblichenes Bild des Königs hing ebenfalls an der Wand.

Eine Stimme aus dem kleinen Zimmer zu ihrer Linken lenkte ihre Aufmerksamkeit auf sich, und sie drehte sich um. Zwei Touristen, ein Mann und eine Frau, begutachteten einen großen Messingkessel. Der Inhaber des Ladens wartete geduldig neben ihnen. Nun wandte er sich Mrs. Pollifax und Max zu. Er wirkte schlampig, hatte scharfe Augen, einen sehr kurzen Bart und trug eine einfache braune Dschellabah.

»Und?« fragte Max aufgeregt.

Sie nickte. »Der richtige Laden und der richtige Mann. Er sieht wie auf dem Foto aus, Max – es ist Omar.«

»Gott sei Dank!« sagte Max inbrünstig.

Das Mädchen kam durch die Tür mit den Perlenschnüren zurück. Sie trug ein Tablett, auf dem zwei Gläser mit Minzetee für sie standen. Als sie ihr dankten, lächelte sie nicht, sondern kehrte sofort auf die Veranda zurück, um die restlichen Gläser zu waschen. Omar Mahbuba überließ die beiden Touristen ihren Überlegungen, ob sie den Messingkessel kauften sollten oder nicht, und kam mit höflichem Lächeln auf sie zu. »Ich zeigen Ihnen schöne Sachen?«

Max stupste Mrs. Pollifax. Da sie nicht so recht wußte, wie sie es angehen sollte, sagte sie: »Hamid ou Azu ist tot.«

Er blickte sie ausdruckslos an. »Schöner Teppich? Viele Fossilien, viele Steine? Kommen anschauen.«

Max sagte unsicher: »Ich glaube, er hat wirklich nicht verstanden. Sind Sie sicher, daß er der Richtige ist?«

Mrs. Pollifax versuchte es noch einmal. »Sie sind Omar Mahbuba.«

Er blickte sie überrascht an, runzelte verwirrt die Stirn und nickte zögernd.

Sie sagte: »In Erfoud ist ein junger Mann namens Youssef Sa...«

»*Yuaf!* Aufhören!« sagte er scharf, dann rief er dem Mädchen auf den Stufen etwas zu. Als es hereineilte, deutete er auf das Touristenpaar, ehe er zu der Tür mit den Perlen-

schnüren ging und Max und Mrs. Pollifax winkte, ihm zu folgen.
Sie gelangten in ein weiteres winziges Zimmer mit einem Teppich, einem Kissen, einem Radio und einem arabischen Kalender an der Wand. Im Innern fragte er heftig: »Was soll das? Wer sind Sie?«
Mrs. Pollifax bat Max: »Übernehmen Sie, Sie sprechen Arabisch.«
»Ich kann Englisch. Reden Sie!« sagte der Mann scharf.
Mrs. Pollifax begann: »In Fes war Hamid ou Azu – er wurde ermordet, erstochen. In Erfoud gibt es einen Kellner namens Ibrahim, man hat ihn verhaftet.«
Er wirkte wachsam und verwirrt. »Und Youssef?«
»Er konnte gewarnt werden, ich glaube, er ist in Sicherheit. Jetzt warnen wir Sie – es gibt Schwierigkeiten, etwas ist schiefgelaufen.«
Er blickte die beiden stirnrunzelnd an. »Sie sind Christen, *Nasrani* . . . Amerikaner? Engländer? Woher wissen Sie das? Soll ich Sie töten oder Ihnen glauben?«
Max sagte trocken: »Ich würde es vorziehen, daß Sie uns glauben.«
»Erzählen Sie ihm, was passiert ist«, bat Mrs. Pollifax, »und erklären Sie ihm, daß wir jetzt in Schwierigkeiten sind, in großen Schwierigkeiten.« Sie setzte sich auf einen Stapel gefalteter Teppiche, denn sie war müde von dem steilen Hangweg, von der Anspannung des Tages und auch, weil sie fast ermordet worden wäre.
Max suchte nach Worten und begann, auf arabisch zu erklären. Sie verstand nur die Worte *photographs, police* und *moustache*. Offenbar war Maxs Erzählkunst nicht fesselnd, denn Omar unterbrach ihn ungeduldig: »Zeigen Sie mir die Bilder!«
Max fing noch einmal an und erklärte diesmal, wieso es

die Bilder nicht mehr gab, und Mrs. Pollifax mußte lachen, als Omar die Hände auf die Ohren drückte und auf englisch sagte: »Aufhören! Das könnte aus Tausendundeiner Nacht sein! Was bleibt mir übrig, als Ihnen zu glauben?« Mit listiger, aber sehr leiser Stimme sagte er: »Ich werde Ihnen noch mehr trauen, wenn Sie mir sagen, wo Sie als nächstes jemand warnen.«

Mrs. Pollifax antwortete: »In Ouarzazate, einen Friseur.«

Allmählich zog ein Lächeln über sein Gesicht, so breit schließlich, daß eine Zahnlücke zu sehen war. Er nickte zufrieden. »Wir haben ein Sprichwort: Vertrau in Allah, aber binde erst dein Kamel an ... Ich glaube Ihnen jetzt.«

Max schüttelte den Kopf. »Ich hoffe, wir müssen das Ganze in Ouarzazate nicht noch einmal durchmachen – falls wir überhaupt je dort ankommen!«

Omar sagte abwesend: »Nein, nein, ich gebe Ihnen Erkennungsworte für ihn.« Er runzelte die Stirn. »Diesen Hamid, von dem Sie sprachen, und diesen Ibrahim kenne ich nicht, wohl aber den Namen von dem, der mir bestimmte – nennen wir es Ware – bringt, und den, an den ich sie weitergebe. Sonst niemand. Glauben Sie, daß Youssef in Sicherheit ist? Folgte man Ihnen hierher?«

Max erklärte, daß sie den Wagen unten in einer Gasse gelassen hatten, und hofften, Omar könne sie diese Nacht verstecken und ihnen helfen, nach Ouarzazate zu kommen. »Wenn Sie vorhaben, von hier wegzugehen, könnten wir vielleicht gemeinsam ...«

Mrs. Pollifax schüttelte den Kopf. »Das wäre zu gefährlich für ihn, Max.«

»Ja, das wäre es wohl«, sagte er bedauernd. »Aber vielleicht fällt Ihnen etwas ein, wie wir von hier wegkommen könnten. Vielleicht mit einem anderen Wagen oder mit Eseln?«

»Esel! Sie?« Omar lachte. »Ich muß überlegen, ich brauche Zeit. Für Nadija – sie ist meine Tochter – und mich ist es besser, wenn wir in den Süden gehen, aufs *bled*, das Land. Ich habe einen Vetter ...«
Seine Tochter rief ihm. »Warten Sie hier«, bat er. »Meine Kunden wollen kaufen.«
Max setzte sich neben Mrs. Pollifax auf die Teppiche. »Ich nehme an, er schläft hier drauf, benutzt die Teppiche als Bett.«
»Wahrscheinlich. Müde?«
»Eher besorgt. Es gefällt mir nicht, daß wir uns auf Omars Hilfe verlassen müssen.«
»Dabei machten Sie sich kurz zuvor erst Sorgen, daß uns niemand helfen würde«, entgegnete Mrs. Pollifax trocken. »Wenn dieser Mann seit gut zwölf Jahren ein Doppelleben führte, ist er vermutlich schlauer als wir beide zusammen, Max.«
Omar kam zurück und stopfte Münzen und Scheine in eine Tasche zwischen den Falten seiner Dschellabah. »Wir haben eine anstrengende Nacht vor uns, fürchte ich. Nicht nur, um Ihnen zu helfen, sondern auch, damit meine Tochter und ich vor dem Morgen weg sind.«
Überrascht sagte Max: »So rasch können Sie fort?«
Mrs. Pollifax blickte ihn interessiert an. »Fällt es Ihnen schwer, von hier wegzugehen?«
Omar zuckte die Schultern. »Meine Söhne kämpfen bereits in der Wüste. Seit dem Tod meiner Frau sehne ich mich danach, mich ihnen anzuschließen, aber ...« Er straffte stolz die Schultern. »Ich habe meinen Brüdern in der Wüste mehr genützt, indem ich hierblieb.« Er deutete auf seinen Laden. »Ich war jederzeit bereit zu packen und wegzugehen. Sie sehen ja, wie klein mein Souk ist. Haben Sie gegessen?«

Beide schüttelten den Kopf.
Omar kramte in einem Beutel und reichte Max ein dickes Stück Ziegenkäse. »Essen Sie, während wir nachdenken. Es ist sehr wichtig, daß Sie nach Ouarzazate kommen – und weiter!« fügte er bedeutungsvoll hinzu. »Also müssen wir gut überlegen.«
Mrs. Pollifax nickte. Sie hielt sich an ihre drei arabischen Worte, sowie an ihren Teil des Ziegenkäses und sagte: »Schukran.«
»Wir haben Geld«, erklärte Max.
»Wieviel?«
Max holte marokkanische Scheine aus seiner Tasche, und Mrs. Pollifax legte ihre darauf.
»Gut.« Omar nickte. »Sehr gut. Mir fällt ein, daß Mustapha Behima seinen alten Lastwagen verkaufen will. Ich werde ihn fragen, wie viele Dirham er dafür will. Ich werde ihm sagen, daß ein Freund in El Kelaa, dem ich einen Gefallen schulde, einen gebrauchten Lastwagen sucht.«
»Aber wie lange wird das dauern? Wir haben nur die eine Nacht«, gab Max nervös zu bedenken.
Sehr behutsam rügte Omar: »Auch ich muß mich beeilen. Geduld ist zwar bitter, aber sie trägt süße Früchte. Wir sind alle in Allahs Hand – ruhen Sie sich aus, während ich tue, was ich tun muß.«
»Sie könnten uns helfen lassen«, meinte Mrs. Pollifax.
»Wollen Sie sich nicht lieber ausruhen?«
»Wie könnte man sich in einer solchen Lage ausruhen?«
Er nickte. »Stimmt. Wenn Sie wirklich wollen, können Sie Nadija helfen, die Teppiche im Souk zusammenzurollen, während ich zu Mustapha gehe. In der Nacht, wenn niemand es sehen kann, muß ich meinen eigenen Lastwagen beladen. Später essen wir.«

Überrascht fragte Mrs. Pollifax: »Sie nehmen nur die Teppiche mit?«

Omar lächelte. »Die Teppiche sind mein Vermögen, außerdem die Schmuckstücke und Messingsachen. Fossilien und Halsketten? Pah! Das ist nur für Touristen, die alles kaufen. Aber meine Teppiche kann ich überall – auch in der Wüste, wohin wir gehen werden – gegen vieles eintauschen. Ein Kamel. Ziegen, Schafe. Ein Zelt. Essen. Waffen.«

Mit diesen Worten verschwand er wie ein Schatten in der Dunkelheit.

Es waren acht sehr schöne Teppiche: Berber, Tuareg und marokkanische. Mrs. Pollifax betrachtete sie bewundernd, aber sie waren sehr schwer, und es war anstrengende Arbeit, sie von den Wänden zu nehmen. Nachdem sie so dicht wie nur möglich zusammengerollt waren, holte Nadija Seile, um sie zusammenzubinden, dann legten sie sie neben die geschlossene und zugesperrte Tür. Danach brachte das praktisch veranlagte Mädchen aus einer Ecke mehrere Tontöpfe und ein großes Kohlenbecken aus Messing. Das fügte sie zu dem wachsenden Haufen, ehe sie Ziegenkäse und einen Laib Brot auftischte und von irgendwoher zwei Dosen Coca-Cola zum Vorschein brachte. Sie picknickten auf dem Teppichhaufen, und dann und wann lächelte Nadija die beiden Besucher scheu an. Mrs. Pollifax bemerkte, daß sie ein paar persönliche Dinge in einem fettigen Lederbeutel mit Bändern zum Zuziehen verstaute: einen Kamm, Ohrringe, ein paar Münzen, eine kleine Ausgabe des Korans und silberne Armreifen.

Es war inzwischen bereits zweiundzwanzig Uhr und zwei lange Stunden waren vergangen, als Omar zurückkam und Max ein paar Schlüssel zuwarf. »Sie haben einen Lastwagen«, sagte er. »Einen alten Volvo, sehr alt, aber er fährt ... Mustapha war ein harter Verhandlungspartner, doch wir wurden uns einig, und ich *glaube*, daß er jetzt ins Bett gegangen ist, aber er ist ein wenig ...« Er verzog das Gesicht.

»Argwöhnisch?« fragte Max scharf.

Omar nickte. »*Teman* ... Wir müssen vor dem Morgengrauen weg sein.«

»Was ist mit Benzin?«

»Das war der schwierigste Teil des Handels, aber der Laster ist aufgetankt und hat noch einen Kanister extra. Mein eigener Laster ist hinter dem Haus. Nadija ...«, er sprach arabisch mit ihr. Sie nickte, griff nach den kleineren Bündeln, während Omar sich einen Teppich auf die Schultern stemmte.

Max sprang auf, um ihm zu helfen, und auch Mrs. Pollifax erhob sich seufzend, um ebenfalls wieder mitzuhelfen, doch dann überlegte sie es sich, legte sich auf den Teppich und schlief sofort ein.

Als sie die Augen aufschlug, standen Omar und Max über sie gebeugt und wirkten beide amüsiert. Sie setzte sich auf und sah, daß beide Zimmer bis auf die abblätternden Wände leer waren. Auch in dem kleinen Laden befand sich nichts mehr, außer ein paar Körben mit Versteinerungen und Gebetsschnüren. Ein Blick auf die Uhr verriet ihr, daß es drei Uhr früh war, aber die paar Stunden Schlaf hatten sie erfrischt, und sie sprang auf.

»Zeit aufzubrechen«, sagte Max. »Der Ort schläft noch. Omars Wagen ist beladen. Er meint, wir sollten vor ihm losfahren, und er hat mir den Weg beschrieben.«

Sie nickte. »Gut. Was für einen Wagen haben wir denn?«

Max zuckte mit den Schultern. »Die Reifen sind ziemlich abgefahren, aber der Motor scheint in Ordnung zu sein.«

Er fügte hinzu: »Omar meint, daß die Polizei vielleicht schon am Morgen nach zwei amerikanischen Touristen suchen wird, die seit Erfoud verschwunden sind ... Das hat Nadija gehört, als sie Wasser am Brunnen holte. Solange wir hier in Omars Souk sind ...«

»Befindet er sich in Gefahr. Ich verstehe.«

»Stimmt.« Plötzlich lächelte Max. »Und nun, meine liebe Mrs. P., ist die Zeit für Dschellabah und Schleier gekommen und Zeit für Sie, zur Einheimischen zu werden. Touristen fahren nicht in klapperigen alten Lastwagen.«

Neugierig schlüpfte sie in den Kapuzenmantel und stellte fest, daß er über Pullover und Hose bequem wie ein Bademantel war. Dann beobachtete sie Omar aufmerksam, der ihnen beiden zeigte, wie man den Schleier um den Kopf wand, so daß er nur die Augen freiließ.

»Nadija ...?«

Das Mädchen öffnete ihren Lederbeutel, holte ein kleines Fläschchen und ein Stäbchen heraus und trug *Kajal* auf Mrs. Pollifax' Brauen auf, daß sie ganz dick und dunkel wurden.

»Voilà! Sehr, sehr gut!« Max grinste. »Haben Sie auch noch einen Namen für Sie, Omar?«

»Aisha?«

Von nun an war sie Aisha.

»Und für mich?« fragte Max.

»Bashir.«

Nun brauchten sie nur noch loszufahren. Mrs. Pollifax wurde bewußt, daß sie nicht weg *wollte*, daß sie sich ein paar Stunden lang sicher in Omars Souk gefühlt hatte und daß, was vor ihnen lag, alles andere als sicher sein würde. Schlimmer noch, irgendwo auf ihrer Reise war es möglich, wie Bishop gesagt hatte, daß sie auf ein Gesicht stoßen würden, das nicht zu dem Foto paßte, und dann wurde es wirklich gefährlich. Dieses fremde Land mit seinen fremden Sitten und einer Sprache, die ihr ebenso fremd war, in dem offensichtlich die Polizei hinter ihnen her war – und der tote »Janko«, den sie in der Hütte zurückgelassen hatten –, erfüllte sie mehr und mehr mit Angst und Besorgnis.

Sie traten hinaus in die frische Nachtluft. Die einzigen Lichter kamen von dem Hotel auf dem Hügel. Der Ort selbst war dunkel und still. Es schien kein Mond, aber die Sterne auf dem weiten Himmelsgewölbe funkelten hell und tröstend. Der Lastwagen ragte als vager Koloß vor ihnen auf. Die Ladefläche bot bestimmt genug Platz für ein Dutzend Schafe. Ehe sie ins Führerhaus kletterte, drehte sie sich zu Omar um. »*Schukran*, Omar . . . *Bismallah*?«

»*Bismallah*«, antwortete er ernst. »Allah sei mit Ihnen.«

»Wird es jetzt schwer für Sie werden?«

Er zuckte die Schultern. »Manchmal muß man den Sattel selber tragen, manchmal sitzt man im Sattel.«

»Wie geben wir uns dem Friseur in Ouarzazate zu erkennen?«

Omar deutete auf Max. »Er hat es aufgeschrieben: Sie sagen *Hadha el-husan arej*, das Pferd lahmt. Beeilen Sie sich jetzt wie der Wüstenwind!«

Sie stieg ein, und Max, der bereits hinter dem Lenkrad saß, ließ den Motor an. »Leb wohl, Nadija!« flüsterte Mrs. Pollifax aus dem Fenster, und der Wagen fuhr los.

»Sie haben die Scheinwerfer nicht eingeschaltet«, erinnerte sie Max. »Oder funktionieren sie nicht?«

»Das schon«, antwortete Max grimmig, »aber Omar riet, sie nicht zu benutzen, ehe wir weit genug von seinem Haus entfernt sind.«

Sie nickte. Wie dumm von ihr, daß sie das nicht bedacht hatte. Als sie auf die gepflasterte Straße kamen, die zum

Markt hinunterführte, hoffte sie inbrünstig, daß auch die Bremsen funktionierten. Sie rollten lautlos den Hang hinunter, und die Bremsen setzten das Tempo wirkungsvoll herab. Vorbei an dunklen Gassen und Souks, ließen sie Tinerhir hinter sich zurück.

11

Beide fröstelten in der Kälte des frühen Morgens, als sie ihre Fahrt nach Ouarzazate begannen. Max murmelte: »Wenn man bedenkt, daß es auf der anderen Seite des Gebirges ...« Er nahm eine Hand vom Lenkrad und deutete westwärts. »... am Meer warm und grün und fruchtbar ist und die Wellen des Atlantiks die gesamte Küste umspülen ...«

»Hören Sie auf«, bat sie und drückte die Hände auf die Ohren.

»Und in Marrakesch gibt es Palmen und eines der schönsten Luxushotels der Welt, und ...«

»Tummelplatz der Reichen!« sagte Mrs. Pollifax abfällig.

»Ja, mit seinem riesigen Place Djemaa el Fna, wo es Schlangenbeschwörer gibt und Feuerschlucker und Akrobaten und ...«

»Keine Bettler?« fragte sie skeptisch.

»Oh, massenhaft«, antwortete er vergnügt. »Taschendiebe ebenfalls.«

Sie wollte nicht an Marrakesch denken. »Wie weit ist es bis Ouarzazate?«

»Falls es Allah und dieser Laster gut mit uns meinen, dürften wir gegen Mittag dort sein – inschallah.«

»Also bei Tageslicht.« Sie seufzte erleichtert. »Gut.«

Sie waren erst einige Kilometer aus Tinerhir heraus, als

sie das Scheinwerferpaar eines Lasters auf sich zukommen sahen, und nach einer Kurve zählte Mrs. Pollifax die Lichter von fünf weiteren Wagen in der Kolonne. Hastig machte sie Max darauf aufmerksam.

»Ja, ich sehe sie.« Seine Stimme klang ernst. »Es ist zwar noch dunkel, aber achten Sie darauf, daß Ihr Gesicht gut bedeckt ist.«

»Sie könnten unterwegs zum Markt sein«, meinte sie.

»Sechs hintereinander?«

Die Lastwagen kamen auf gleiche Höhe näher. Jeder wurde von den Lichtern seines Nachbarn beleuchtet, Größe sowie Farbe waren unverkennbar: Alle hatten das eckige dunkle Chassis und die eckige Planenbespannung von Militärfahrzeugen. Es war beunruhigend, aber sie sagte sich, daß sie Mrs. Pollifax und Max Janko in Tinerhir zurückgelassen hatten und nun zwei Berber in einem klapprigen, zusammengeflickten Volvo waren und Aisha und Bashir hießen. Doch ein gutes Omen für diesen neuen Tag war es nicht.

»Was meinen Sie?« fragte Max. »Manöver oder Straßensperre?«

»Vorsichtshalber ist es besser, das Schlimmste anzunehmen, nicht wahr?«

Bedrückt antwortete er: »Ja, vermutlich.«

Ihr fiel ein, daß er ja die ganze Nacht nicht zum Schlafen gekommen war, sondern Omar geholfen hatte, seinen Wagen zu beladen, und es schien ihr ein guter Augenblick, ihn abzulenken. »Ich frage mich, wo Omar und Nadija jetzt sind – mit ihren Teppichen und dem herrlichen Messingkohlebecken. Was wohl aus Nadija werden wird? Welche Zukunft haben junge Mädchen hier?«

»Keine besondere«, erwiderte Max. »Ich kann Ihnen in etwa sagen, was sie vor sich hätte, wenn sie in Tinerhir geblieben wäre.« Er zuckte mit den Schultern. »Sie würde in zwei oder drei Jahren heiraten, sich den Mann aber nicht selbst aussuchen können – das würden seine Eltern und ihr Vater arrangieren. Und wahrscheinlich würde er keine sehr gute Partie sein, weil Omar ein *baranis*, ein Außenseiter, ist. Bedauerlicherweise lebt ein Mädchen fast immer bei der Familie ihres Mannes, wodurch es, aufgrund der Stellung der Frauen hier, zu Eifersüchteleien und Rivalität kommt, was dazu führt, daß die Hälfte der Ehen in diesem Land geschieden werden.«

»Die Hälfte?« rief Mrs. Pollifax erstaunt.

Max nickte. »Das ergeben jedenfalls meine Statistiken. Aber ihre Zukunft dürfte bei den Polisarios in der Wüste viel rosiger aussehen, denn dort hat sich Erstaunliches getan, wenn man bedenkt, daß auch sie Moslems sind. Da die Männer im Kampfeinsatz von zu Hause fort sind, haben die Frauen dort alles im Griff – es bleibt ihnen gar keine Wahl! Keine Schleier, keine Zurückgezogenheit, sie haben in ihren Zeltstädten sogar Schulen eingeführt, und einige Frauen kämpfen Seite an Seite mit den Männern.«

»Dann werden sie also wie menschliche Wesen behandelt?« fragte sie überrascht. »Fast unglaublich! Ich wollte es nicht erwähnen, aber ich konnte es kaum fassen, daß ich keine Frauen sah. Nur eine. Mit Ausnahme der Touristinnen in Erfoud habe ich keine erwachsene Frau gesehen, außer diese Schwarzvermummten, an denen wir vorbeikamen, waren Frauen.«

»Sie dürfen es glauben«, versicherte er ihr. »Eine enorme Vergeudung natürlich. In diesem Landesteil sind bestimmt nur wenige in die Schule gegangen oder haben Lesen und Schreiben gelernt. Ich bezweifle, daß Nadija je eine Schule besucht hat – in Marokko gibt es keine

Schulpflicht; und Sie haben ja gesehen, wie sie ihrem Vater hilft. Nähen und Kochen und Kinderkriegen ist so ziemlich ihr ganzer Horizont. Und Klatschen.«
»Wird es denn in der Wüste eine Schule für Nadija geben?«
»Wenn sie will, ja«, antwortete er. »Mir gefällt ganz gut, was ich darüber höre. Einer Ihrer amerikanischen Senatoren besuchte ihre Zeltstadt bei Tindouf in Algerien, ehe die Beziehungen abgebrochen wurden. Er war beeindruckt. Wenn ich mich recht erinnere, soll er berichtet haben, eine solche Disziplin, ein solcher Zusammenhalt und ein solches Nationalbewußtsein wären ihm noch nie zuvor untergekommen ... Sie wollen schlicht und ergreifend ihr Land wiederhaben.«
»Und niemanden interessiert es.«
Er schüttelte den Kopf und schwieg. Seine Silhouette hob sich nun von dem allmählich heller werdenden Himmel ab. Der Morgen graute, und bald würde die Sonne ihr goldenes Licht über das Land breiten. Sie fuhren unter einem Himmel dahin, dessen tiefes Blau nur von langen dünnen Wolkenstreifen unterbrochen wurde, die sich wie Spitze über die fernen Hochebenen im Osten zogen. Im Vordergrund beleuchtete die Sonne ein Terrain, das zu flimmern und auf sie zuzuwirbeln schien, wie Mrs. Pollifax fand. Dann blieben die kleinen Hügel zurück, der Boden zog sich wieder flach dahin und wurde zu körnigem Sand. Sie kamen durch den Marktort Boumalne du Dades, der in der Sonne glühte und dessen lehmfarbene Häuser wie Bauklötze einen ebenso lehmfarbenen Hügel emporstrebten.
Als sie sich El Kelaa des Mgouna näherten, sagte Max abrupt: »Ich möchte uns ja nicht die Laune verderben, aber wie sieht es nach dem Kauf dieses Lasters mit unseren Finanzen aus?«

Sie zögerte. Sie bedauerte, daß er dieses Thema anschnitt. »Nicht sehr gut. Ich habe natürlich eine Menge Reiseschecks . . .«
». . . die einzulösen uns die Polizei auf den Hals brächte.«
»Ja. Ich habe auch Dollars, aber wäre es nicht riskant, damit zu bezahlen?«
Er runzelte die Stirn. »Höchstwahrscheinlich. Woher sollten zwei arme Einheimische wie wir – Aisha und Bashir – US-Dollars haben? Was haben Sie noch an marokkanischem Geld?«
Sie holte ihre Geldbörse unter der Dschellabah hervor und zählte: »Vierhundertundfünfzig Dirham.«
Er verzog das Gesicht. »Das sind etwa neunzig Dollar, und ich habe nicht viel mehr . . . Sieht so aus, als müßten wir uns weiterhin von Sardinen und Orangen ernähren.«
Er bedachte sie mit einem Seitenblick. »Sie könnten ein bißchen schlafen, wissen Sie, auch wenn Sie sich sehr gut halten, wenn man bedenkt, daß Sie gestern fast umgebracht worden wären und sich vergangene Nacht nur ein paar Stunden auf Omars Fußboden ausruhen konnten. Ich wecke Sie, wenn wir Ouarzazate erreichen.«
»Sie haben recht«, pflichtete sie ihm bei, »es fällt mir nur schwer, mich zu entspannen, geschweige denn zu schlafen, wenn ich daran denke, was uns in Ouarzazate erwartet.«
»Ich nehme an, Sie meinen damit nicht nur die Polizei, sondern auch den Wolf im Schafspelz?«
Sie nickte.
»Hören Sie«, sagte er, »haben Sie noch nicht daran gedacht, daß Flavien der Wolf war? Er könnte der falsche Informant gewesen sein, wodurch sich alle anderen als okay herausstellen werden.«
»Das wäre schön«, antwortete sie seufzend, schüttelte

aber den Kopf. »Carstairs' Assistent sagte, daß irreführende Informationen durch das Netz übermittelt wurden. Aus diesem Grund hat man uns geschickt. Und Flavien hatte keinen Zugang zum Polisarionetz. Er wußte nicht einmal, wer die Informanten waren, bis ich ihm die Namen nannte.«

»Trotzdem«, versuchte er es noch einmal.

»Nein, Max.«

»Kein Wunschdenken erlaubt?« fragte er lächelnd.

»Nicht in diesem Geschäft«, antwortete sie ebenfalls lächelnd.

»Dann werde ich still sein«, sagte er ergeben.

Doch jetzt, da er auf ihre Geldknappheit aufmerksam gemacht hatte, fand sie sein Schweigen bedrückend, denn es führte zu noch quälenderen Überlegungen, beispielsweise wie, um alles in der Welt, sie je Marokko wieder *verlassen* konnten, nun da die Polizei sie suchte, und sie ihr Weg von Tag zu Tag tiefer ins Land und weiter weg von Städten und Flughäfen führte. Ein düsterer Gedanke reihte sich an den anderen. Sie mußten sich um Muhammed Tuhami, den Friseur, Sorgen machen, um das ehrwürdige Alter ihres Volvos, um ihre schwindenden Geldmittel und um ihre Ausreise. Und als sie all diese Unsicherheitsfaktoren zusammenzählte, sagte sie schließlich fest: »Zum Teufel damit!«

»Wie bitte?« fragte Max erstaunt.

Sie lachte. »Habe ich Sie erschreckt? Mir war gar nicht bewußt, daß ich laut redete. Ich habe ganz einfach beschlossen aufzuhören, mir Sorgen zu machen.« Doch nach dieser Erklärung ergab sich sogleich eine neue Sorge, denn der Volvo beschwerte sich über die steile Bergstraße, die sie gerade erklommen. Max trat das Gaspedal durch, bis es nicht mehr weiter ging, legte nach ein paar Minuten den zweiten Gang ein, und dann, als der Laster immer noch langsamer wurde, den ersten. Beide seufzten erleichtert, als die Kuppe erreicht war, doch das ganze war nicht gerade ermutigend gewesen.

Am frühen Nachmittag kamen sie in Ouarzazate an. Ihr Hunger war zwar durch Orangen und Sardinen nicht ganz gestillt, aber auf ein erträgliches Maß reduziert worden. Mrs. Pollifax staunte, als sie durch eine breite, baumgesäumte Straße an mehreren Luxushotels vorbeikamen, sowie an Restaurants, einem Café, dem Postamt, einer Buchhandlung und einer imposanten Bank.

»Sehr kolonialistisch«, murmelte Max. »Unverkennbar, daß die Franzosen hier waren.«

»Es ist zweifellos – nun, europäisch«, bestätigte sie.

»Und zu verdammt europäisch für diesen Friseur, den wir suchen. Bitte lesen Sie mir die Adresse vor, die Sie für mich aufgeschrieben haben, ganz langsam.« Er gab ihr die Notizblockseite, auf die sie Namen und Adressen geschrieben hatte.

»Muhammed Tuhami, Friseur . . . An der Ecke der Straße der Filzhutmacher und der Straße der Barbiere, in Richtung der Großen Moschee.«

Er nickte. »Das bedeutet, daß es einen älteren Stadtteil geben muß, denn bestimmt befindet sich hier keine Straße der Filzhutmacher, das hätten die Franzosen nicht erlaubt. Fahren wir herum und sehen uns um . . . Zwar können wir uns das Benzin nicht leisten, aber noch weniger ratsam ist es, irgendwo anzuhalten und Fragen zu stellen.«

Sie fuhren die Straßen mit ihren vornehmen Häusern hinter steinernen Mauern auf und ab, bis Max erfreut aufschrie. Er deutete. »Schauen Sie, da vorne – das Einheimische triumphiert über das Koloniale!«

Sie nickte und lächelte, als sie die vertrauten Lehmziegelhäuser und plaudernde Männer in Dschellabahs sah. Sie kamen an zwei Männern auf Eseln vorbei, beide saßen seitwärts im Sattel, damit die riesigen Rupfensäcke Platz hatten, die an der anderen Seite hingen. »Hier gibt es keine Medina«, erklärte Mrs. Pollifax erfreut über ihr wachsendes Wissen. »Keine überdachten Gassen, es ist ein offener Marktplatz!«
»Stimmt. Stellen wir den Wagen ab und sehen uns zu Fuß um. Er muß hier in der Nähe sein.«
»Suchen wir ihn als Aisha und Bashir oder als Touristen?« fragte sie. »Ich glaube, wir sollten wieder Touristen sein, ich sehe nämlich keine Frauen.«
Er schnitt eine Grimasse. »Verwirrend, nicht wahr? Aber Sie haben recht, es würde unerwünschte Aufmerksamkeit erregen, wenn eine Einheimische neben einem Mann herginge. Frauen zeigen sich hier nur in Begleitung anderer Frauen. Und wir tragen beide die falschen Schuhe, schon dadurch würden wir auffallen.«
»Das werden wir natürlich auch als Touristen.«
»Ja, aber auf andere Weise.« Er nickte. »Ich werde den Laster um die Ecke in einer Nebenstraße parken, dort können wir uns wieder in Touristen verwandeln.«
Wenige Minuten später, als der Wagen abgestellt und abgesperrt war, spazierte ein Touristenpaar, Tante und Neffe, zum Marktplatz.
Sofort umschwärmten Kinder sie mit ausgestreckten Händen, aber Max verscheuchte sie.
»Vorher haben Sie ihnen aber etwas gegeben«, erinnerte ihn Mrs. Pollifax.
»Das tut ein guter Moslem auch, der Koran hat da ein paar starke Worte, bei denen es darum geht, den Armen zu geben«, entgegnete er. »Aber im Augenblick bin ich

kein guter Moslem. Wenn wir ihnen ein paar Münzen schenken, werden sie uns den ganzen Weg nachlaufen, bis zu Muhammed – falls wir ihn finden.«

»Wir müssen ihn finden«, sagte sie leise.

Sie betraten den staubigen Platz, der von offenen Buden mit flachen Dächern eingerahmt war. Da und dort gab es schmale Durchgänge. Das war wahrhaftig eine andere Welt, verglichen mit jener der Hauptstraße, aber Mrs. Pollifax fühlte sich mehr zu den Farben und dem Leben hier auf dem Markt hingezogen. In einer Ecke standen Männer um eine Ziegenherde und gestikulierten wild beim Aushandeln von Preisen. An den Ständen gab es Sardinen in Kisten auf Eis gebettet, Haufen von Orangen und Tomaten, frische Kräuter, Töpfe und Pfannen, Schuhe und hohe weiße Plastikkannen voll Speiseöl. Hauptsächlich waren Dschellabahs zu sehen, die zum Braun der Erde paßten, doch auch einige Burschen, die leuchtend rote oder blaue Jacken mit Reißverschlüssen westlichen Stils trugen.

»Entschuldigen Sie, ich muß so was Ähnliches wie eine Herrentoilette finden«, sagte Max. Und während er sich danach auf dem Platz umsah, fügte er hinzu: »Unerfreulicher Gedanke. Bitte warten Sie hier auf mich, ja?«

»Natürlich.« Sie sah ihm nach, während er davoneilte, kurz stehenblieb, um einen Jungen nach dem Weg zu fragen, und dann in einer Gasse verschwand. Als sie eine niedrige Mauer hinter sich bemerkte, setzte sich Mrs. Pollifax nieder, um die Sonne zu genießen und den Trubel rundum auf sich einwirken zu lassen. Sofort rannten drei Jungen zu ihr, zwei davon machten kritzelnde Bewegungen mit den Händen. Der dritte schaute nur schüchtern zu.

»Einen Kugelschreiber?« fragte sie. Sie verstanden sie

sichtlich nicht, deshalb kramte sie in ihrer Handtasche und brachte einen einfachen, billigen Kugelschreiber zum Vorschein.

Die Kinder blickten sie verwirrt an, und als sie wieder auf ihre Handfläche kritzelten, rannte der Verkäufer des Souks hinter ihr herbei und verscheuchte die Kinder verärgert. Dann kehrte er, ohne einen Blick auf Mrs. Pollifax, in seinen Laden zurück.

Jetzt war ihr natürlich klar, daß sie Geld gewollt hatten, nur daß die Gestik hier im Süden anders als weiter im Norden war. Bestürzt über ihre Naivität ließ sie den Kugelschreiber zurück in die Handtasche fallen.

Der dritte Junge war in der Nähe stehengeblieben und beobachtete sie neugierig. Es war etwas Rührendes an ihm: Seine Augen waren so groß in dem Gesichtchen, er war dünn wie ein Spatz, barfüßig, und sowohl seine kurze Baumwollhose wie sein T-Shirt waren ihm zu groß. *Er sieht einsam aus,* dachte sie. *Er hat auch gar nicht gebettelt, nur zugesehen. Er ist anders.*

Max kehrte aus der Gasse zurück. Sie warf einen raschen Blick auf den Verkäufer hinter sich. Er unterhielt sich gerade mit einem Bekannten. Sie langte in ihre Geldbörse und holte eine Zweidirhammünze heraus, dann lächelte sie dem kleinen Jungen zu, drückte einen Finger an die Lippen und legte verschwörerisch die Münze auf die Mauer neben sich. Während sie Max entgegenging, rannte der Junge hinter ihr herbei und griff nach der Münze. Als sie über die Schulter blickte, sah sie, daß er nicht davongelaufen war. Er lächelte sie strahlend an, als hätten sie gemeinsam den Verkäufer überlistet und wären Verschworene. Dann hob er zwei Finger an die Lippen und blies ihr einen Kuß zu.

Erfreut blies sie ihm einen Kuß zurück.

»Mit wem flirten Sie denn da?« erkundigte sich Max amüsiert.
Sie lächelte nur und schüttelte den Kopf. »Fangen wir an? Ich sehe da gleich sechs Gassen, die wir uns vornehmen sollten.«
»Glücklicherweise mit Straßenschildern«, entgegnete er. Er faßte sie am Arm, führte sie an einem Stand mit Orangen vorbei zur nächsten Gasse, deren Schild mit seinen Bogen und Schnörkeln der arabischen Schrift in seiner Anmut fast wie Musik anmutete.
»Assammarin«, las Max. »Das heißt Straße der Hufschmiede. Suchen wir weiter.«
Als nächstes kam die Straße der Seidengarnverkäufer, und nachdem sie sie mit Blicken abgesucht hatten, schlenderten sie zum nächsten Eingang einer Gasse mit Kopfsteinpflaster.
»Al-hajjamin«, las er. »Hurra! Wir haben die Straße der Barbiere gefunden!«
Nervös fragte Mrs. Pollifax: »Bedeutet das, daß wir uns hier Dutzende von Friseuren ansehen müssen?«
Er grinste. »Vielleicht waren vor fünfzig Jahren so viele hier, doch jetzt sicher nicht mehr. Würden Sie mir bitte unseren Mann beschreiben, ehe wir weitergehen?«
Sie blieb stehen und schloß die Augen, um sich zu konzentrieren. »Jünger als Omar, etwa dreißig bis zweiunddreißig. Kurzer dunkler Bart, bleiches ovales Gesicht. Klein und mager. Auf dem Bild trug er eine abgetragene gestreifte Dschellabah. Er sah sehr leidenschaftlich aus – und sehr arm.«
Max nickte. »Ja, das ist zu erwarten. Ich bin zwar hauptsächlich Übersetzer und Entschlüsseler, aber der Maghreb ist meine Spezialität und ...«
»Maghreb?«

»Marokko, Algerien und Tunesien ... Jedenfalls weiß ich, daß ein Friseur in diesem Land zu den untersten Gesellschaftsschichten gehört – gerade noch geduldet, sozusagen – und doch genießt er trotz seines Standes eine gewisse Beliebtheit, weil man von ihm allerlei Neuigkeiten und Gerüchte erfahren kann. In einem Friseurladen unterhalten sich die Leute und hören zu.«

»Perfekt für einen Informanten. Es gibt hier also ein Kastensystem?«

»Nicht wirklich«, antwortete Max. »Es ist ein Land der Stämme, und die alten Sitten sind hartnäckig. Hier zählt, von welchem Stamm man kommt und ob man mit irgendwelchen Heiligen verwandt ist oder von Mohammeds Vetter Ali abstammt. Selbst die Ärmsten der Armen werden mit größter Hochachtung behandelt, wenn sie von solcher Abstammung sind.«

Sie kamen an einem Laden vorbei, in dem Ledertaschen ausgestellt waren, und ein Mann, der Leder zuschnitt, hinter dem Ladentisch stand; an einem Geschäft, in dem zwei Männer an Nähmaschinen saßen, und an einem schmalen Souk, in dem man Pantoffel in Regenbogenfarben mit spitzen, nach oben gerollten Zehen erstehen konnte. »Barouches«, bemerkte Max. Als sie sich dem Ende der Gasse näherten, lag vielversprechender Sonnenschein und freier Raum vor ihnen. An der Ecke fanden sie ein Schild mit Scherenumrissen und arabischer Schrift darunter.

»Daumen halten!« murmelte Max.

Das Glas von Fenster und Tür dieses Ladens war staubig, und sie blieben stehen, um hindurchzuspähen. Die Barbierstube war sehr klein, aber sauber und hell, was Mrs. Pollifax gefiel. Ein einzelner Stuhl, herrlich alt und verschnörkelt, stand mitten im Raum, der Sitz war mit rotem

Plüsch überzogen und ruhte auf einem kunstvoll geschmiedeten Eisengestell, das so herrlich verschnörkelt war, daß es Mrs. Pollifax an viktorianisches Ingwerbrot erinnerte. Sie fand, daß es ein wunderschöner alter Barbierstuhl war, um den sich Antiquitätenhändler gerissen hätten. Ein Spiegel, der von Alter und Moderflecken fast blind war, teilte sich die Wand mit einem Bild von Mohammed V. und dem derzeitigen König. Für wartende Kunden gab es eine einfache Bank.

Momentan saß ein Kunde auf dem herrlichen Stuhl, der Friseur selbst jedoch hatte dem Fenster den Rücken zugewandt.

»Die Spannung wächst«, murmelte Mrs. Pollifax, doch in diesem Augenblick drehte sich der Mann um, und sie seufzte erleichtert. »Noch ein Aufschub«, flüsterte sie. »Das ist Muhammed Tuhami.«

»Sind Sie sicher?«

Sie nickte.

»Gehen wir hinein. Ich tue so, als wollte ich mir die Haare schneiden lassen.«

Daß zwei Touristen – noch dazu einer davon eine Frau – das Geschäft betraten, überraschte die beiden Einheimischen. Max nickte höflich, führte Mrs. Pollifax zu der Bank, und sie setzten sich. Zu dem Friseur sagte er: »Könnten Sie mir die Haare schneiden? Sprechen Sie Englisch?«

Mrs. Pollifax, die Muhammed verstohlen musterte, fand, daß er älter und müder aussah als damals, als sein Foto für die Informantenakte gemacht worden war, aber seine innere Glut war geblieben, das sah sie, selbst als er vorsichtig sagte: »Ein kleines bißchen. *Parlez-vous français*?«

Max fing sofort fließend Französisch zu reden an, und Mrs. Pollifax seufzte, weil sich so ihre grenzenlose Neugier nicht stillen ließ. Muhammed lachte einmal ganz leicht, und der in Tücher gehüllte Mann auf dem Barbierstuhl lächelte. Max erklärte ihr: »Ich habe ihnen erzählt, daß wir als Touristen Badeanzüge mitgebracht haben, aber daß es viel zu kalt dafür ist.«

»Ah ja, das Wetter wie üblich«, murmelte sie.

Die Tücher wurden abgenommen und Muhammeds Kunde erhob sich. Aus seiner weißen Dschellabah über einer westlichen Hose mit scharfer Bügelfalte und weißem Hemd schloß sie, daß er wohlhabend war. Muhammed bekam ein paar Münzen in die Hand gedrückt, dann bedachte er Max mit einer knappen Verbeugung und Mrs. Pollifax mit einem neugierigen Blick, ehe er das Geschäft verließ.

Kurzes Schweigen herrschte, während Muhammed Max mit Tüchern in der Hand erwartungsvoll anblickte. Da sagte Max bedächtig: »Das Pferd lahmt ... *Hadha el-husan arej.*«

Überrascht bemerkte Mrs. Pollifax, daß Muhammeds Gesicht nicht das geringste Erstaunen verriet, aber er trat sofort an die Tür, sperrte zu, ließ die stählernen Rolläden herunter und kehrte zurück. Im Dämmerlicht musterten sie einander, Muhammed stumm und abwartend.

Max erklärte: »Wir kommen von Omars Souk in Tinerhir. Wir müssen Ihnen leider sagen, daß die Kette – das Netz – gerissen ist.«

»Omar«, wiederholte Muhammed nickend. »Aber ...« Er blickte die beiden verwirrt an. »Omar ist gerissen?«

Max entschuldigte sich bei Mrs. Pollifax und kehrte zu Französisch zurück, doch indem sie Muhammeds Miene beobachtete, konnte sie zumindest ahnen, was Max zu ihm sagte. Seine Augen weiteten sich, sein Gesicht verzog sich entsetzt – wahrscheinlich, als er von dem Mord

an Hamid ou Azu erfuhr –, dann kniff er die Augen zusammen – vielleicht erfuhr er gerade vom ersten Janko –, nun warf er einen überraschten Blick auf sie; woraufhin sie annahm, daß Max bei der Hütte und Flaviens Tod angelangt war. Bei den Worten Tinerhir und Omar, entspannte sich sein Gesicht ein wenig, und er sagte etwas.
Max übersetzte. »Er ist sehr froh, daß Omar auf dem Weg in die Wüste ist. Jetzt muß ich ihm natürlich noch sagen, daß er sich selbst ebenfalls in Gefahr befindet. Ich glaube nicht, daß ihm das bereits bewußt ist.«
Dann erklärte er es ihm, wozu er ein paar Minuten brauchte. Da verrieten Muhammeds Augen zum erstenmal Schrecken, dann Angst. »Nein, nein!« protestierte er und wich vor ihnen zurück. »Ich kann nicht fort – ich kann nicht!«
»Es könnte gefährlich werden, wenn Sie bleiben.«
»Ja, ja, das sein mir klar, aber . . .« Er brach in einen Schwall Französisch aus, und Max seufzte, ehe er übersetzte. »Seine Frau ist krank. Er sagt, Allah hat ihm eine Perle von Weib geschenkt, und sie lieben einander. Sie darf nicht transportiert werden, und er kann sie nicht verlassen.«
»O je«, murmelte Mrs. Pollifax und empfand tiefes Mitleid mit ihm. Er war ein einfacher Mann mit den Sorgen und Problemen eines einfachen Mannes. Wahrscheinlich lebte er am Rand der Armut, mußte sich nach der Decke strecken, sorgte sich um seine kranke Frau, und doch hatte ihn etwas zu einem ungewöhnlichen Mann gemacht, etwas, das ihn von seinen Nachbarn abhob. Er hatte nichts von einem Rebellen an sich, und doch hatte er ein gefährliches geheimes Leben auf sich genommen und das ohne jede finanzielle Entschädigung. Sie fragte sich, was ihn dazu bewogen hatte: Ungerechtigkeit, die ihm in

diesem Land zuteil geworden war? Oder hatte er Freunde bei den Polisarios? Oder gehörte er zu einem Stamm, der einst unter dem weiten Himmelszelt der Wüste seine Zelte aufgeschlagen hatte? Sie sagte sanft: »Es ist vielleicht alles in Ordnung, Max. Wenn Muhammed nur dem Mann vor uns in Zagora bekannt ist und der sich als der Richtige herausstellt . . .«
»Wer spricht da von Wunschdenken?« rief Max. »Jetzt ist es wie russisches Roulette, wir haben schließlich nur noch zwei Männer zu überprüfen!«
Sie drehte sich Muhammed zu. »Fragen Sie ihn bitte, ob er in letzter Zeit etwas aus dem Süden, von dem Mann in Zagora, gehört hat.«
Muhammed trat an den Wandkalender, auf dem in fetter Schrift das islamische Jahr 1410 stand. Sein Finger fand einen Monat und fuhr die Zahlen nach, bis er zu einem kleinen x in der Ecke kam, dann murmelte er etwas.
»Er sagt, vor drei Wochen«, übersetzte Max. »Ein längeres Schweigen als üblich, wie er meint.«
»Klingt nicht gut«, murmelte Mrs. Pollifax beunruhigt. »Er *muß* etwas zu seinem Schutz tun. Sagen Sie ihm bitte, daß er die Gefahr nicht unterschätzen darf und daran denken soll, was aus seiner Frau würde, wenn man ihn verhaftete!«
Muhammed hob eine Hand und deutete. »Kommen Sie!« forderte er die beiden auf. »Ich zeigen.« Er hob einen Vorhang an der hinteren Wand zu Seite und führte sie durch einen kurzen Gang zu einer dämmerigen Kammer, in der sechs Frauen um die Kranke kauerten. Bei ihrem Eintreten erhoben sich die formlosen schwarzen Schatten und flüchteten aus der Kammer. Nur Muhammeds Frau blieb auf einer Matte liegen.
Muhammed redete sanft zu ihr und winkte Mrs. Pollifax

herbei. Sie trat näher und blickte auf sie hinunter. Sie war von auffallender Schönheit wie eine Madonna, und ihre Augen wirkten durch das *Kajal* besonders groß. Sie lächelte und streckte einladend eine Hand aus.

Mrs. Pollifax nahm ihre Hand und hielt sie fest. »Schukran – und hallo«, stammelte sie. »Max, was hat sie denn?«

»Muhammed hat gesagt, daß sie vor vier Tagen ihr Kind verlor. Es lag verkehrt und wurde tot geboren. Ein Wunder, daß sie es überlebt hat.«

»War ein Arzt dabei?«

»Eine Hebamme. Jetzt ist sie sehr schwach, ihr fehlt Kraft und ...«

»Wille«, sagte Mrs. Pollifax für ihn. Sie blickte nachdenklich auf Muhammeds Frau, dann griff sie in ihre große Handtasche und holte den Glasbehälter mit Multivitamintabletten sowie einen 200-Dirham-Schein heraus. Sie reichte Muhammed die Tabletten und sagte: »Bitte zwei dieser Tabletten ...« Sie hob zwei Finger. »Zwei pro Tag, und von diesem Geld einen Arzt und vielleicht mehr zu essen.«

Er wich zurück, aber Mrs. Pollifax sagte streng: »Nicht für *Sie,* Muhammed. Das ist für Ihre Frau, die Perle, die Allah Ihnen schickte, damit Sie eine Wahl haben – wegzugehen, oder sich zu verstecken, oder zu bleiben.«

»Aber so viel!« keuchte er, als er den Wert der Note sah. Er hob die Augen zu Mrs. Pollifax und sagte leise: »Sie sprechen von Allah – Sie kommen von Allah.« Er legte eine Hand auf sein Herz. »Schukran, Madame.«

»Wir müssen weiter«, mahnte Mrs. Pollifax Max. »Es ist schon Nachmittag, und wenn wir uns nicht beeilen, erreichen wir Zagora heute nicht mehr – es sind noch gut hundertdreißig Kilometer, nicht wahr?«

Max nickte und übersetzte das für Muhammed, dann fügte er hinzu: »Vielleicht sollten Sie Ihr Geschäft ein paar Tage schließen?«
Muhammed nickte abwesend und blickte seine Frau an. »Wenn Allah will«, murmelte er, »wenn Kraft zurückkehren ... Wir sein *baranis* hier – Fremde –, aber vielleicht in ein paar Tagen, mit Geld es Möglichkeit geben wegzugehen. Sie uns geben Hoffnung. Allahs Segen mit Ihnen, Sir und Madame.«
Sie hatten die Tür zur Straße erreicht, als er ihnen nachrief: »Bitte, warten.«
Sie drehten sich um.
Er redete schnell und eindringlich in Französisch auf Max ein, der bestürzt wirkte, wie Mrs. Pollifax fand.
»Was ist los?« erkundigte sie sich.
»Nach zahllosen Entschuldigungen«, antwortete Max, »erklärte er, daß er zwar bei seiner Frau bleiben muß, sie aber einen Sohn haben, ihren einzigen. Er erbietet sich, das Geld zurückzugeben, ja uns alles zu geben, wenn wir den Kleinen mit uns nach Zagora nehmen und zum Haus der Schwester seiner Frau bringen, denn wenn Gefahr besteht, hält er es für klüger, daß der Junge nicht hier ist.«
Sie sagte rasch: »Aber natürlich können wir das tun, nicht wahr, Max? Sagen Sie ihm, er soll sein Geld behalten. Und ja – *oui* –, wir nehmen das Kind mit.«
Max machte eine Geste komischer Hilflosigkeit. »Die Dame – Tante Emily, meine *'amma*«, erklärte er Muhammed, »sagt *oui*.«
»Ahhhh«, murmelte Muhammed, und dieses Ahhh war die Lösung der ganzen Anspannung, die sich während des Wartens auf die Antwort aufgestaut hatte, und verriet seine wachsende Besorgnis mehr als Worte es gekonnt

hätten. »Danke, danke, er sein soeben heimgekommen. Er sein neun Jahre, heißen Ahmad.«

»Sagen Sie uns, wohin wir ihn bringen sollen. Adresse und so.« Max holte Notizbuch und Kugelschreiber heraus, und Muhammed erklärte umständlich auf Arabisch und Französisch, dann verschwand er, um den Jungen zu holen.

»Hier ist er«, sagte er, als er rasch zurückkam.

Der Junge trat aus dem dämmrigen Korridor und blickte scheu auf Mrs. Pollifax. Als sie ihn sah, lachte sie. »Wir kennen uns bereits! Das ist Ihr Sohn Ahmad?«

Es kostete einige Minuten zu erklären, daß Mrs. Pollifax die Touristendame war, die Ahmad zwei Dirham geschenkt hatte, mit denen er Orangen und Süßigkeiten für seine Mutter gekauft hatte.

Muhammeds Augen leuchteten auf und er nickte. »Er Sie schon mögen – *bon!*« Voll Stolz fügte er hinzu. »Er können Englisch viel besser als ich, Sie werden sehen. Ahmad, heute abend du werden sein in Zagora bei dein 'amma.«

»Nur, wenn wir sofort aufbrechen«, warf Max ein. »Sagen Sie ihm, er soll hinter uns gehen, bis wir bei unserem Laster sind. Dort ziehen wir Dschellabahs an und sind keine Touristen mehr.«

Muhammed umarmte seinen Sohn und murmelte ihm etwas ins Ohr. Mrs. Pollifax verstand nur die Worte *Allah* und *Bismallah*, dann öffnete ihnen Muhammed die Tür. *»Nehna abid Allah«*, sagte er zu Max.

Max nickte ernst. »Ja, wir sind alle Diener Allahs. Leben Sie wohl, Muhammed, und seien Sie vorsichtig.«

12

Sie verließen das Friseurgeschäft als Touristen, und während Ahmad in einigem Abstand hinter ihnen hertrottete, hielten sie an einem Souk an, um Plastiksandalen zu kaufen, und erstanden dann in einem anderen, was sie an Eßbarem mitnehmen konnten, was sich wiederum als Orangen und Ölsardinen erwies, sowie schwarze Oliven, zwei Flaschen Mineralwasser und fünf Flaschen Cola, wodurch ihre Mittel weiter schrumpften. Ein ganzer Trupp bettelnder Jungen folgte ihnen vom Marktplatz aus. Sie waren so hartnäckig, daß sie schließlich Ahmad bitten mußten, sie wegzuschicken; denn Touristen in einen so klapprigen Laster steigen zu sehen wäre zu einem aufregenden Gesprächsthema geworden, und sie hätten sich nur zu gut daran erinnert, wenn sie später befragt worden wären.

Ahmad drehte sich zu den Kindern um und zischte sie an.

»Was sagt er?« fragte Mrs. Pollifax.

Max grinste. »Wir haben einen schlechten Einfluß auf den Jungen, er verwünscht sie.«

»Wie?«

»Die bildhaftesten Verwünschungen waren ›Allah schicke euch Fieber‹, und ›Allah schicke euch Fieber ohne Schweiß!‹«

Mrs. Pollifax unterdrückte ein Lächeln und sagte würdevoll: »Danke, Ahmad, vielen Dank.«

Als sie die Bettelkinder los waren, zeigten sie Ahmad, wo ihr Laster stand. Sein Anblick faszinierte ihn sichtlich; fast ehrfurchtsvoll kletterte er ins Führerhaus, berührte vorsichtig das Lenkrad und den Ganghebel und lächelte voll tiefer Zufriedenheit. Als er auf Max und Mrs. Pollifax blickte, während sie sich umzogen, bemerkte er, daß Mrs. Pollifax sich sehr unbeholfen mit dem Schleier anstellte. »Nein, nein!« rief er lachend über ihre Verwandlung von *nasrani* zur Einheimischen, dann befestigte er grinsend den Schleier für sie. Das führte zu ein bißchen Urlaubsstimmung, die bedauerlicherweise kurz war, weil der Reiseführer auf weitere Berge hinwies, ehe sie die Ebene erreichten, und schon jetzt war es zweifelhaft, daß sie Zagora noch vor Einbruch der Nacht erreichen würden. Auf ihrer Karte war nichts von Bergen zu erkennen, aber leider erwies sich der Reiseführer als richtig. Sie mußten wieder südwärts Richtung Wüste und Grenze fahren, und der erste Teil ihrer Reise war steil und brachte sie hoch über den Dra. Aus schwindelerregender Höhe blickte Mrs. Pollifax angespannt hinunter auf das grüne Tal, durch das sich der Fluß ebenso wild schlängelte wie die Tausende von Fuß über ihm aus den Felsen gehauene Straße, auf der sie fuhren. Das Dratal war fruchtbar und Ziegen und Schafe weideten an den steilen grünen Hängen, aber sie konnte dieses ländliche Idyll nicht würdigen, weil sie nur daran dachte, wie leicht sie da hinunterstürzen könnten.

Doch der Volvo ächzte und stöhnte zwar, aber er fuhr. Er hatte eine eigene Persönlichkeit entwickelt, fand sie, und wie die Menschen dieser Berge hatte er sich an Unterernährung und Armut gewöhnt und war hartnäckig und stoisch geworden. Ahmad saß zwischen ihr und Max und hielt ihre Hand fest. Hin und wieder blickte er zu ihr hoch und lächelte sie an; und wenn sein englischer Wortschatz auch beschränkt war, so sprachen doch seine Augen für ihn; sie hatte ihm eine Zweidirhammünze geschenkt, eine so geringe Summe, und dafür bekam sie nun die ganze Dankbarkeit seines Jungenherzens. Er

machte sich keine Sorgen um versagende Bremsen oder Steuerung, sein Vertrauen war unerschütterlich.
Max dagegen wirkte angegriffen. Sie hatten lange noch die Hoffnung gehegt, Zagora vor Einbruch der Dunkelheit zu erreichen, aber aus dem Wagen war nicht mehr herauszuholen, und schon jetzt legten sich Schatten auf das Tal unter ihnen und dann über die Straße, als die Sonne tiefer sank.
»Wir schaffen es heute nicht mehr bis Zagora«, sagte Mrs. Pollifax schließlich tonlos.
»Wir müssen verdammt viel Glück haben, wenn wir diese Haarnadelkurven hinter uns bringen, solange es noch hell ist«, knurrte er.
Mit großer Erleichterung rollten sie schließlich den letzten Hang hinunter und blickten durch die Dämmerung auf die Straße, die sich meilenweit flach vor ihnen erstreckte.
»Gott sei Dank«, hauchte Max.
Mrs. Pollifax nickte. »Wir müssen anhalten; wir wissen nicht, was uns in Zagora erwartet, und wir brauchen Schlaf, Essen und Tageslicht.«
Er warf einen raschen Blick auf sie. »Stimmt.«
Sie begannen nach einem Fleckchen Ausschau zu halten, wo sie von der Straße aus nicht gesehen werden könnten. Sie kamen an einer winzigen Ortschaft vorbei, wo sie die schwarze Silhouette einer Frau mit Brennholz auf dem Rücken sahen, und etwa zwei Kilometer später entdeckten sie eine Ansammlung Olivenbäume. Max fuhr den Laster zwischen die Bäume, und als er sicher war, daß sie nicht mehr gesehen werden konnten, stellte er den Motor ab. Die Stille war ungebrochen: Sie hörten weder Wagen noch Menschen, ja nicht einmal Vögel; es war die Stille vor dem Sonnenuntergang.

»Nach meinen heutigen Fahrkünsten«, sagte Max grimmig, »dürften meine Nerven stark genug für den Grand Prix sein. Die Reifen dieses Lasters sind völlig abgefahren, die Räder besitzen ein Eigenleben, bremsen ist ein Abenteuer, und wir haben Straßen geschafft, die mehr Kurven als eine Bauchtänzerin hatten.«

Ahmad blickte ihn glücklich an. »Wenn ich groß bin, werde ich auch Lastwagenfahrer.«

Mrs. Pollifax lächelte ihn an. »Er hat Sie wahrhaftig wie ein Falke beobachtet, Max, jede Ihrer Bewegungen. Kommen Sie, essen wir etwas, dann werden wir uns besser fühlen. Wir haben die Plane hinten im Wagen und die alte Decke, die uns Omar überließ. Wir werden unter den Sternen schlafen.«

Sie kletterten aus dem Führerhaus und auf die Ladefläche. Ihr Essen nahmen sie mit. Mit verschränkten Beinen saßen sie in der zunehmenden Dämmerung, öffneten Sardinendosen und verteilten Cola. Als Mrs. Pollifax sah, mit welcher Begeisterung Ahmad seine Ration verzehrte, vergaß sie, wie sehr ihr Ölsardinen und Orangen bereits zum Hals heraus hingen.

Max blickte sie nachdenklich an. »Ich möchte ja keine unangenehmen Themen zur Sprache bringen, während wir essen – ich weiß, wie schlecht das für die Verdauung ist –, aber wir sollten daran denken, daß wir uns dem Ende unserer Liste nähern, und wenn einer der beiden restlichen Männer auf unserer Liste sich als der böse Wolf erweist, was sollen wir dann tun? Haben Sie schon daran gedacht, daß wir wohl kaum die Anweisungen befolgen und vom nächsten Postamt aus telegrafieren können, da die Polizei inzwischen bestimmt schon hinter uns her ist und jedes Postamt, jede Bank und jedes Hotel benachrichtigt hat.«

»Natürlich habe ich daran gedacht, und auch andere Probleme habe ich mir durch den Kopf gehen lassen«.

»Probleme?« wiederholte er mit spöttischem Lachen. »Probleme?«

»Sie sind müde«, sagte sie.

»Wußten *Sie,* in was Sie da verwickelt würden?« fragte er gereizt. »Hatten Sie eine Ahnung, daß wir uns vor der Polizei verstecken müßten?«

»Natürlich nicht. Bishop sagte, es würde eine angenehme Ausflugsfahrt durch das echte Marokko werden, bei der ich nichts zu tun brauchte, als sieben Personen mit sieben Fotografien zu vergleichen.«

»Ich bin nahe daran, hysterisch zu lachen.«

»Schlafen wäre besser«, gab sie zu bedenken. »Doch wenn Ihnen danach ist, hysterisch zu lachen, dann tun Sie es, aber bitte leise.«

»O verdammt, wo ist die Decke?« brummte er, und als sie sie ihm gab, legte er sich hin und schloß sofort die Augen.

Sie schliefen eng aneinandergekuschelt unter der Decke und der Plane, gewärmt durch die gegenseitige Körperwärme, und waren viele Stunden lang zu erschöpft, die zunehmende Kälte der Januarnacht im Freien zu spüren. Als Mrs. Pollifax davon schließlich doch erwachte, stellte sie fest, daß Max nicht mehr neben Ahmad lag.

»Max?« flüsterte sie stockend.

»Bin schon noch hier«, erklang seine Stimme heiter vom hinteren Ende der Ladefläche. »Mache nur ein paar Liegestützen, um mich zu wärmen.« Er kehrte zurück und sie sah seine Silhouette gegen den dunklen Himmel, ehe er sich setzte und seinen Deckenanteil über die Hüften zog. »Ein Königreich für eine Tasse Kaffee! Wie spät ist es?«

»Halb vier.«
»Sie haben doch hoffentlich geschlafen?«
»Herrlich, und jetzt ist plötzlich Donnerstag. Warten wir bis es hell wird, ehe wir weiterfahren?«
»Das ist wahrscheinlich das beste. In einer Stunde dürfte es soweit sein. Wir können uns inzwischen Geschichten erzählen.«
Sie lächelte. »Kennen Sie eine gute?«
Er überlegte kurz. »Ich weiß nicht, ob sie gut ist, aber ich muß immer wieder an sie denken, seit ich mich für den Maghreb interessiere und für seine Abenteurer, seine Geschichte und Kulturen. Es ist eine Geschichte über wirkliche Leute, eine Vignette, die ich sehr mag.«
»Erzählen Sie«, forderte sie ihn auf.
»Ich überlege, wie ich es angehen soll, denn erst muß man den Charakter verstehen, bevor man die überwältigende Ironie und Überraschung begreifen kann. Haben Sie schon einmal von Lyautey gehört? General Lyautey?«
Mrs. Pollifax überlegte. »Ich glaube ja, sein Name ist mir auf den paar Seiten über die Geschichte Marokkos im Reiseführer ein paarmal ins Auge gesprungen.«
Max nickte. »Er war der erste hier residierende General von Marokko, nachdem die Franzosen es schließlich an sich gebracht hatten und 1912 zum Protektorat erklärten. Aber er war zuvor – nachdem er seine Karriere als Kolonialoffizier in Indochina begonnen hatte und danach in Madagaskar eingesetzt gewesen war – in Algerien, das die Franzosen bereits besetzt hatten. Lyautey war die Art Mann, dessen Ambitionen und Fähigkeiten größer waren als seine Verbindungen in Frankreich, weshalb er sich vernünftigerweise für den Kolonialdienst entschied. Er erhielt das Kommando über einen Vorposten in Aïn Sefra

in der algerischen Wüste, wo er die kriegerischen marokkanischen Stämme daran hindern mußte, die Grenzen zu durchbrechen und sich auf seinen Nachschub zu stürzen.

Okay«, sagte er und begann mit der eigentlichen Geschichte. »Stellen Sie sich einen aristokratischen Typ vor, intellektuell, egoistisch, ohne Interesse an Frauen, ohne Zeit und Geduld für Freunde. Brillant, natürlich. Anspruchsvoll, energisch, streng, genau, seinen Männern alles abverlangend ...«

Sie lächelte. »Ich verstehe.«

»Gut. Und nun frage ich Sie, haben Sie je den Namen Isabelle Eberhardt gehört?«

Wieder überlegte sie. »Eine Forscherin? Oder eine dieser viktorianischen reisenden Frauen?«

»Eine Reisende ohne Zweifel, aber sie war auch ...« Er zögerte. »... auch eine Rebellin, eine erstaunliche Rebellin – bis zur Selbstzerstörung, könnte man sagen – und schließlich eine von der Gesellschaft Verfemte. Nach einer Reise hierher war sie schon als Mädchen vom Maghreb verzaubert und setzte alles daran, dorthin zu kommen, was ihr schließlich auch gelang. Sie trat zum Islam über und heiratete einen einheimischen Spahioffizier – Sie können sich vorstellen, wie man sich darüber die Mäuler zerriß, obwohl er naturalisierter Franzose war –, gab jedoch ihre Reisen durch Nordafrika nicht auf, wodurch sie sich auseinanderlebten. Sie kleidete sich als Mann, nannte sich Sidi Mahmoud Saadi, wurde zur Nomadin, streifte mit den Eingeborenenstämmen herum und sah sich häufig der Verachtung sowohl von Europäern wie Algeriern ausgesetzt.«

Max machte eine kurze Pause, dann fuhr er fort. »Eines Nachts, auf dem Rückweg in sein Zelt, stolperte General

Lyautey über einen schlafenden Mann, der sich in eine Decke gekuschelt hatte. Es war der Mann, der sich Sidi Mahmoud nannte.«

»Isabelle Eberhardt!«

»Ja. Und als er erfuhr, wer sie war – sie hatte zu jener Zeit einen etwas zweifelhaften Ruf –, lud er sie in sein Zelt ein, und sie unterhielten sich bis zum Morgengrauen. Von da an kam sie jede Nacht in sein Zelt, und sie unterhielten sich – worüber weiß nur Gott –, diese Ausgestoßene, die jede Regel der viktorianischen Gesellschaft gebrochen hatte, und dieser ehrgeizige, scheinbar kalte und pedantische Mann.

Und«, fügte Max hinzu, »Lyautey soll gesagt haben, daß er in seinem ganzen Leben nur einmal wahre Freundschaft erlebt hat, und zwar – so kurz sie auch war – mit dieser Frau.«

Mrs. Pollifax war das Wort *kurz* nicht entgangen. »Wieso kurz?«

»Sie ertrank Monate später bei sintflutartigen Regenfällen in einem Haus in jenem abgelegenen Vorposten Aïn Sefra –, sie war erst siebenundzwanzig!«

Mrs. Pollifax schwieg, und Max wartete auf eine Reaktion. »Sie muß sehr verzweifelt einem Traum nachgejagt sein«, sagte sie schließlich leise. »Die Geschichte hört sich nach einer leidenschaftlichen und gequälten Frau an, der aber doch das Schicksal ein bißchen zugelächelt hat, finden Sie nicht? Als wäre sie in diesen winzigen Wüstenort gezogen worden, um zu sterben – doch zuerst, um diesem Mann zu begegnen, ihn kennenzulernen und sein Leben zu beeinflussen, und vielleicht – wer weiß? –, um zum erstenmal in ihrem Leben verstanden zu werden. Welch eine seltsame Geschichte, Max.«

»Ich sammle seltsame Geschichten«, gestand er. »Ich

kann nur hoffen, daß ich nicht vor Ende dieser Woche selbst zum Akteur in einer werde!«

Es war nicht mehr ganz so dunkel, so konnte sie sein flüchtiges Lächeln sehen, aber es war kein glückliches Lächeln. Vor den Olivenbäumen, auf der Straße, knatterte ein Lastwagen vorbei. In einer Stunde würde es hell sein, dann würden sie wieder versuchen, Zagora zu erreichen und nach dem Informanten Nummer sechs schauen, dessen Name Sidi Tahar Bouseghine war und der Teppiche verkaufte. Sie schauderte, und Max fragte: »Ist Ihnen kalt?«

Deprimiert sagte sie leise: »Ich glaube, ich sollte wohl auch ein paar Liegestützen machen.«

13

Mornajay flog gleich am Nachmittag nach Marrakesch. Er war zwar noch ein wenig verärgert, daß er seinen Urlaub in Spanien hatte abbrechen müssen, aber er fragte sich mit wachsendem Interesse, was er in Marokko herausfinden würde. Er spürte eine Herausforderung, die ihn an jugendlichere Jahre erinnerte, als er sich in der noch in der Entstehung begriffenen CIA hocharbeitete und des öfteren in fremde, wenig einladende Städte kam und nicht mehr wußte als den Namen eines Kontaktmannes, der vielleicht, vielleicht aber auch nicht, helfen würde, wenn er überhaupt zu finden war. Nun hatte er die Liste mit den sieben Orten bei sich, die ihm Carstairs übers Telefon genannt hatte, sowie die Namen der sieben Informanten; und indem er seine Beziehungen spielen ließ, war er auf den Namen eines jungen Mannes in Marrakesch gestoßen, den er würde ausfragen können, ohne den wahren Grund seines Hierseins verraten zu müssen. Deshalb hatte er Marrakesch als Ausgangsbasis gewählt, aber auch wegen der Nähe zum Land hinter dem Hohen Atlas.

Er trug einen untadelig geschneiderten weißen Anzug, der seine dichte graue Löwenmähne vorteilhaft betonte, auf die er stolz war, wie er selbst zugab. Die sechs Tage in Spanien hatten sein Gesicht gebräunt, was seinen kühlen grauen Augen einen Hauch von Wärme verlieh. Ein ganzes Jahr war vergangen, seit ihn eine unerwartete Botschaft aus Thailand von seinem Schreibtisch gerissen und eine persönliche Tragödie ihm ein wenig von seiner Schroffheit genommen hatte.* Aber er war immer noch ein Mann aus Eis, nur ein kleines bißchen weniger unbeliebt und nur eine Spur weniger egoistisch. Er war Carstairs' Vorgesetzter bei der CIA in jeder offiziellen Angelegenheit, doch es war ein Zeichen seiner inneren Veränderung, daß er, soweit es die Atlas-Gruppe betraf, seine Befugnisse mit vier anderen teilte.

Am Flughafen nahm er ein Taxi zum Hotel Mamounia, in dem er telefonisch ein Zimmer bestellt hatte. Hier hob sich sogleich seine Stimmung. Er mochte Luxus, und das erst vor kurzem renovierte Hotel war wie eine Reise in Tausendundeine Nacht, mit einem Hauch Art déco gewürzt. Von seinem Zimmer aus rief er einen Kenneth Bartlett an, dem er mitteilte, daß er ihn in einer Stunde aufsuchen würde. Dann bat er die Rezeption, ihm einen Wagen für eine siebentägige, angebliche Ausflugsfahrt zu mieten. Er wechselte in sportlichere Sachen, packte in eine Tasche ein Fernglas, zwei Pullover, Stiefel, Windjacke und Wollmütze, Rasierzeug und etwas, das in jeder

* *Mrs. Pollifax und das Goldene Dreieck* von Dorothy Gilman, Knaur Band 1794

Beziehung wie eine Kamera aussah, in Wirklichkeit aber eine Schußwaffe war, und schlang sich einen echten Fotoapparat über die Schulter. Mit der Tasche in der Hand schlenderte er durch das riesige Foyer mit seinen Spiegeln, weichen Sitzbänken und Skulpturen, und nachdem er den Mietvertrag für den Renault unterschrieben und seine Landkarte studiert hatte, fuhr er los, um Kenneth Bartlett, seinen Kontaktmann, zu suchen.

Da die Anwesenheit der CIA in Marokko eigentlich geheim war – der Kongreß wäre darüber nicht erfreut –, fand er seinen Mann nahe der Avenue Mohammed V. im ersten Stock über einem Straßencafé in einem unscheinbaren Büro. An der Tür stand wie üblich IMPORTE. Als er sie öffnete, sah er sich mehreren Aktenschränken und Computern, Wandkarten und Büchern und zwei Schreibtischen gegenüber. Hinter einem saß jemand. Eine verschlossene Tür führte zu einem zweiten Zimmer, von dem er annahm, daß sich darin die geheime Kommunikationszentrale befand.

Der junge Bartlett kam hinter seinem Schreibtisch hervor und streckte die Hand aus. »Mr. Mornajay, Sir, welche Ehre!« Er strahlte über das ganze sommersprossige Gesicht.

Mornajay freute sich, daß sich sein Instinkt offenbar als richtig erwiesen hatte. Bartlett sah aus, als wäre er erst vor kurzem von der Universität gekommen, noch unerprobt und der Typ eines jungen Mannes, der sich mehr für Statistiken und Computer als für Heldentaten begeisterte. Er schüttelte die angebotene Hand, ließ sich in den Sessel neben dem Schreibtisch fallen und wiederholte gleichmütig, daß er auf Urlaub sei, hier im Büro nur guten Tag sagen und fragen wolle, ob Mr. Bartlett ihm vielleicht ein paar gute Tips geben könne, wo man gut essen konnte und was sich zu besichtigen lohnte.

»Nun, natürlich den Place Djemma el Fna«, sagte Bartlett eifrig, »allerdings wird man Geld verlangen, wenn Sie irgendwo stehenbleiben, um sich etwas anzusehen. Dort hat man Jenkins«, er deutete auf den momentan unbesetzten Schreibtisch, »die Brieftasche gestohlen. Deshalb ist es vielleicht empfehlenswert, nachts langsam daran vorbeizufahren, wenn jeder Stand mit Laternen beleuchtet ist. Das sieht dann in der Dunkelheit wie eine ganze Wiese voll Glühwürmchen aus.«

Doch *nicht nur* Statistiken, korrigierte sich Mornajay.

»Und natürlich die Koutoubia – die Moschee ist berühmt! –, nur dürfen Sie leider nicht hinein.«

Mornajay bekundete sein scheinbares Interesse, indem er etwas in sein Notizbuch kritzelte, dann sagte er glatt: »Ich sehe, daß Sie Ihren Aufenthalt hier nutzen. Hat man Ihnen interessante Arbeit gegeben? Tut sich momentan irgend etwas Aufregendes?«

Bartlett wirkte besorgt. »Nun ja, es ist offenbar zu einer plötzlichen Aufregung gekommen – deshalb ist Jenkins auch nicht hier. Es ist alles ziemlich verworren. Jedenfalls hat die Polizei unsere Unterstützung angefordert – nur bin ich mir nicht ganz sicher, daß es auch wirklich die Polizei ist. Wenn Sie wissen, was ich meine, Sir.«

Mornajay versicherte ihm, daß er es wußte.

»Man hat einen Toten in der Nähe von Erfoud in oder hinter einer Moschee gefunden. Erschossen. Und sein Wagen war dort abgestellt. Aber er reiste mit einer Frau, einer Amerikanerin . . .«

Mornajays Miene verriet in keiner Weise sein plötzlich sehr starkes Interesse. »Eine Amerikanerin, sagen Sie?«

». . . von der angenommen wird, daß sie ihn ermordet hat. Jedenfalls ist sie verschwunden, was in Marokko gar nicht so leicht ist, zumindest nicht für eine Amerikanerin, eine einzelne Frau, noch dazu, wo es in diesem Landesteil kaum Touristen gibt. Wenigstens nicht im Januar. Es ist sehr mysteriös, aber was mir zu schaffen macht, Sir ...«

»Keine Erwähnung von einem Komplizen? Wurde der Name des Toten genannt?« fragte Mornajay etwas schärfer.

Bartlett schüttelte den Kopf. »Nein, Sir, aber da ist ein anderes Problem. Also ich bestand darauf, hier im Büro zu bleiben, deshalb ist Jenkins unterwegs, um mit den Oberen zu konferieren, aber die Frage ist: Habe ich meine Pflichten vernachlässigt? Die Polizei ersuchte uns so verzweifelt um Hilfe, aber ich verstehe nicht, weshalb *wir* – also, mir ist klar geworden, daß ich nicht die Nerven habe, bei der Jagd auf eine *Amerikanerin* mitzumachen.«

»Befehle muß man natürlich ausführen«, sagte Mornajay salbungsvoll, »aber in diesem Fall glaube ich, hatten Sie recht, sich auf Ihre Nerven zu verlassen. Es ist deren Angelegenheit. Nur wenn sie die Frau finden, wird es unsere.«

»Ich bin so froh, daß Sie das so sehen, Sir«, sagte Bartlett dankbar. »Aber trotzdem macht es mir Angst, wissen Sie? Sie jagen landesweit nach dieser Mrs. Pollifax.«

Mornajay kniff die Augen zusammen. »Pollifax?« Carstairs hatte von einer Agentin gesprochen, ohne ihren Namen zu nennen. »Sagten Sie tatsächlich *Pollifax?*«

Bartlett nickte. »Seltsamer Name, nicht wahr?«

Richtiggehend erschüttert dachte Mornajay: *Nein, unmöglich! Es muß jemand anderes sein!* Er hörte Bartlett sagen, wenn es ihr gelänge, weit genug in den Süden zu fliehen, würde sie vielleicht auf Amerikaner stoßen, beispielsweise auf die Techniker von Westinghouse, die die elektronische Grenze installierten, um die Polisarios aus der Westsahara fernzuhalten, aber das sei *sehr* weit von Erfoud entfernt.

Mornajay unterbrach ihn. »Haben Sie eine Beschreibung dieser Frau?«

Bartlett stand auf, ging zu Jenkins Schreibtisch und brachte ein Blatt Papier herbei. »Sogar eine sehr genaue«, versicherte er ihm.

Mornajay bemühte sich um einen gleichmütigen Ton, als er sagte: »Da fragt man sich doch, wie die Polizei oder der marokkanische Geheimdienst so eingehend eine Frau beschreiben kann, die sie nie gesehen haben.«

Bartlett warf ihm einen scharfen Blick zu, las jedoch lediglich die Beschreibung der Frau vor, nach der gefahndet wurde.

Großer Gott! dachte Mornajay. Es war einfach unglaublich, doch das war die Beschreibung der Frau, die er vor einem Jahr in Thailand kennengelernt hatte, als sie auf der Suche nach ihrem Mann in den Bergen herumgewandert war; aber absolut nichts hatte darauf hingewiesen, daß sie mehr als eine ganz normale Touristin gewesen war. Es war wirklich unvorstellbar, ja unmöglich, doch jetzt wollte er es unbedingt genau wissen. Er sagte: »Ferngespräche gehen über Rabat, nicht wahr? Aber Sie haben doch eine Direktverbindung nach Virginia?«

»Ja.« Bartlett blickte ihn erstaunt an.

»Gut.« Mornajay nickte. »Würde es Ihnen etwas ausmachen«, fragte er höflich, »wenn ich einen Anruf mache, um etwas zu klären?«

»Bitte bedienen Sie sich.« Bartlett führte ihn in das anschließende Zimmer und ließ ihn allein. In wenigen Minuten und ohne jegliche Störung hatte Mornajay Carstairs am Apparat.

Er sagte ruhig: »Ich bin jetzt in Marrakesch und muß Sie

etwas Wichtiges fragen, ehe ich weitere Schritte unternehme. Von den beiden – eh – Freunden, nach denen ich hier sehen soll, ist einer eine Frau, deren Namen Sie nicht erwähnten, und das werde auch ich jetzt nicht, verstehen Sie? Aber ich muß wissen, ob diese Frau vor einem Jahr in Thailand war?«

Er hörte, wie Carstairs den Atem einsog. »Was, in aller ... Ja, sie war in Thailand, aber woher ... Großer Gott«, das klang verblüfft, »Sie waren ja im selben Monat in Thailand. Heißt das, daß Sie sie dort *kennengelernt* haben?«

Mornajay antwortete nicht darauf. »Sie hat damals für Sie gearbeitet. Sie hat die ganze Zeit für Sie gearbeitet?«

»Ja«, erwiderte Carstairs, »aber Sie haben meine Frage nicht beantwortet.«

Mornajay lachte. »Welche Ironie des Lebens! Ich hielt sie für eine verdammt leichtsinnige Touristin, und das sagte ich ihr auch, und sie nahm an, daß ich für den DEA arbeite. Wenn es dieselbe ist – und ich möchte nicht verheimlichen, daß sie hier momentan sehr gefragt ist, wenn Sie verstehen –, weiß ich wenigstens, wen ich suche, und kann ihre Möglichkeiten einschätzen.«

»Die Lage sieht nicht gut aus?« fragte Carstairs.

»Alles andere als das. Eine Nadel im Heuhaufen suchen, trifft es am ehesten.«

»Was werden Sie tun?«

»Ich habe nicht die geringste Ahnung«, antwortete Mornajay und legte auf.

Als er ins vordere Büro zurückkehrte, blickte Bartlett von seinem Computer auf. »Sind Sie gleich durchgekommen?« erkundigte er sich, und als Mornajay nickte, sagte er verlegen: »Sir, dürfte ich Ihnen eine Frage stellen, die mir keine Ruhe läßt?«

»Fragen Sie.«

Bartlett zog die Brauen zusammen. »Nun, Sir, mir ist die strategische Position dieses Landes am Mittelmeer klar, und man sagte mir, wir dürfen nicht zulassen, daß der König hier wie der Schah von Iran gestürzt wird. Wir sind deshalb hier und stärken ihm den Rücken. Amerikanische Ausbilder weisen marokkanische Piloten in Raketenabwehrtaktiken ein; und alle haben Angst, daß der Krieg die Position des Königs schwächen wird; aber ich verstehe noch immer nicht so recht, warum die Marokkaner diesen Krieg überhaupt *führen*.«

»Oh?« murmelte Mornajay ermutigend.

»Ja, ich frage Leute – in Kaffeehäusern zum Beispiel. Marokkaner meine ich. Einer sagte, die Polisarios sind Söldner der Algerier – weil Algerien einen Hafen am Meer haben will – aber das verstehe ich auch nicht so recht, denn Algerien hat doch Häfen am Mittelmeer. Ein anderer sagte, weil Westsahara einmal ein Teil von Marokko war...« Seine Brauen zogen sich noch fester zusammen.

»Ich glaube, ich kann es Ihnen einigermaßen erklären«, sagte Mornajay mit dünnem Lächeln. »Es begann 1956, als Marokko seine Unabhängigkeit von Frankreich erlangte. In einem Ausbruch nationalistischen Eifers erklärte der damalige Führer der Istiklal-Partei, Mohammed Allal Fassi, daß Marokko nie wirklich eine Einheit werden könne, wenn es nicht alle Länder annektiere, durch die Sultane und marokkanische Armeen seit dem fünfzehnten und sechzehnten Jahrhundert gezogen sind.« Trocken fügte er hinzu: »Wenn man die Hunderte von Raubzügen in die Wüste nach Gold und Sklaven mitrechnet und die Handelsniederlassungen, die errichtet und wieder aufgegeben wurden, umfaßt das ein beachtliches Gebiet – beispielsweise besetzten 1599 Marokkaner Timbuktu und hielten es ein paar Jahre lang, aber vernünftigerweise schloß Fassi das wegen seiner Armut und Entlegenheit aus. Er veröffentlichte seine Karte von ›Großmarokko‹, und auch wenn vernünftige Leute diese übertriebenen Ansprüche lächerlich fanden, sah der König das anfangs durchaus nicht, schon gar nicht, weil gegen 1958 seine Beliebtheit nachließ. So unterstützte er Fassis sogenannte Ansprüche auf ein Marokko von der dreifachen Größe des heutigen Territoriums.

Ich sollte erwähnen«, fügte er hinzu, »daß diese Karte von ›Großmarokko‹ nicht nur Westsahara miteinbezieht, sondern auch ein großes Stück von Algerien, ganz Mauretanien und etwa die Hälfte von Mali. Das gefiel Algerien absolut nicht, wie Sie sich vorstellen können. So kam es damals zur Feindschaft, und Algerien bot den Polisarios Zuflucht und unterstützte sie. Denn wenn sich Marokko die Westsahara einverleibt, was dann als nächstes?«

Bartlett starrte ihn entsetzt an. »Aber das ist ja Wahnsinn! Wollen Sie damit sagen, das ist der Grund für diesen Krieg, der schuld an der Armut der Leute hier ist?«

Mornajay tätschelte ihm leicht den Kopf. »Unterschätzen Sie *nie* den Machthunger, mein lieber Bartlett, er macht die meisten von uns zu Spielfiguren und ist selbst in den entferntesten Winkeln unserer Erdkugel zu finden. Aber entschuldigen Sie mich jetzt bitte, ich möchte losfahren. Und vielen Dank für Ihre Tips.«

»Nichts zu danken. Ich freue mich, wenn ich Ihnen helfen konnte. Was werden Sie sich als erstes ansehen?«

»Oh, ich glaube, solange das Wetter so gut ist, nehme ich mir den Hohen Atlas vor, fahre über den Tizi-n-Tichka und sehe mir Zagora an, ehe ich mich den Fleischtöpfen von Marrakesch widme.«

Bartlett runzelte die Stirn: »Aber der Tizi-n-Tichka wurde gestern wegen Schneefall geschlossen – nun, wahrscheinlich ist er inzwischen bereits geräumt.« Seine Miene erhellte sich. »Da kommen Sie ja auch durch Ouarzazate. Jenkins ist dort im Hotel Riad Salaam, falls Sie sich mit ihm in Verbindung setzen wollen.«

Das war interessant. »In dem Gebiet suchen sie also?« Als Bartlett nickte, fand er, daß das sogar sehr interessant war. Er winkte Lebewohl und ging. Der Besuch bei diesem jungen Mann hatte ihm recht nützliche Informationen eingebracht, mit denen er sich näher beschäftigen würde, während er über den Tizi-n-Tichka fuhr, um mit seiner eigenen Suche nach Mrs. Pollifax zu beginnen.

Mrs. Pollifax . . . Er schüttelte den Kopf. Wie erstaunlich, daß sie eine von Carstairs' Agentinnen war und jetzt auch noch einen Auftrag für Atlas durchführte. Es fiel ihm immer noch schwer, sich das vorzustellen, doch er mußte zugeben, wenn sie einen Profi wie ihn getäuscht hatte, war es durchaus möglich, daß sie auch die Leute täuschte, die jetzt hinter ihr her waren. Er fand, daß ihre Bedingungen so schlecht waren wie der Paß hoch, doch nun war es seine Aufgabe, dafür zu sorgen, daß sich ihre Chancen besserten.

Er fragte sich auch, welcher Max Janko in Erfoud getötet worden war.

14

Als der erste Lichtschimmer auf Ahmad fiel, schlug er die Augen auf und rieb sie mit den Fäusten. Er sah Mrs. Pollifax und setzte sich lächelnd auf. »*Guten Tag.* Fahren wir jetzt mit Lastwagen?«

»Auch dir einen guten Tag«, erwiderte sie amüsiert. »Möchtest du eine Orange?«
»Bitte, danke. Fahren wir bald mit Lastwagen?« Er streckte die Arme aus, als lege er sie um ein Lenkrad, und imitierte Motorgeräusche: »Brummmmmmm, brummmmmmm, brummmm.«
»Ja, bald« versicherte sie ihm. »Iß erst eine Orange. Gehst du zur Schule, Ahmad?«
»Madrasa«, übersetzte Max.
Er nickte eifrig. »Einmal, ja.«
»Was bedeutet das?« fragte sie, und Max erkundigte sich. Nach längeren angeregten Fragen und Antworten, wobei Ahmad bei Max' vereinzelten Aussprachefehlern jedesmal laut herauslachte, erfuhren sie, daß Ahmad eineinhalb Jahre lang eine Schule besucht hatte. »Aber es war eine Koranschule, das ist nicht dasselbe wie eine übliche Schule«, erklärte Max, »denn dort wird fast ausschließlich der Koran gelehrt. Doch er sagt, er kann seinen Namen schreiben und auf dem Abakus zusammenzählen und abziehen, und von seinem Vater, sowie von Touristen hat er ein bißchen Französisch und Englisch gelernt. Und wenn er groß ist, möchte er Lastwagenfahrer werden. Wie ich«, fügte er amüsiert hinzu.
»Dann kann ich nur hoffen, daß er mit neueren Lastern fahren wird«, entgegnete Mrs. Pollifax sarkastisch. »Wie weit ist es noch?«
»Es kann nicht mehr sehr weit sein, ein paar Stunden noch – *inschallah*. Nach Ihrem Reiseführer ist Zagora ein hochgelegener Ort mit einer Festung – hoffen wir, daß die Steigung erträglich ist –, und Ahmad sagt, daß seine Tante am anderen Ende, außerhalb von Zagora wohnt, worüber er sehr froh ist, weil er dadurch länger bei uns bleiben kann.«

Als sie ins Fahrerhaus kletterte und sich neben Ahmad setzte, schob er wieder zutraulich seine Hand in ihre. Ihr wurde bewußt, wie sehr er ihr fehlen würde, wenn sie ihn erst bei seiner Tante abgesetzt hatten. Sie fragte sich auch, wie es für ihn weitergehen würde, so entwurzelt wie er jetzt war, und wann sein Vater ihn holen kommen konnte; am schlimmsten war der Gedanke, ob er ihn überhaupt wiedersehen würde, denn es war nicht auszuschließen, daß Muhammed bereits verraten worden war und ihn in Ouarzazate nichts Gutes erwartete.
Hör auf! ermahnte sie sich streng. *Wir haben viel zu tun, und wer weiß, was uns erwartet.*
Sie brachen mit einigem Optimismus auf, doch heute muckte der Laster auf. Nach etwa einer Stunde Fahrt begann der Kühler zu dampfen, und sie verloren viel Zeit, bis er wieder genügend abgekühlt war. Dann hielt der Laster plötzlich an, und sie stellten fest, daß die Benzinuhr nicht richtig anzeigte, und der Tank bereits leer war. Es kostete sie eine gute halbe Stunde, den rostigen Deckel von dem Ersatzkanister aufzukriegen, den Omar erstanden hatte. Sie hatten gehofft, Zagora am Vormittag zu erreichen, doch es wurde Nachmittag, bis sie von der Hauptstraße auf die Nebenstraße abbogen, die zu dem Hotel hochführte.
»Ziemlich abgeschieden von dem doch reichlich lebhaften Treiben im Ortskern«, meinte Mrs. Pollifax. »Aber auf der Fotografie stand ›Sidi Tahar Bouseghine, Teppichverkäufer, in der Nähe von Hotel X, Zagora‹.«
»Sein Name interessiert mich«, sagte Max, »denn in Marokko bedeutet Sidi soviel wie ›Sir‹ oder ›Lord‹, und das wiederum bedeutet, daß er ein Scherif ist.« Er fuhr den Wagen an den Straßenrand, damit sie sich ein genaueres Bild machen konnten. Mrs. Pollifax stellte fest, daß weder

ihr Orientierungssinn noch ihr Gedächtnis sie im Stich gelassen hatte: Etwas unterhalb des Hotels standen kleine Souks, fünf auf jeder Straßenseite; sie hielten einen angemessenen Abstand zum Hoteleingang ein, waren jedoch nahe genug, jedem Touristen, der einen Spaziergang machte, das Gefühl eines Spießrutenlaufes zu geben.

»Was ist ein Scherif?« fragte sie.

»Ein Nachkomme Mohammeds oder Alis. Wie sieht er denn aus?«

»Patriarchalisch«, antwortete sie und rief sich das Bild in Erinnerung. »Ein Turban bedeckte sein Haar, aber sein Bart war weiß. Nicht sehr lang, aber doch so, daß ich an einen Patriarchen denken mußte. Er hatte keine Ahnung, daß ihn jemand fotografierte, er stand mit verschränkten Armen in der Sonne und beobachtete jemanden oder etwas stirnrunzelnd. Sein Gesicht war sehr dunkel, verglichen mit dem Bart, und verwittert. Und er war zweifellos ein Mann, den man nicht vergißt, wenn man ihn einmal gesehen hat, Er hatte ...« Sie suchte nach dem richtigen Wort. »Er hatte *Präsenz*.«

Wie Cyrus, dachte sie lächelnd.

Das Hotel stand am Ende der Straße und sah aus wie ein Palast, was Mrs. Pollifax für eine Ortschaft so nahe der Wüste erstaunlich fand. Es war von einer gepflegten Gartenanlage umgeben. Auf dem Parkplatz standen zwei Reisebusse, ein Minitaxi und ein Landrover mit einem UK-Nummernschild. Als Max das sah, fuhr er rückwärts bis unterhalb der Läden, was Mrs. Pollifax klarmachte, daß sie als Einheimische in diesem Luxusnest nicht willkommen sein würden. Max sagte: »Bleiben wir ein paar Minuten hier und schauen, was sich tut.«

Ein Hausdiener mit langer grüner Schürze trat aus dem

Eingang, blickte zum Himmel hoch und ging wieder hinein.
»Kaum eine Menschenseele zu sehen«, stellte Mrs. Pollifax fest.
»Vielleicht machen alle ein Mittagsschläfchen?«
»Dann sind wir ziemlich auffällig ...«
»Ja, sehr.«
Unsicher sagte sie: »Ich sehe zehn Läden, fünf an jeder Straßenseite, da werden wir einige Zeit brauchen, sie uns alle anzusehen.«
»Ja.« Max wirkte besorgt.
Ich bin nervös, schrecklich nervös, gestand Mrs. Pollifax sich ein. *Jetzt ist es wirklich wie russisches Roulette.* Sie waren so weit gekommen, und nun, da sie dem Ende schon nahe waren, hatten sich die Schwierigkeiten mit jeder Stunde und jedem Halt erhöht. Die Zeit war zu ihrem Feind geworden und arbeitete für die Polizei und den möglichen Verräter unter diesen beiden letzten Informanten.
Max riß sie aus ihren Gedanken. »Wie wär's, wenn ich mich umsehe? Ich kann einen Blick in jeden Souk werfen und nach einem Mann mit weißem Bart Ausschau halten, und wenn ich ihn finde ...«
Wenn, dachte sie müde.
»... hole ich Sie, und Sie vergewissern sich, ob er der Sidi Tahar Bouseghine auf Ihrer Fotografie ist.«
»Wollen Sie als Max oder als Bashir gehen?«
»Gute Frage.« Er schwieg, und Ahmad blickte sie beide an, offenbar verwirrt von den Zweifeln, die er spürte.
»Wir haben offenbar einen toten Punkt erreicht«, sagte Mrs. Pollifax.
Max seufzte. »Sieht ganz so aus. Eine kalte Nacht auf einem Laster und zu wenig zu essen verlangsamt das

Denkvermögen. Ich gehe wohl besser als Bashir. Ich glaube zwar nicht, daß ein Steckbrief von mir die Runde macht, aber warum unnötig ein Risiko eingehen? Schluß mit dem Tourismus für mich, ich bleibe Bashir!«

»Nehmen Sie Ahmad mit«, schlug sie vor und lächelte den Jungen an. »Er wird eine gute Tarnung sein.«

»Tarnung?« fragte Ahmad mit schüchternem Lächeln, »wie eine Decke?«

»Ja, mit dir wird Max noch eher wie ein Marokkaner aussehen.«

»Nicht wie *Nasrani*.« Ahmad nickte weise. »Sie haben Angst, *Medehm?*«

»Der Junge ist zu schlau«, knurrte Max.

»Wir sind nervös, Ahmad«, antwortete sie.

»O-*kay*. Wir gehen?«

Max grinste. »Ja, Ahmad, wir gehen.«

Sie stiegen aus dem Fahrerhaus, und Mrs. Pollifax blickte ihnen nach, als sie über die Straße gingen, um ihre Suche in den Läden auf der linken Seite zu beginnen. Fünfmal verschwanden sie nur kurz, ehe sie sie wiedersah. Bevor sich Max die Souks auf der anderen Straßenseite vornahm, kehrte er kurz zu ihr zurück und meldete: »Zwei schwarze Bärte, ein Schnurrbart und ein glattes Gesicht. Kein Sidi Tahar.«

Sie nickte dankend, und die beiden gingen auf weitere Erkundung. Als sie aus dem letzten Souk traten, dem, der dem Laster am nächsten war, sah Mrs. Pollifax Max lächeln. Er hob die Finger zum V-Zeichen, als er mit Ahmad an seiner Seite auf sie zukam.

Erregung und Besorgnis verschmolzen miteinander. »Sie haben jemanden gefunden, der es sein könnte?«

»Er paßt genau auf Ihre Beschreibung«, versicherte ihr Max durchs offene Fenster. »Er ist groß und hager, hat ei-

nen weißen Bart und dunkles Gesicht – und verkauft Teppiche. Werfen Sie selbst einen Blick auf ihn.«
»Ist er allein?«
»Sein Laden ist so leer wie ein Drosselnest im Winter. Er band gerade mitten im Zimmer einen Teppich zusammen, es waren keine Kunden da ... Kommen Sie, wir warnen ihn, bringen Ahmad zu seinen Vettern und können gegen Abend in Rouida sein.«
»Das wäre schön«, sagte sie und kletterte aus dem Wagen. Sie gingen zu dem Souk, dessen Tür offen stand, und sie blieb an der Schwelle stehen, um hineinzuspähen. Hinter einem dämmrigen Vorzimmer mit Regalen voll Ledertaschen und Ledergürteln lag ein großer Raum mit Oberlicht, so daß die vielen Teppiche in allen Formen, Größen, Farben und Mustern an den Wänden gut zu sehen waren. Unmittelbar unter dem Oberlicht stand ein bärtiger Mann in Turban und weißer Dschellabah, der einen kleinen Teppich begutachtete. Er machte sich daran, ihn zusammenzurollen, und als er ihn hochhob und unter den Arm klemmte, konnte sie sein Gesicht ganz deutlich erkennen. Ihre Erleichterung war ungeheuerlich. Hier würde es nicht zur Krise kommen.
»Ja«, flüsterte sie. »Dem Himmel sei Dank! Er ist der auf der Fotografie.«
»Dann ist es also wirklich Sidi Tahar?« fragte Max, und aus seiner Stimme klang die gleiche Erlösung, die sie empfand.
»Ja.« Sie drehte sich zu Ahmad um und sagte: »Warte draußen auf uns. Wir werden nicht lange brauchen.«
Er blickte sie besorgt an. »Aber, *Medehm* ...«
Max redete arabisch auf ihn ein, dann erklärte er Mrs. Pollifax: »Ich sagte ihm, daß wir hier etwas Geschäftliches zu erledigen haben und er hier auf uns warten soll.«

Als sie den Souk betraten, blickte Sidi Tahar von seiner Arbeit auf, erhob sich langsam und ging ihnen entgegen. Er blickte sie so forschend, mit so unverkennbarem Interesse an, daß Mrs. Pollifax den Schleier zur Seite zog und ihr amerikanisches Gesicht offenbarte. »Sidi Tahar Bouseghine«, sagte sie.

Max fügte rasch hinzu. »Wir sind hier um Ihnen zu sagen, *hadha el-husan arej*, das Pferd . . .«

Noch ehe Max zu Ende sprechen konnte, sagte Sidi Tahar, ohne den Gesichtsausdruck zu verändern, kaum hörbar: »Gehen Sie, schnell! Fliehen Sie!«

Erstaunt sagte Max: »Aber . . .«

»Etwas ist faul, Max!« warnte Mrs. Pollifax. »Schnell, raus!«

Doch es war bereits zu spät. Das Vorzimmer, durch das sie gekommen waren, war gar nicht leer. Irgendwo hatte sich ein Mann versteckt gehabt, der nun mit triumphierender Miene herbeikam. »Ah, da sind Sie ja – endlich!«

Sie hatten ihren Wolf im Schafspelz gefunden, aber er sie ebenfalls.

15

Er stand an der Tür zum großen Verkaufsraum und hatte eine flauschige Dschellabah wie einen Umhang über seinen Straßenanzug geworfen. Er war ganz offensichtlich ein Städter und paßte so gar nicht hierher zwischen die Teppiche und Lehmziegelwände. Er hatte ein schmales braunes Gesicht mit gepflegtem Schnurrbart. »Äußerst langweilig, auf Sie zu warten!« sagte er.

»Das tut mir aber leid.« entgegnete Mrs. Pollifax steif. Es

war zu spät, ihr Gesicht wieder zu verschleiern, aber zu früh, ans Aufgeben zu denken.

Hart sagte er: »Sie sind die Amerikanerin, die vom Sicherheitsdienst gesucht wird. Sie heißen Pollifax. Wir wissen alles über Sie!« Er langte unter seine Dschellabah und zog eine Pistole heraus. Mit der Waffe in der Hand ging er zum Eingang, vor dem Ahmad lungerte. »*Yimshee*« sagte er barsch zu ihm. »Verschwinde!« Dann schlug er die Tür zu und schob den Riegel vor.

Jetzt beschlich Mrs. Pollifax ein wenig Angst.

»O Gott!« stöhnte Max.

Sidi Tahar, der direkt neben Mrs. Pollifax stand, sagte leise. »Er ist schon seit drei Wochen hier. Tut mir leid.«

Schwach antwortete sie: »Wir waren müde und unvorsichtig. Und Sie – hat er Ihnen was getan?«

Er verstand. »Es war nicht schlimm. Ich sollte ja der Honig sein, der die Fliegen fängt, und mußte gesehen werden, damit meine Nachbarn sich nicht wunderten. Ich verstand bisher nicht warum, aber jetzt . . .«

»Jetzt geht's in den Lagerraum«, sagte der Mann im Straßenanzug, der die letzten Worte gehört hatte. »Ich werde Sie dort einsperren, während ich die Polizei verständige, die sehr froh sein wird, wenn die Fahndung eingestellt werden kann. Sie«, er tupfte mit dem Zeigefinger auf Mrs. Pollifax' Kinn, »geben zu, daß Sie die Amerikanerin sind, die Mr. Max Janko in der Nähe von Erfoud erschossen und getötet hat – richtig?«

»Nein, keineswegs, das habe ich nicht«, antwortete sie durchaus wahrheitsgemäß.

Er schnaubte nur abfällig, dann wandte er sich an Max. »Und Sie – wer sind Sie? Wie heißen Sie?«

Es war eine erfreuliche Überraschung, daß er nichts von Max wußte. Max versuchte, ein bißchen dümmlich aus-

zusehen, und antwortete. »Bashir Mahbuba.« Er fügte ein paar arabische Worte hinzu.
»Aber Sie haben zuvor Englisch gesprochen! Ich habe es gehört!« sagte der Mann anklagend.
Max zuckte mit den Schultern. »Ich Englisch sprechen, auch Französisch. Ich haben diese Dame mitgenommen, waren in großer Not auf Straße und wollten in nächste Stadt. Hatten Unfall, sie sagen.« Er fügte einige Worte in Französisch hinzu, die Mrs. Pollifax nicht verstand, ehe er schließlich auf englisch fragte: »Und Ihr Name ...«
»Saleh genügt«, entgegnete der Mann unfreundlich. »Ich kann Ihnen nur sagen, daß die Notlage dieser Dame jetzt auch Ihre ist. Kommen Sie, der Souk ist geschlossen, ich bringe Sie jetzt woanders hin. Tahar ...?« Er deutete mit der Pistole auf das hintere Ende des Ladenraums. »Sie kennen sich aus, öffnen Sie die Tür!«
Schulterzuckend trat Sidi Tahar an eine teppichbehangene Wand und schob einen Läufer mit schönem symmetrischen Muster in Rot, Gold, Creme und Blau zur Seite. Dahinter befand sich eine Tür, und als er sie öffnete, sah Mrs. Pollifax, daß sie zu einem kurzen Sandpfad führte, der an einer fensterlosen Lehmziegelhütte endete. Sie befand sich unmittelbar hinter dem Laden, stand jedoch nicht allein. Hinter jedem der fünf Läden waren Nebengebäude aus dem Boden geschossen, und rings um sie befand sich ein Labyrinth aus Mauern und Gassen.
Sie dachte: *Wir sind zu dritt, und er ist allein; wenn es möglich ist – o Himmel, laß es möglich sein –, können wir den Mann zu Boden werfen und ...* Aber es war sinnlos, solchen Gedanken nachzuhängen, denn Saleh manövrierte sie sehr geschickt. Er drückte ihr die Pistolenmündung ins Kreuz und nahm, zu Recht, an, daß keiner ihrer zwei Be-

gleiter eine unüberlegte Bewegung machen würde, die ihren Tod zur Folge haben könnte.

Also wirklich, dachte sie verärgert, *ich werde es leid, Pistolen im Rücken zu spüren; es wird langweilig und versetzt meine sämtlichen Wirbel in Panik.*

Die Hütte hatte eine häßliche und entmutigende eiserne Tür. Nach einem weiteren barschen Befehl öffnete Sidi Tahar sie und Saleh stieß die drei hinein. »Hier bleiben Sie!« sagte er unfreundlich. »Ich rufe jetzt den Sicherheitsdienst an, dann – dann werden Sie sehen.«

Er erklärte nicht, was sie sehen würden, und darüber war sie froh, denn der kleine dunkle Raum, in den er sie gestoßen hatte, war schon schlimm genug. Er war wie eine Zelle. Nur durch ein rechteckiges Loch in der Decke, das vergittert war, fiel ein wenig Licht. Der Boden war gestampfte Erde, in einer Ecke lag ein Stapel alte Teppiche, daneben standen ein Eimer, ein Tonkrug und ein Teller, und daneben lagen ein Kissen und ein Buch.

»Hat er Sie hier gefangengehalten?« fragte Mrs. Pollifax und deutete mit einem Kopfnicken auf die Teppiche.

»*Bismallah*, ja. Viele Nächte.«

Mitfühlend sagte sie: »Und die ganze Zeit – o Sidi Tahar, ahnte niemand, daß Sie gefangengehalten wurden und sich als Lockvogel in Ihrem Laden sehen lassen und das Geschäft wie üblich weiterführen mußten, während dieser Mann sich versteckte und wartete. Max und ich hätten zumindest . . .« Sie drehte sich nach Max um, der sich wild umsah. Besorgt sagte sie: »Max?«

Er schluckte schwer. »Ich – ich fürchte, ich habe mir Klaustrophobie geholt . . . Dieser verdammte Aufzugsschacht . . .« Er ließ sich bleich und zitternd auf den Teppichstapel fallen und vergrub das Gesicht in den Händen. »Ich *weiß*, daß ich schreien werde, ich muß schreien . . .«

Sidi Tahar ging zu ihm und legte eine Hand auf seinen Nacken. Mit eindringlicher Stimme sagte er: »Sie müssen tief atmen, sehr lange, tiefe Atemzüge, können Sie das?«

Mrs. Pollifax beobachtete Max, als er gegen seine Hysterie ankämpfte.

»Jetzt müssen Sie die Augen schließen«, forderte ihn Sidi Tahar ruhig auf. »Schließen Sie die Augen und stellen Sie sich die Wüste vor – die unbegrenzte Wüste, wo der Horizont ein gerader Strich in ganz, ganz weiter Ferne ist ... Können Sie es fühlen? Vielleicht ist es der Große Erg, die Sandwüste, wo die Schatten voll Farbe sind und der Sand golden ist und die Dünen sich rund wie die Brüste einer Frau häufen. Der Himmel darüber leuchtet in strahlendem Blau, die Freiheit ist unermeßlich wie der Raum.« Fast hypnotisch wiederholte er: »Unendlicher Raum – Freiheit – Sonne – Himmel.«

Max zuckte einmal widerstrebend, doch die sanfte Stimme Sidi Tahars beruhigte ihn. Mrs. Pollifax bemerkte, wie seine Lider flatterten und sein Körper sich entspannte. »Es herrscht Friede – Allahs Friede«, murmelte Sidi Tahar, der ihn aufmerksam beobachtete. Abrupt gähnte Max, streckte sich mit einem Seufzer auf den Teppichen aus und schloß die Augen. Sidi Tahar nahm die Hand von seinem Nacken.

Mrs. Pollifax blickte ihn interessiert an. »Haben Sie ihn hypnotisiert, Sidi Tahar?«

Er lächelte. »Ich sprach nur zu der Panik in ihm, beruhigte sie. Eine Erinnerung hatte sich Ihres Freundes bemächtigt und ihn überwältigt; doch Erinnerung ist nur Illusion. Wer ist er eigentlich? Er sagte die richtigen Worte zu mir, als Sie meinen Laden betraten. Aber woher kommen Sie? Sie sind beide Amerikaner, nicht wahr? Und wie sind Sie hierhergekommen? Saleh sagte auch etwas von einem Erschossenen in Erfoud?«

Sie seufzte. »Spielt das jetzt alles eine Rolle? Wie lange wird es dauern, bis die Polizei hier ist? Minuten? Eine Stunde?«

Ernst antwortete er: »Ich sehe, Sie wissen nicht, wie es in unseren Bergdörfern ist. Saleh würde sich nicht an die Gendarmen hier wenden, denn die Einheimischen sind meine Freunde und *majlie*. Er muß zum Hotel und von dort aus Ouarzazate anrufen.« Seine Augen lächelten sie an. »Es wäre gut, wenn das Telefon heute nicht mit der Welt verbunden wäre – wie es häufig der Fall ist. Sie haben genug Zeit, mir zu erzählen, wer Sie sind und wie es dazu kam, daß Sie heute meinen Souk betraten.«

Langsam sagte sie: »An einem fernen Ort kam es zu dem Verdacht, daß etwas nicht stimmt.« Sie hielt inne und schaute sich in dem düsteren Hüttenraum um. »Kann man uns hören?«

Er schüttelte den Kopf. »Ich habe viele Stunden hier zugebracht. Während Saleh in meinem Bett im Souk schlief, las ich hier meinen Koran, meditierte, betete und lernte diese Hütte sehr gut kennen«, er lächelte ein wenig schief, »weil ich jeden einzelnen Ziegelstein der Wände untersuchte, in der Hoffnung hinauszugelangen, um meine Freunde zu warnen. Nein, von außen kann uns niemand hören. Sie sagten, daß man irgendwo Verdacht schöpfte, daß etwas nicht stimmte?«

Sie seufzte. »Ja. Und zunächst schien alles so einfach. Ich wurde mit sieben Fotografien und Adressen in dieses Land geschickt und sollte einen Max Janko in Fes treffen und gemeinsam mit ihm von einer Adresse zur anderen reisen – ohne Verbindung aufzunehmen, verstehen Sie. Wir sollten uns nur vergewissern, daß jeder der sieben mit dem betreffenden Foto übereinstimmt, und falls das nicht der Fall war, sollten wir es sofort telegrafisch melden.«

Verwirrt blickte Sidi Tahar sie an: »Aber Saleh sagte, daß dieser Max Janko erschossen wurde!«

»Nein«, versicherte sie ihm und deutete auf den schlafenden Max. »*Er* ist Max Janko . . . Der, der sich mir als Max Janko ausgab, war schrecklich arrogant.« Ihr Gesicht verfinsterte sich, als sie sich erinnerte. »Er verlangte, daß ich ihm die Fotografien sogleich aushändige und gehe. Er machte mich so wütend, daß ich mich weigerte, sie ihm zu geben.« Nachdenklich fügte sie hinzu: »Was mir vermutlich das Leben gerettet hatte. Jedenfalls war es richtig, denn als sich in Erfoud sein Schnurrbart löste . . .«

Bestürzt blickte Sidi Tahar auf Max.

Mrs. Pollifax schüttelte den Kopf. »Nein, das hier ist der richtige Max Janko!«

»Aber wie . . .?«

»Sie haben gehört, daß er einen Aufzugsschacht erwähnte . . .« Sie begann am Anfang und erzählte ihm in allen Einzelheiten von ihrer ungewöhnlichen Reise.

Als sie geendet hatte, sagte Sidi Tahar: »Allah sei gepriesen, er hat Sie beschützt!«

»Ja. Aber wie hat dieser Saleh die Wahrheit über Sie erfahren?« erkundigte sie sich nun.

Sidi Tahar seufzte. »Ich habe viel darüber nachgedacht und ich glaube, daß man am Tag der Flut vor sechs Wochen Verdacht schöpfte, als der Oued Dra Hochwasser hatte.« Als er ihren fragenden Blick bemerkte, erklärte er: »Ich meine den Dra, der im Sommer fast ausgetrocknet ist. In diesem Jahr kam der Regen, das Wasser toste die Wadis herunter und zerstörte viel, aber wer hätte das wissen können? Ich lieferte Teppiche nach Ouarzazate wie üblich, und der junge Mann – ein guter Mann, namens Hafed – sollte mir Teppiche vom Ouzguita-Stamm mitbringen. Einen kleinen Läufer, den ich ihm mitgab, sollte er zu – sagen wir, einer gewissen Person auf dem Markt bringen. Glücklicherweise stand nirgendwo der Name, aber in dem kleinen Läufer befand sich ein wasserdichtes Päckchen mit bestimmten Dokumenten und Berichten.«

Traurig schüttelte er den Kopf. »Hafed erreichte Ouarzazate nicht mehr. Er wurde von den Fluten überrascht und ertrank. Seinen Lastwagen brachte man zu seiner Familie hier in Zagora zurück, doch die Teppiche ...« Wieder seufzte er.

»Sie wurden geborgen, aber nicht zu Ihnen zurückgebracht?«

»Wie wäre es sonst zu erklären? Es war schon schlimm genug, daß wir Hafed verloren, da machten mich eines Tages Nachbarn darauf aufmerksam, daß man Fragen über mich stellte, und ich bemerkte, daß man mich beschattete. Ich traf unmerklich Vorbereitungen, um eine Weile zu verreisen, doch da kam Saleh in meinen Souk – mit seinen Fragen und seiner Pistole und seinen Drohungen und eine Weile auch mit Schlägen. Seither ist er hier, lauscht, wartet und gibt sich als mein Vetter aus.«

Mrs. Pollifax nickte. »Demnach ist das wasserdichte Päckchen entdeckt worden.« Als er nur die Schultern zuckte, fragte sie, was gefragt werden mußte: »Hat er Sie gezwungen, ihm von unseren Freunden in Ouarzazate und Rouida zu erzählen?«

Seine schönen Augen musterten sie ausdruckslos. »Wir haben ein Sprichwort: Fliegen kommen nicht in einen geschlossen Mund.« Sanft fügte er hinzu: »Nein, er erfuhr nichts von mir. Er konnte mich nicht zum Reden bringen. Aber diese Leute sind geduldig, und jetzt ...«

Sie wand sich innerlich. »Jetzt sind wir drei.« *Drei zum Befragen,* dachte sie. *Drei, auf die sie Druck ausüben, die sie verhören, bedrohen und, wenn nötig, foltern können.* Sie erinnerte sich an Hongkong und schauderte. »Das Warten ist schlimm«, sagte sie.

Sidi Tahar blickte zu der vergitterten quadratischen Öffnung hoch, durch die das Licht fiel. »Es ist die halbe Zeit zwischen Spätnachmittag und dem Sonnenuntergangsruf zum Gebet.«

Sie hielt die Armbanduhr ins Licht. »Kurz nach fünf Uhr. Ouarzazate ist ungefähr hundertzwanzig Kilometer entfernt. Es wird eine Weile dauern.« Aber sie würden nicht in einem klapprigen Laster kommen, der die Steigungen nur langsam schaffte, sondern in schnellen Autos oder gar mit einem Hubschrauber, falls einer vorhanden war, denn zweifellos waren sie dafür wichtig genug. Die Information über ein Netz von Polisario-Informanten, das es schon so lange gab, mußte sie ganz schön in Aufregung versetzt haben. Vielleicht waren deshalb sogar Köpfe gerollt, und Ärger und Rachegefühle würden sicher keine Freundlichkeit aufkommen lassen.

Sie dachte an Ahmad und fragte sich, wie lange er auf sie warten würde, bis ihm dämmerte, daß sie nicht zurückkommen würden. Ob er seine Verwandten finden konnte? Sie hatte aus seinen Worten geschlossen, daß er sie schon einmal besucht hatte, doch genausogut war es möglich, daß er das alles nur von seinem Vater wußte. *Zumindest kennt er ihren Namen,* dachte sie. *Sie können nicht zu weit von hier entfernt sein, und vielleicht hilft ihm auch jemand.* Aber sie hielt es für wahrscheinlicher, daß er sich allein auf die Suche nach ihnen machte, und das Herz tat ihr weh, als sie sich vorstellte, wie er einsam und verlassen dahinirrte.

Max hatte die Augen geöffnet. »Ich habe Ihnen beiden zugehört«, gestand er. »Sidi Tahar, was haben Sie mit mir gemacht?« Er setzte sich sichtlich verärgert auf.
Sidi Tahar lächelte. »Kennen Sie die Meditationen unseres Dichters Rumi? Er schrieb, daß es keinen Grund für Angst gibt, daß es unsere eigene Phantasie ist, die uns der Vernunft verschließt wie ein hölzerner Riegel die Tür. Ich habe diesen Riegel nur ein wenig gelöst, das ist alles. Vielleicht können Sie jetzt in den *gegenwärtigen* Augenblick zurückkehren.«
»Eine freudlose Vorstellung«, brummte Max. »Ignorieren Sie die Tatsache, daß wir gefangengenommen und eingesperrt wurden?«
»Ich bin nicht blind«, versicherte ihm Sidi Tahar. »Wir sind in Allahs Hand – glauben Sie!«
»Und wenn Allah es gar nicht sieht?«
»Wäre es sein Wille.«
Interessiert erkundigte sich Mrs. Pollifax: »Sind Sie ein Mystiker, Sidi Tahar, oder etwa ein Priester?«
Max sagte: »Wenn, dann ein Sufi, denn so redet er, und ich hörte ihn das Wort *majlie* erwähnen, das Jünger bedeutet. Sind Sie ein Sufimeister, Sidi Tahar, ein Derwisch oder ein *khalif ar?*«
Sidi Tahar zuckte mit den Schultern. »Das sind Worte, nichts weiter.«
»Ein muslimischer Mystiker!« rief Mrs. Pollifax. »Wurden Sufi nicht auch tanzende Derwische genannt? O Sidi Tahar, sind Sie etwa ein tanzender Derwisch? Tanzen Sie?«
Seine Augen lächelten über ihre Begeisterung. »Sie meinen, was wir ›das Drehen‹ nennen. Für uns ist es ein Gebet, aber auch ein Tanz, sozusagen um uns – zu befreien, damit wir höhersteigen können.«
»Wohin?« fragte sie.

»Zum Bewußtsein. Zu Gott. Zum Licht.«
»Und bestimmt wird Ihnen schwindelig«, bemerkte Max trocken.
Neugier und Interesse gewannen die Oberhand über die gegenwärtige Trostlosigkeit. »Könnten Sie es mir bitte zeigen?« fragte Mrs. Pollifax. »Oder ist es eine Blasphemie, Sie darum zu bitten, mir zu zeigen, wie Sie tanzen oder sich drehen?«
Er lachte. »Das fragen Sie, eine *Nasrani?* Aber um Sie zu amüsieren – und ist jetzt nicht eine gute Zeit, das Warum zu vergessen? – werde ich Ihnen sagen, wie Sie anfangen müssen.«
»*Schukran*«, bat sie und lächelte ihn an.
»Stehen Sie gerade.«
»Einfach genug bisher«, warf Max spöttisch ein.
»Nun müssen Sie sich auf Ihr Zentrum konzentrieren, das ist das Allerwichtigste.« Er legte die Hand auf ihren Solarplexus. »Hier ist Ihr Zentrum. Fühlen Sie es! Ohne Zentrum kein Drehen, kein Tanz.«
Mrs. Pollifax legte ihre Hand auf die Magengegend und wartete.
»Überkreuzen Sie jetzt die Arme, legen Sie die rechte Hand auf die linke Schulter, die linke auf die rechte Schulter.« Er nickte. »Drehen Sie sich gegen den Uhrzeigersinn, aber langsam, erst nach links, dann rund herum.«
Mit verschränkten Armen drehte sie sich, schaffte es jedoch nur zweimal, ehe ihr schwindlig wurde und sie innehalten mußte. Sidi Tahar lächelte. »Sie haben sich nicht auf Ihr Zentrum konzentriert. Versuchen Sie es noch einmal, doch diesmal drehen Sie sich, ohne den linken Fuß vom Boden zu nehmen.«
Sie starrte ihn verblüfft an. »Ohne meinen linken Fuß ... Aber das ist unmöglich!«

Er lachte. »Sie heben den rechten Fuß, stellen ihn an die andere Seite des Beines und drehen sich. Aber drehen Sie sich, ohne den linken Fuß zu bewegen, als wäre er auf den Boden genagelt. Tatsächlich schlug man früher zwischen den Zehen des linken Fußes einen großen Nagel in den Boden, damit er nie die Erde verlassen konnte.«

Mrs. Pollifax versuchte es, drehte sich unbeholfen und sackte auf die Teppiche neben Max. Als sie wieder Atem fand, lächelte sie Sidi Tahar an. »Dazu gehört mehr, als ich dachte.«

»Hinter allem ist mehr als man glaubt«, entgegnete er. »Das ›Drehen‹, das Tanzen führt einen zu dem stillen Punkt des Universums, und wie könnte *das* so leicht zu lernen sein?«

Verärgert sagte Max: »Das ist lächerlich, verdammt! Ist Ihnen denn nicht klar, daß wir überlegen müssen, was wir tun und sagen sollen? Wir müssen uns etwas ausdenken, unsere Aussagen aufeinander abstimmen . . . Die Polizei kann jeden Augenblick da sein, und, großer Gott, Sie wollen Tanzunterricht nehmen!«

Mrs. Pollifax blickte Sidi Tahar an und lächelte, dann wandte sie sich an Max. »Sie sehen es nicht richtig. Er würde uns unter keinen anderen Umständen einweihen. Er tut es jetzt nur, um uns abzulenken.«

Max deutete auf das Gitter im Dach. »Das ist ja schön und gut, aber sehen Sie denn nicht, wie dunkel es schon wird? Uns bleibt nicht mehr viel Zeit zum Planen!«

Sidi Tahar runzelte die Stirn. »Es kann noch nicht dunkel sein. Der Muezzin hat noch nicht zum Sonnenuntergangsgebet gerufen.«

Was Sidi Tahar sagte, stimmte. Auch nach Mrs. Pollifax' Armbanduhr konnte es noch nicht Sonnenuntergang sein. Verwundert erhob sie sich und trat in die Mitte der

Hütte, um zu dem Loch im Dach hochzuspähen, durch das kein Tageslicht mehr drang. »Jemand hat das Gitter bedeckt.« Sie spürte etwas ihre Nase kitzeln und wich ungeduldig zur Seite, doch eine Sekunde später kitzelte es sie wieder. Da sie annahm, es wären Spinnweben, hob sie die Hand, um sie wegzuwischen, doch da spürte sie etwas Festeres. »Sehen Sie!« keuchte sie. »Eine Schnur!« Sie legte den Kopf zurück und sagte: »Jemand muß da oben über dem Gitter liegen, deshalb ist es hier so dunkel.«

Sie kamen näher, um sich ihre Entdeckung anzusehen. Sie ließ die Schnur durch die Finger gleiten. »Sehen Sie – fühlen Sie –, am Schnurende ist ein kleiner Stein befestigt!« Aufgeregt sagte sie: »Max, das kann nur Ahmad sein, niemand sonst. Er ist also noch in Zagora und versucht uns zu helfen!«

Max griff nach der Schnur, und seine Finger folgten ihr bis zu dem Stein am Ende. »Sie hängt bestimmt an etwas oder jemandem da oben – und schauen Sie! Um den Stein ist ein Stück Papier gewickelt. Haben wir ein Streichholz?«

Sidi Tahar brachte ihnen seine Kerze und zündete sie an. Jetzt gab es keinen Zweifel mehr: Jemand auf dem Dach hatte ihnen eine Botschaft heruntergelassen. Mrs. Pollifax strich das Papier glatt und sah zwei kindliche Bleistiftzeichnungen. Im flackernden Kerzenschein studierten sie sie und überlegten, was sie bedeuten könnten. Eine mochte einen Schlüssel darstellen, und die darunter waren zwei Kreise in einer Art Schachtel.

Max deutete auf die letztere. »Das könnte ein Lastwagen sein, die beiden Kreise sind Räder.«

»Das andere sieht wie ein Schlüssel aus«, sagte Mrs. Pollifax. »Was bedeuten diese arabischen Zeichen ganz unten?«

Max antwortete aufgeregt: »Es ist wirklich von Ahmad! Er hat unterschrieben. Sie haben recht – er ist hiergeblieben und hat uns gefunden und ist jetzt auf dem Dach!«

Mrs. Pollifax dankte ihm stumm, und ihr wurde ganz warm ums Herz. »Ich glaube, er möchte, daß wir ihm den Wagenschlüssel hochschicken.«

Max starrte sie entsetzt an. »Aber warum? Das kommt nicht in Frage!«

Mrs. Pollifax sagte verärgert: »Was soll das heißen, ›kommt nicht in Frage‹?«

»Wenn wir je hier herauskommen, ist der Laster unsere einzige Hoffnung. Wozu braucht er den Schlüssel? Will er den Wagen verkaufen?«

»›O Kleingläubiger‹!« zitierte Mrs. Pollifax rügend. »Vielleicht will er das Geld als Bestechung benutzen, um uns freizubekommen. Schicken Sie ihm den Schlüssel hoch!«

»Verdammt, er ist erst neun!«

»Ganz bestimmt ist uns der Laster hier drinnen von keinem Nutzen, Max!« sagte sie scharf. »Unterschätzen Sie Ahmad nicht, er ist ein schlauer kleiner Bursche. Schicken Sie ihm den Schlüssel hoch!«

»Halten Sie das wirklich für klug?«

»Sie könnten die Alternative bedenken«, entgegnete sie trocken.

Max seufzte. »Nun, es ist wahrhaftig loyal von ihm, daß er uns nicht aufgegeben hat. Außer natürlich, Sie bedrohen ihn mit einer Waffe, daß er das tut.«

Sie rümpfte die Nase. »Ich hatte keine Ahnung, daß Sie unter Paranoia leiden, Max.«

»Die mitgenommenen Nerven eines Klaustrophoben lassen Sie wohl nicht gelten?«

Sie ging nicht darauf ein, sondern sagte ungeduldig:

»Wenn Saleh unseren Wagen gefunden hat und den Schlüssel haben will, glauben Sie nicht, daß er da einfach hereinspazieren und ihn von uns verlangen würde?«

»Da haben Sie natürlich auch wieder recht«, gab er großmütig zu. »Offenbar macht dieses Loch mich fertig! Sidi Tahar . . .?«

Sidi Tahar lachte. »Ali der Löwe, Kalif des Islams, hat von drei Dingen gesprochen, die nie wieder zurückzuholen sind, das letzte davon ist eine verpaßte Gelegenheit.«

»Ich werde nicht fragen, was die anderen sind«, sagte Max. »Also packen wir die Gelegenheit beim Schopf und sehen, wohin uns das führt.« Er holte den Schlüssel aus seiner Tasche, knüpfte ihn sorgfältig an das Schnurende, zog daran, und sogleich verschwand es aus seiner Hand in die Dunkelheit. Sie wußten, daß es das Gitter erreicht hatte, als die Silhouette einer Hand erschien und dem Schlüssel zwischen den Stäben hindurchhalf. Danach verschwanden sowohl Hand wie Dunkelheit, und es fiel wieder Licht durch das Loch.

»So weit, so gut«, sagte Max grimmig. »Wir hatten unseren Spaß. Was wird jetzt passieren?«

»Was als nächstes geschieht«, antwortete Sidi Tahar ruhig, »steht bereits geschrieben.«

Mrs. Pollifax reagierte auf die friedliche Gelassenheit seiner Stimme und entspannte sich. »Wir müssen Ihnen wohl als sehr ungeduldig vorkommen.«

»Das sind Europäer vermutlich tatsächlich«, antwortete er. »Und Amerikaner. Es gibt eine Geschichte von einem König, der alle seine weisen Männer zu sich in den Palast rief und dem eine hohe Belohnung versprach, der ihm in einen Satz alle Weisheit des Lebens fassen könnte; nur ein einziger Satz, der auf jedes Ereignis im Leben zutreffen würde.«

»Und?« fragte Mrs. Pollifax lächelnd.

Sidi Tahar schmunzelte. »Der Weiseste von allen schrieb nur vier Worte: *Auch das wird vorübergehen*. Und das gilt für uns, die wir in dieser dunklen Hütte kauern, ebenfalls: auch das wird vorübergehen.«

»Ja, es wird vorübergehen«, brummte Max. »Aber wie? Bedenken Sie, daß die Polizei jeden Moment hier sein kann und uns festnimmt, oder noch schlimmer ...«

»Das sind Worte«, unterbrach ihn Sidi Tahar kopfschüttelnd, »die wie Dolchstöße sind, die den Seelenfrieden beeinträchtigen! Bemühen Sie sich um innere Ruhe – seien Sie über der Welt, losgelöst!«

Max schwieg, doch Mrs. Pollifax spürte, wie seine klaustrophobische Panik wieder wuchs und ein Eigenleben gewann, als wäre sie eine vierte Person im Raum. Sie hoffte, daß er sich wenigstens ruhig verhalten würde. Ihre Aussichten, seine und ihre, waren nicht rosig, aber dank dem Umstand, daß sie Ausländer waren, nicht hoffnungslos. Sidi Tahars Zukunft dagegen sah gar nicht gut aus. Er war Bürger dieses Landes und konnte deshalb des Hochverrats bezichtigt werden. Es war besser, nicht daran zu denken, was ihn erwartete. Statt dessen dachte sie an Ahmad, der ein bißchen Güte mit solcher Treue und Ergebenheit lohnte. Sie spürte wieder, wie er vertrauensvoll seine Hand in ihre schob, sah sein plötzliches strahlendes Lächeln. Und dann dachte sie an Cyrus, der noch in Kenia war und annahm, daß sie sicher zu Hause saß. Was immer vor ihr lag, würde nicht leicht sein; man wußte, daß sie mit dem falschen Max Janko von Fes abgefahren war und daß er nicht mehr lebte. Man würde sie zweifellos des Mordes an ihm anklagen, und Carstairs konnte ihr nicht helfen. Das war ihr bei jedem Auftrag klar, doch in diesem Fall fühlte sie sich ganz besonders verpflichtet,

ihn vor seinen eigenen Leuten zu schützen. Das schuldete sie ihm. Atlas war streng geheim, nur wenige Personen wußten davon, durften davon wissen.
Nein, von der CIA konnte keine Hilfe kommen. Sie würde auch gar nicht darum bitten. Vielleicht war es das klügste, gleich zu sagen, daß sie Flavien erschossen hatte, denn wenn Max es nicht getan hätte, würde sie selbst bestimmt ihr möglichstes getan haben, ihn zu töten. Und kam der Vorsatz nicht bereits der Tat gleich? Als Frau und Amerikanerin würde sie vielleicht eine Spur sanfter behandelt werden als Max, dem man die Verbindung zur CIA nachweisen konnte, da er Flaviens Chef in Kairo gewesen war.
Diese Informationen besaßen sie ganz sicher.
Nein, dachte sie traurig, Cyrus würde sie *nicht* zu Hause vorfinden, wenn er zurückkam. Wie naiv sie gewesen war, als sie gedacht hatte, sie wäre bis dahin wieder bei ihren Geranien! Ein einwöchiger Ausflug durch Marokko, hatte Bishop gesagt – und jetzt saß sie in einem Bergstädtchen im Süden von Marokko gefangen, ohne Hoffnung auf Rettung.
Sie lehnte den Kopf an die Wand und schloß kurz die Augen. Als sie sie wieder öffnete, sah sie Sidi Tahar auf dem Lehmboden sitzen und sie beobachten. Er lächelte. Es war ein verzauberndes Lächeln in seinem verwitterten dunklen Gesicht, und sie erwiderte es. Sie hatte einen Sufi kennengelernt, nun fragte sie: »Sind Sie auch ein Prophet, Sidi Tahar?«
Sein Lächeln vertiefte sich und er zwinkerte. »Wir haben eine alte Geschichte darüber, Sie können es auch Witz nennen. Es war einmal ein Mann, der sich, als er in einem fremden Städtchen ankam, als Prophet ausgab. Die Leute fragten ihn: ›Wie könnt Ihr beweisen, daß Ihr wirk-

lich ein Prophet seid?‹ Und er antwortete: ›Als Beweis erbiete ich mich, euch zu sagen, was ihr denkt.‹ Da riefen sie eifrig: ›So sagt uns denn, was Ihr in unseren Gedanken lest!‹ Und er erwiderte: ›Ihr denkt, daß ich gar kein Prophet bin, sondern ein Lügner.‹«

Mrs. Pollifax lachte. »Ich mag Ihre Geschichten und Ihre Sprichwörter. Verraten Sie mir, wo Sie so gut Englisch gelernt haben?«

»Im zweiten Weltkrieg«, sagte er. »Ich verließ Marokko, um mit den Freien Franzosen zu kämpfen, und verbrachte ein paar Jahre mit Engländern und Amerikanern, die in Nordafrika kämpften.«

»He!« sagte Max in seiner Ecke.

Sie nickte. »Ja!« Dann lehnte sie sich vor und fragte: »Und haben Sie in Tripolis einem Mann das Leben gerettet, Sidi Tahar?«

Er lächelte. »Sie kennen Carstairs also.«

»Ja. Er hat mich geschickt. Und weil er auf gewisse Weise *mein* Leben gerettet hat«, sagte sie ernst, »danke ich Ihnen, weil Sie seines retteten.«

»Manche Männer sind wie gutes Brot, andere wie Steine«, entgegnete er. »Wie könnte man einen solchen Mann im Stich lassen?«

Durch die Wände hörten sie nun den Muezzin zum Gebet rufen, zur *Schehada,* und seine Stimme schwoll an und ab . . . Die Zeit des Sonnenuntergangs war gekommen. Sidi Tahar sank auf den Boden und berührte ihn mit der Stirn, dabei rief er: »La ilah Allah wa – Muhammed rasul Allah . . .«

Mrs. Pollifax schloß die Augen, hörte ihm zu und hoffte, die schreckliche Spannung des Wartens zu bezwingen.

16

Mornajay schätzte, daß er von Marrakesch bis zum Tizi-n-Tichka im Höchstfall drei Stunden brauchen würde, und fuhr so schnell wie die teilweise bergige Strecke und der Verkehr es erlaubten, um den Paß zu überqueren, ehe neuer Schneefall dazwischenkam, und um in Ouarzazate noch ein spätes Abendessen zu bekommen. Er mußte sich eine gewisse Abenteuerlust eingestehen, denn immerhin war der Tizi-n-Tichka mit seinen 2260 Meter der höchste Paß des Hohen Atlas, und jetzt war Januar. Er ließ eine gemäßigte Zone mit schwerbehangenen Orangenbäumen, Bougainvillea, fruchtbaren Gärten und Dörfern zurück, und als krassen Gegensatz brauchte er nur aufzusehen, wo sich voraus die schneebedeckten Berge himmelhoch abhoben. Aus seiner Universitätszeit erinnerte er sich, daß Plinius von einem Römer namens Suetonius Paulinus geschrieben hatte, der im fünften Jahrhundert den Hohen Atlas über den Tizi-n-Tichka überquert hatte. *Mein Gott, wie lange ist das her!* dachte er; es war aufregend, sich den Römer vorzustellen, der eine solche Reise riskiert hatte, denn zu jener Zeit wagten sich nicht viele über die Mittelmeerküste hinaus. Auf den alten Karten war der Maghreb als Mauretanien eingetragen, doch das hatte nichts mit dem jetzigen, südlichen Land dieses Namens zu tun, und aus diesem Gebiet hatten die Römer sich Früchte geholt, Getreide, Tiere und Gold, vor allem aber Sklaven. Tatsächlich würde er auf der anderen Seite des Gebirges an den alten Karawanenrouten vorbeikommen, die durch die Sahara nach Fes geführt hatten.

Er fuhr an sonnigen, grünen Feldern vorbei, an Männern, die auf Eseln mit Seitenkörben ritten, und dann an

Ait Ourir, und nun herrschte auch kaum noch Verkehr. Hier begann die Paßstraße, die ab Ait Barka sehr kurvenreich wurde; sie war geräumt, doch der Schnee häufte sich zu beiden Seiten. Als er um eine lange Kurve kam, sah er erstaunt ein kleines Espresso-Café regelrecht an der Seite des Felsen kleben, aus dem die Straße gehauen war. Und da er schon lange keinem anderen Wagen begegnet war, beschloß er, anzuhalten und sich nach dem Straßenzustand zu erkundigen.

Ein knorriges Männchen saß hinter der Theke und hinter ihm hing an der Wand das übliche, verblassende Bild des Königs. Ein paar Tische und Stühle standen im Zimmer, und durch die Fenster sah Mornajay, daß vor dem Haus eine breite hölzerne Plattform für weitere Tische angebaut war.

»*Bonjour*«, grüßte er. »*Un espresso.*«

»*Un espresso*«, bestätigte der Mann nickend und antwortete auf Mornajays Fragen, daß der Paß am vergangenen Tag ein paar Stunden hatte gesperrt werden müssen und ab Mittag für Einbahnverkehr freigegeben worden war. Heute war der Verkehr jedoch normal und die ganze Strecke geräumt.

Noch während er das sagte, war ein Lastwagen zu hören, der den Gang wechselte, während er an dem Café vorbei Richtung Marrakesch fuhr.

Mornajay nickte und bedankte sich. Dann nahm er seinen Espresso und schlenderte damit hinaus auf die Plattform, wo er verzaubert stehenblieb. Tief unter ihm, etwa eineinhalb Kilometer unter dem Café, lag ein fruchtbares Tal mit grünen Feldern und winzigen Häusern, und, was ihn nicht weniger erstaunte: Die grünen Felder waren terrassenförmig angelegt und schienen den Berg emporzufließen. Terrassen um Terrassen stiegen wie Stufen aus dem tiefen Tal, bis die Schneegrenze und kahler Fels erreicht war. Und darüber – Mornajay legte den Kopf zurück, um besser zu sehen, reckten sich schroffe, zerklüftete Gipfel dem blauen Himmel entgegen.

Er fühlte sich frei und schwerelos ... Die Stille war wohltuend, die Sonne warm auf seinem Gesicht, die Luft frisch und rein. Er blickte wieder hinunter ins geschützte Tal, und dachte: *Hier ist Shangri-La. Ich muß eines Tages hierher zurückkommen!*

Er wußte natürlich, daß er das nicht tun würde, es war auch nicht nötig; es war lediglich einer dieser unerwarteten Augenblicke, die sich der Seele einprägen, und er war dankbar dafür. So viele Jahre war er ein Besessener gewesen, hatte sich strikt gegen jegliche Gefühle abgeschirmt, aber während des vergangenen Jahres war ihm bewußt geworden, wie leer sein Leben gewesen war, und er hatte versucht zu lernen, wirklich zu leben.

Dieser Augenblick erfüllte ihn, und das war genug.

Er blieb noch ein paar Minuten, sowohl vom Espresso wie der Sonne gewärmt, und seine Augen wurden sanft, während er in der friedlichen Szene tagträumte. Doch dann erinnerte er sich, weshalb er auf dem Weg nach Ouarzazate war, seufzte und kehrte zu seinem Wagen zurück.

Irgendwann, nachdem der Paß schon weit hinter ihm zurücklag, während er durch eine Öde rostfarbenen Berglandes fuhr, fragte sich Mornajay, ob es nicht ganz gut wäre, wenn er den Agenten aufsuchte, der sich momentan in Ouarzazate aufhielt, wie ihm Bartlett gesagt hatte. Jenkins hieß der Mann, und er war im Hotel Riad Salaam abgestiegen. Bisher hatte er es nicht in Erwägung gezogen, aber je tiefer er in dieses Land vordrang, desto unglaublicher fand er es, daß Mrs. Pollifax der Polizei so lan-

ge hatte entgehen können. Zu Carstairs hatte er gesagt, die Suche wäre vergleichbar mit der nach einer Nadel im Heuhaufen, doch als er die völlige Leere dieser Landschaft erkannte, durch die er kam, wurde ihm bewußt, daß jeder aus dem Westen – und überhaupt eine Frau – so auffallen würde, daß diese Analogie völlig umgedreht werden mußte: Es war viel eher das Problem, nach einem Heuhaufen in einem Feld voller Nadeln zu schauen.
Ihr Verschwinden erschien ihm so unvorstellbar, daß er es für das beste hielt, bei Jenkins vorbeizusehen, um zu erfahren, ob sie inzwischen gefunden worden war.
Er versuchte sich an die Mrs. Pollifax zu erinnern, der er zu einem so entscheidenden Zeitpunkt in Thailand begegnet war. Das fiel ihm schwer, denn damals war er ein anderer gewesen, völlig mit seiner eigenen geheimen Mission beschäftigt; er war reizbar gewesen und ungeduldig bei jedem Hindernis, und Mrs. Pollifax hatte er als ein solches angesehen. Sein erster Eindruck war gewesen, daß sie eine überspannte Touristin war und – er lächelte leicht – es darauf abgesehen hatte, ihn zu beleidigen. Doch als er hilflos im Fieberwahn im Regenwald lag, hatte sie ihn nicht im Stich gelassen, und nur ihr und ihrem Thai-Begleiter verdankte er, daß er überlebt hatte. Er hatte sich später revanchieren können, indem er ihr und ihrem Mann half, aber es hatte ihn nie interessiert, weshalb sie sich in einem so unwegsamen, wilden Gebiet befunden hatte. Jetzt, da er wußte, wer und was sie war, sah er die Sache mit anderen Augen. Was er damals als Beleidigungen empfunden hatte, gestand er sich nun ein, war lediglich Geradheit gewesen; er hatte sie so gereizt wie sie ihn, darum auch die gegenseitige Ungeduld. Und als er sich an seine Aufgeblasenheit erinnerte, wand er sich innerlich. Wenn sie imstande gewesen war, sein Leben zu

retten und das ihres Mannes, dann war sie wohl auch durchaus fähig, ihr eigenes zu erhalten. Aber *wie*, fragte er sich, und wo war sie, und was würde sie tun? In Thailand hatte sie einen kühlen Kopf bewahrt. Sie verfügte über Entschlußkraft, Durchhaltevermögen und Einfallsreichtum. Hatte sie sich irgendwo versteckt, oder war sie unterwegs?

Er fragte sich: *Was würde ich in ihrer Lage tun?*

Und dann: *Im Land der Blinden würde ich mich blind stellen.*

»Aha!« rief er triumphierend. »Genau!« Er lächelte.

Er wußte etwas, was außer ihm niemand wußte, wie er annahm, und das war der letzte Name auf der Liste, die Mrs. Pollifax mitbekommen hatte: Khaddour Nasiri in der kleinen Ortschaft Rouida. Wenn sie erwischt wurde, ehe sie dort ankam – wenn man sie in irgendeinem Versteck in Erfoud entdeckte, oder auf dem Weg nach Ouarzazate oder Zagora –, gäbe es absolut nichts, was er für sie tun könnte. Die Fahndung war zu gut organisiert.

Glückte es ihr dagegen, Rouida zu erreichen, könnte er sogar sehr viel für sie tun.

Er würde doch nicht in Ouarzazate anhalten, sondern direkt nach Rouida fahren.

Er hielt am Straßenrand an und holte seine Brieftasche heraus. Aus einer Auswahl gefälschter Ausweise und Reisepässe suchte er einen Presseausweis auf den Namen Ambrose Cunningham mit seinem Paßfoto heraus. Das und seine Kamera müßten genügen, ihm einen *Laisser-passer,* einen Passierschein, zu verschaffen, der ihn durch die militärische Straßensperre vor Rouida brachte.

Sein Reiseführer erklärte nicht, weshalb aller Verkehr auf der Straße nach Rouida angehalten und überprüft wurde, doch ein Blick auf die Karte verriet es ihm: die Ort-

schaft lag keine vierzig Kilometer von der algerischen Grenze entfernt.
Seine Entscheidung erfüllte ihn mit Hochstimmung, so wagemutig sie sich auch erweisen mochte. Zum Teufel mit Ouarzazate und Jenkins, dachte er. Er würde sich den erforderlichen Passierschein in Zagora besorgen und dann direkt nach Rouida fahren – als Ambrose Cunningham, Bildberichterstatter eines großen Nachrichtenmagazins, auf der Suche nach Wüstenmotiven.

17.

In Zagora war Mrs. Pollifax eingeschlafen, als Max sie stupste und flüsterte: »Horchen Sie!« Und zu Sidi Tahar: »Hören Sie es auch?«
Sidi Tahar beugte sich hinter der flackernden Kerze vor und antwortete leise: »Ja, draußen, vor der Wand hinter mir tut sich was.«
Mrs. Pollifax lauschte und runzelte die Stirn. »Es hört sich wie ein Wagen mit laufendem Motor an. Was kann es sein?«
»Aber er hält nicht an«, gab Max zu bedenken. »Ein Wagen müßte wegfahren, und wenn es die Polizei wäre, würde sie zweifellos vor dem Souk halten und durch die Tür dort drüben kommen.«
Sidi Tahar lehnte sich dichter an die Wand und lauschte. »Es entfernt sich nicht, es ist sehr nahe – nur Zentimeter entfernt.«
Mrs. Pollifax, jetzt hellwach, stand auf. »Das ist kein Personenwagen – Max, ich glaube, es ist ein *Laster!*«
Ungläubig entgegnete Max: »Aber wieso, was – was macht er? Was will er hier?«

Das Motorengeräusch schwoll plötzlich an, der Motor lief nicht mehr leer, und als er immer lauter wurde, zogen sie sich in die Mitte der Hütte zurück und standen dicht beisammen, angespannt und verwundert. Sie empfanden Furcht, mehr aber noch Neugier.

»Sehen Sie!« rief Sidi Tahar und deutete auf die Wand, die wie unter großem Druck zu zittern begonnen hatte.

Ein Lehmziegel löste sich und fiel auf den Boden, dann ein zweiter. Abrupt wurde der Motor unerträglich laut, weitere Ziegel stürzten ein, Staub hob sich in Wolken, und die Nase eines Lastwagens bohrte sich in die Hütte und hielt an. Es war ihr Volvo, und hinter dem Lenkrad, kaum sichtbar, saß ein ganz kleiner Ahmad. Sogar in dem Dämmerlicht konnten sie sein stolzes Lächeln sehen, als er sich aus dem Fenster lehnte.

»Bisura, bisura!« drängte er. »Bitte – ich weiß nicht, wie ich ihn rückwärtsfahren kann.«

Max raste zum Fahrersitz, Mrs. Pollifax und Sidi Tahar folgten, stolperten über Ziegel und kletterten neben ihm ins Führerhaus, wo Sidi Tahar Ahmad auf seinen Schoß hob. Max legte den Rückwärtsgang ein. Der Laster protestierte, schauderte und bewegte sich ein paar Zentimeter, wobei es Ziegel auf das Dach des Führerhauses hagelte, dann erstarb der Motor ominöserweise. Verzweifelt drückte Max das Gaspedal ganz hinunter, der Motor sprang wieder an, und der Laster plagte sich schrittweise rückwärts aus dem unregelmäßig gezackten Loch, das er selbst geschlagen hatte. Auch als sie ganz draußen und frei von dem Schutt waren, mußten sie weiter rückwärts fahren, durch eine lange schmale Gasse mit Häusern zu beiden Seiten. Sie atmeten erleichtert auf, als sie endlich auf eine breitere, ungepflasterte Straße gelangten, von der aus die Ware zu den Lagerschuppen um die Souks angeliefert wurde.

»Puhhh!« keuchte Max. »Das war knapp! Wohin jetzt? Sidi Tahar, gibt es einen Weg hinaus, der nicht auf die Straße zum Hotel führt?«
Sidi Tahar deutete. »Biegen Sie links ein, es ist zwar nur ein Pfad, aber er führt hinter Hügel und Hotel vorbei zur Straße in den Süden.«
»Gott sei Dank!« murmelte Max. »Die zum Hotel ist eine Sackgasse und eine Falle. Ahmad, bist du okay?«
Ahmad strahlte immer noch. »Oh-*kay*!« versicherte er ihm glücklich.
Der Laster hatte beim Rammen der Mauer einen Scheinwerfer verloren, und der Weg war nicht mehr als ein Karrenpfad. Sie holperten über Steine, mußten haarscharf um Bäume herumschwenken und dachten unentwegt daran, daß es jetzt ein Rennen um ihr Leben war. Der Ort schien zu schlafen. Außer im Hotel brannte nirgendwo Licht, aber wenn schon Saleh das Krachen der einbrechenden Lehmziegel nicht gehört hatte, gab es zweifellos Nachbarn, die nur allzu bereitwillig von dem unbekannten Lastwagen erzählen würden, der ein solches Loch in die Lagerhütte gerammt hatte. Nach so vielen Stunden des Wartens mußte die Polizei bestimmt jeden Augenblick eintreffen, möglicherweise hielt sie gerade vor dem Eingang zum Souk an, während sie aus dem Ort flohen ...
Als sie sich des Wunders ihrer Rettung richtig bewußt wurde, beugte sich Mrs. Pollifax über Ahmad und küßte ihn auf den Kopf.
Sidi Tahar nickte ihr zu und sagte: »Er hat *baraka*, dieser Junge.«
»Was ist das?«
»Der Segen Allahs. Einen solchen Jungen würde ich gern unterrichten.«

Sie blickte ihn an, kam jedoch nicht zu einer Erwiderung, denn sie erreichten soeben die asphaltierte Straße. Max stieg auf die Bremse, und vier Köpfe drehten sich nach rechts, dann nach links, um auf die dunkle Straße zu spähen. Als sie feststellten, daß sie in beiden Richtungen leer war, bog Max nach Süden ab. »Jetzt suchen wir nach Ahmads Tante«, sagte er und fügte grimmig hinzu, »und versuchen danach, Pläne für uns selbst zu machen. Sidi Tahar, Sie kennen diese Gegend und Sie stecken wie wir in der Klemme, wohin und wie ...«
»Später«, sagte er ruhig. »Unsere Schicksale sind miteinander verknüpft ... Auch ich überlege. Eines nach dem anderen.«
»Wo ist die Wegbeschreibung zu Ahmads Verwandten?« fragte Mrs. Pollifax.
Max kramte in seiner Tasche und händigte ihr einen Zettel aus, ohne sie anzublicken. »Ich habe es auf englisch notiert. Es dürfte nicht weit sein, höchstens acht Kilometer, sagte Muhammed ... Er sprach von einem Friedhof und einer Straße dahinter. Haben Sie Ihre kleine Taschenlampe noch?«
In dem dünnen Lichtstrahl las sie die Worte, die er in Ouarzazate gekritzelt hatte. »Etwa acht Kilometer außerhalb von Zagora liegt rechts von der Straße ein Friedhof, der im Süden von Olivenbäumen eingezäunt ist. Hinter diesen Bäumen ist eine unbefestigte Straße, in die müssen Sie einbiegen, dann sind es noch eineinhalb Kilometer zu dem Dorf.«
»Mit nur einem Scheinwerfer werden wir alle vier Augenpaare brauchen, um diesen Friedhof zu finden.«
Sie nickte, aber sie wußte jetzt, wonach sie Ausschau halten mußten. Hier im Süden waren die Friedhöfe ganz anders als die im Norden. Auf den ersten Blick sahen sie

wie ein Feld voll zerbrochener Scherben aus; erst beim näheren Hinsehen erkannte man, wie die spitzen Enden von zerbrochenen Steinplatten in ordentlichen Reihen in die Erde gedrückt waren, eine am Kopf, die andere am Fuß des Grabes. Die Gräber lagen ganz dicht beisammen. Sie erinnerten sie an die »Gärten«, die sie als Kind angelegt hatte, indem sie kurze Zweige und Steine in die Erde gesteckt hatte. Hier waren es die Gräber von Menschen eines rauhen, armen Landes – Wüstengräber.

»Ja, es wird im Dunkeln schwer zu finden sein«, pflichtete sie ihm bei und wandte sich an Ahmad: »Wir müssen ganz genau aufpassen, Ahmad.«

Max sagte gereizt: »Ich komme mir wie auf dem Präsentierteller vor. Wir können meilenweit gesehen werden, verdammt, auch mit nur einem Scheinwerfer. Was tun wir, wenn ein Wagen kommt?«

»Beten«, riet Mrs. Pollifax.

»Bismallah«, fügte Sidi Tahar hinzu.

Die Mondsichel ging im Osten auf, die Berge hoben sich schwarz vom sternengesprenkelten, tintenblauen Nachthimmel ab. Nirgendwo im weiten Land ringsum brannte Licht. Mrs. Pollifax' Armbanduhr zeigte halb zehn Uhr an, aber offenbar waren alle Menschen hier bereits zu Bett gegangen.

»Dort!« rief Ahmad plötzlich, da sah auch sie es: eine Baumreihe, und bald fiel der Strahl des einsamen Scheinwerfers auf die gebrochenen Steine des Friedhofs.

»Endlich!« hauchte sie.

Max verlangsamte die Geschwindigkeit und fuhr an den Bäumen vorbei, und da war die mit tiefen Furchen durchzogene Straße. Max knurrte: »Das bedeutet das Ende für unsere Stoßdämpfer!«

»Ich wußte gar nicht, daß wir welche haben«, entgegnete

Mrs. Pollifax trocken. Sie holperten über Löcher und Buckel, durch eine unfruchtbare Ebene, wo sich nur da und dort ein paar Grashalme und Sträucher hervorwagten. Und dann sah Mrs. Pollifax eine weißgetünchte Kuppel und eine Reihe Lehmziegelhäuser, die sich an einen Berg schmiegten. Es fiel schwer, das als Dorf anzusehen, und vielleicht war es auch gar keines, jedenfalls aber waren sie an ihrem Ziel angelangt.

Ahmad sagte zufrieden: »*Dort* ist das Haus von der Schwester meiner Mutter.« Er deutete hin.

Max fuhr nicht vor das Haus, sondern machte einen Bogen, um den Laster dahinter zu verstecken. Ein Hund bellte. Plötzlich ging ein Licht in dem Haus an, man hatte sie gehört, und als sie aus dem Führerhaus kletterten, öffnete sich die Haustür und ein Mann mit einer Laterne in der Hand blickte hinaus, das Licht fiel auf ein weißes Hemd, das bis zu den Knöcheln reichte.

»'Amm Mahfoud!« rief Ahmad glücklich und rannte auf ihn zu.

»Ahmad?« sagte der Mann verblüfft, und als er seine Laterne hob, sah Mrs. Pollifax ein verwittertes dunkles Gesicht mit grauem Bart. Aus Ahmads Lippen ergoß sich ein Wortschwall, von dem Mrs. Pollifax nicht das geringste verstand. Max legte kurz die Hand auf ihren Arm und sagte: »Ich befürchte, daß hier niemand Englisch spricht, was verdammt langweilig für Sie werden wird, aber ich werde mein Bestes tun, für Sie zu übersetzen.«

»Danke. Ich glaube, ich weiß bereits, was Ahmad ihm erzählt, weil er so schnell seine Laterne ausgeblasen hat.«

»Stimmt«, bestätigte Max, und sie gingen auf die beiden Gestalten an der Tür zu.

Sidi Tahar folgte ihnen gemessen, dann verneigte er sich und grüßte: »Salam al eikum.«

Blinzelnd erwiderte Ahmads Onkel: »Al eikum wa Salam.« Da blickte er ihn genauer an und sagte: »Sie sind der heilige Mann aus Zagora!« Er verbeugte sich, legte kurz die Hand aufs Herz und bat sie einzutreten.

Sie saßen auf Kissen in Mahfouds Haus. Eine Kerze brannte, aber Mahfoud hatte sie erst angezündet, nachdem beide Fenster und die Tür verdunkelt waren. Während sich die anderen ernst und erregt in ihrer eigenen Sprache unterhielten, schaute sich Mrs. Pollifax neugierig um. Sie war zum erstenmal im Innern eines richtigen Zuhauses in diesem Land. Sie sah ein langes Zimmer mit weißgestrichenen Wänden, an denen entlang bunte Kissen und Teppiche zum Schlafen und Sitzen lagen und ein paar kleine, niedrige Tische standen. Der festgestampfte Erdboden war mit Matten bedeckt. In einer Ecke schlief ein Junge, er drehte sich unruhig herum, wachte jedoch nicht auf. Ein älterer, halbwüchsiger Junge hatte sich aufgesetzt und beobachtete sie schweigend. In der Nähe schöpfte Mahfouds Frau Suppe aus einem Kessel in vier Schüsseln und drehte sich erschrocken um, als sie etwas Beängstigendes hörte. Ihr Blick schweifte über Mrs. Pollifax, ehe sie sich wieder dem Kessel zuwandte. Die Suppe würde kalt sein, erklärte ihr Max rasch, denn sie wagten es nicht, Feuer zu machen, um sie aufzuwärmen, aber es sei *harira* und würde köstlich schmecken.
Sie freute sich darauf, ob nun heiß oder kalt, denn seit dem Orangen-Frühstück hatte sie keinen Bissen mehr gegessen. Sie war es jetzt durchaus zufrieden, all diese fremden Worte vorüberfließen zu lassen, ohne auch nur eines zu verstehen oder zu wissen, welche Pläne besprochen wurden. Bestimmt suchte die Polizei inzwischen be-

reits nach ihnen und dem Lastwagen. Sie durften nicht lange hier bleiben, denn eine größere Suchaktion würde die Polizei zweifellos auch in dieses abgelegene Dorf bringen, und sie wollten Ahmads Verwandte nicht in Gefahr bringen. Deshalb gab es für sie nur diese eine Stunde: Sie würde sich ausruhen, keine Sorgen machen, nicht an die nächste Stunde denken, die unbestimmt und wahrscheinlich gefährlich sein würde; sie überließ es Max und Sidi Tahar, über Möglichkeiten zu debattieren, ohne sich einzumischen.

Abrupt wandte sich Max an sie: »Sowohl Sidi Tahar wie Mahfoud sagen, daß etwa sechs Kilometer von hier auf der Straße nach Rouida eine Straßensperre ist. Nicht wegen uns«, fügte er rasch hinzu. »Sie ist immer dort. Man braucht einen Passierschein, wenn man vorbei will, weil Rouida so nahe an der Grenze liegt.«

Mahfouds Frau brachte ihr Suppe und einen Löffel und lächelte sie scheu an. *»Schurba«*, sagte sie, dann ging sie zu dem Kessel zurück und trug eine Schüssel voll zu Ahmad, der mit verschränkten Beinen auf dem Boden saß und die Unterhaltung mit großen Augen verfolgte.

Wieder wandte sich Max an sie. »Mahfoud sagt, es sind vierzig Kilometer von seinem Haus nach Rouida. Wir können natürlich nicht bleiben. Ich habe ihn um seine Hilfe gebeten und ihm dafür unseren Laster angeboten, er ist alles, was wir ihm geben können, und wir können ihn ohnehin nicht mehr benutzen. Er sagt ...«

Das heißt, daß wir zu Fuß weiter müssen! dachte sie.

»... daß er den Laster dankbar annimmt, aber er nicht hier gefunden werden darf. Rashid, sein Ältester, wird uns so weit in die Berge bringen wie nur möglich und dann den Wagen in einem Wadi oder einer Höhle verstecken. Danach wird Rashid uns verlassen und sich merken, wo der Laster versteckt ist, und ...«

»... und wir müssen zu Fuß weitergehen«, beendete sie den Satz für ihn. Sie wußte natürlich, daß es für sie die einzige Möglichkeit war, an der Straßensperre vorbeizukommen und Rouida zu erreichen, ohne gesehen zu werden. Die Täler waren schön flach, aber bewohnt. Nur in den Bergen konnten sie unbemerkt bleiben. Aber sie hoffte sehr, daß es keine *hohen* Berge sein würden, denn die, die sich wie Tafelberge vom Nachthimmel abgehoben hatten, waren bestimmt steil. Sie bemühte sich, nicht daran zu denken; schließlich hatten sie keine Wahl, wenn sie Khaddour Nasiri in Rouida erreichen wollten; und wenn sie es schafften, konnte sie nur hoffen, daß er vertrauenswürdig war und wußte, wie er zwei *Nasrani* und einem Sufi auf der Flucht helfen konnte.

Sie unterhielten sich wieder, doch nun, da Max begonnen hatte, ihr kleine Schocks zu versetzen, konnte sie sich nicht mehr entspannen. Sie begann, die Suppe zu löffeln, die so köstlich war, wie Max vorhergesagt hatte.

Plötzlich blies Mahfoud die Kerze aus und bedeutete ihnen, still zu sein. Er trat ans Fenster und spähte durch die Decke, die er davorgehängt hatte. Sie warteten schweigend und lauschten. Dann hörte auch Mrs. Pollifax es: Motorengeräusche von Personen- oder Lastwagen auf der eineinhalb Kilometer entfernten Straße. Bisher war ihr gar nicht bewußt gewesen, wie tief die Stille in einem abgelegenen Dorf des Nachts sein konnte oder wie weit Geräusche in einer solchen Stille zu hören waren. Jetzt wartete auch sie angespannt, ob der Motorenlärm allmählich schwand oder auf sie zukam und lauter wurde.

Er wurde leiser und war bald nicht mehr zu hören, dafür die Seufzer der Erleichterung im Zimmer. Mahfoud zündete die Kerze nicht mehr an, und als er sprach, klang es verängstigt. Mrs. Pollifax ahnte seine Gedanken, sie hob die Schüssel an die Lippen, um sie zu leeren, ehe er sie bitten würde, das Dorf zu verlassen.

Ganz hatte ihre Ahnung aber wohl doch nicht gestimmt, denn nun hörte sie mehrmals den Namen Ahmad, und sie sah, wie der Junge auf seinem Kissen herumzappelte, wo er saß. Sidi Tahar redete, Ahmad redete, Mahfouds Frau warf etwas ein und dann Mahfoud. Da konnte sie sich nicht mehr zurückhalten. »Was ist los, Max?« erkundigte sie sich.

»Sie sagen jetzt, daß wir Ahmad mitnehmen sollen. Sie wissen, daß Sidi Tahar ein heiliger Mann ist, weil er das Zeichen – die *sudschda* auf der Stirn hat. Sie vertrauen ihm. Sie sagen nicht, wohin Sidi Tahar gehen wird, aber sie sagen, wenn seine Eltern kommen, um nach Ahmad zu sehen, würden sie ihn nur dorthin bringen, wohin Sidi Tahar geht, und es wäre sicherer, wenn wir ihn mitnehmen.«

»Sicherer? Ich wünschte, ich hätte ihre Zuversicht«, sagte sie düster. »Wissen sie, daß wir gejagt werden – welch ein entsetzliches Wort?«

»Nun ja«, antwortete Max. »Aber . . .« Er zuckte die Schultern und lächelte hilflos. »Sie sind nicht sehr an uns interessiert, wir sind ja nur *Nasrani*, aber Sidi Tahar ist ein heiliger Mann.« Er senkte die Stimme und wisperte fast: »Ihr Vorschlag gibt mir zu denken. Ich glaube, sie wissen viel mehr als wir ahnen, und sie zweifeln, daß Ahmad seine Eltern je wiedersehen wird.«

»O nein!« Hastig unterdrückte sie, was sie hatte sagen wollen, und murmelte statt dessen schwach »inschallah«, denn ihr war klar, daß jetzt nicht die richtige Zeit war, sich um Ahmads Eltern Sorgen zu machen, wenn es so viele unmittelbarere Probleme gab. Sie mußten rasch aufbrechen, ehe irgendwelche Suchtrupps von der Straße hierher abbogen. Da war auch der Fußmarsch über die Berge, der vor ihnen lag. Aber wichtig war nun, daß sie von hier wegkamen.

Das Gespräch war zu Ende, und Max und Sidi Tahar standen auf. Sie trug ihre leere Suppenschüssel zu Mahfouds Frau und dankte ihr. Dann gingen sie hinaus zu dem Laster, von Mahfouds Sohn Rashid geführt, der von nun an mit Max' Unterstützung fahren würde.

Wortreich wurde Abschied genommen, mit vielen Bismallahs und Inschallahs, und Mrs. Pollifax, Sidi Tahar und Ahmad auf die Ladefläche geholfen. Mit einem Mahlen der Gangschaltung fuhren sie los, querfeldein über jetzt unbestellte Äcker, auf die felsigen Berge zu, die ihnen hoffentlich Schutz bieten würden.

18

Mornajay näherte sich Rouida am nächsten Nachmittag und hielt etwas außerhalb an, um einen ersten Eindruck zu bekommen und abzuschätzen, was ihn erwarten mochte. Weit rechts von ihm fiel der letzte Teil der Mesa ab, bis sie nichts weiter als ein *Dschebel* aus Felsen war, der einen steinernen Finger südwärts richtete. Vor ihm lag der Ort ausgebreitet, und er stellte erfreut fest, daß er endlich die Wüste erreicht hatte; sie erstreckte sich dahinter ungebrochen, so weit er sehen konnte: scheinbar endlose Wellen von Sand und Steinen, die schließlich am fernen Horizont mit dem strahlend blauen Himmel eins wurden. Er hatte vergessen, wie eine solche Weite sein konnte, wie beruhigend sie wirkte. Selbst die Ortschaft,

deren Ziegel aus demselben Wüstensand geformt waren, fügte sich farblich vollkommen ein, verband sich, ja verschmolz mit ihr, und nur die Schatten, die die Sonne warf, ließen den Unterschied sichtbar werden; die sonnengebackenen Mauern waren leer, von einzelnen kleinen Fenstern oder den längeren Schatten geheimnisvoll wirkender Eingänge abgesehen.
Er wunderte sich, daß Rouida hier in diesem unwirtlichen Winkel des Landes Wurzeln geschlagen hatte. Dann sah er im Vordergrund den runden Brunnen mit Betonschacht, und das erklärte die Existenz der Ortschaft so dicht an der Wüste: es gab Wasser hier, es war eine Oase. Keine von Hollywoods üppigen Dattelpalmenoasen, denn er sah nur einen Baum, der über die niedrigen, flachen Dächer ragte, und an diesem Mangel an weiteren Bäumen lag es, daß der Ort an ein sonnengebleichtes Gerippe erinnerte. Es gab keine Straßen. Die mit einer Mauer umgebenen Gruppen von jeweils mehreren im Quadrat mit Innenhof beisammenliegenden Häuser hielten einen großen Abstand zur nächsten Gruppe ein, als wollten sie den Bewohnern ein bißchen Freiraum von den schmalen Gassen und dunklen Zimmern im Innern gönnen. Falls es hier Reichtümer gab, dachte Mornajay, waren sie gut vor den Steuereintreibern verborgen. Offensichtlich gab es hier keine Läden für Touristen, aber an einem langen, niedrigen Bau war ein verblaßtes Coca-Cola-Schild: Dieses schäbige Café und der Brunnen stellten das Zentrum von Rouida dar, was durch die mehreren Gruppen plaudernder oder nur müßig herumstehender Männer bestätigt wurde.
In Zagora hatte er sich auf der Präfektur einen *Laisser-passer* ausstellen lassen. Der Beamte hatte alles versucht, ihm einen Tuareg-Führer mitzugeben, aber Mornajay hat-

te das frostig und mit unwiderlegbaren Argumenten abgelehnt, hatte auf seinen Presseausweis hingewiesen, auf seine Kamera gedeutet und mehrmals wiederholt, daß er mehr als nur eine Stunde in Rouida brauchen würde.

»Es ist schon nach Mittag!« hatte der Beamte zu bedenken gegeben.

Mornajay hatte bestätigt, er wisse, daß es bereits früher Nachmittag war.

»Es gibt dort keine Hotels oder Herbergen, wo Sie übernachten könnten!« hatte der Beamte betont.

Mornajay hatte ihm versichert, daß er durchaus in seinem Wagen schlafen könne.

Warum?

»Weil ich die Wüste bei Sonnenaufgang und in der Dämmerung fotografieren will«, hatte Mornajay erklärt, »weil ich *kein* Tourist bin, sondern ein Berufsfotograf, der ungestört arbeiten will.«

Widerstrebend hatte der Beamte ihm schließlich den Passierschein ausgehändigt, den er bald in der hiesigen Präfektur zum Abstempeln vorweisen mußte – was nach Rouida kam, mußte Rouida auch wieder verlassen, dachte er sarkastisch. Er würde den Dorfvorsteher suchen und sich ihm vorstellen müssen, wenn es ihm gelingen wollte, diese ungastlichen Mauern zu durchbrechen. Er zog die Liste hervor, die ihm Carstairs in Spanien am Telefon durchgegeben hatte, um sich zu vergewissern, daß es hier wirklich Khaddour Nasiri, der Badehausaufseher war, den er finden mußte. Er nickte. Ein öffentliches Bad war genau der richtige Ort, um Klatsch und Neuigkeiten zu erfahren. Bestimmt begab sich jeder, der aus der Wüste über die Karawanenrouten von Mali, Mauretanien, und heimlich sogar von Algerien, nach Rouida kam, so schnell wie möglich ins Badehaus, um sich die Hitze und den Wüstenstaub abzuwaschen – und um sich zu unterhalten.

Aber von hier aus war nicht zu erkennen, wo das Badehaus sein mochte. Hinter dem Café erstreckten sich die Flachdächer der Häusergruppen in die Wüste, und bei der Bauweise in diesem Land war er so gut wie sicher, daß es hinter jeder dieser kahlen Mauern ein Labyrinth von Gassen und schmalen Durchgängen gab, wo Dutzende von Familien wohnten.

Er würde sehr überzeugend und sehr, sehr vorsichtig sein müssen. Aber er betrachtete die Ungewißheit als Herausforderung. Er stieg aufs Gas und fuhr in den Ort.

Der Dorfvorsteher hieß Madani el-Kebaj und erwies sich als das Produkt aus Jahrhunderten von Mischehen zwischen den Wüstenstämmen. Seine majestätische Haltung deutete auf Tuaregblut hin, aber seiner sudanesischen Abstammung verdankte er ein glänzend schwarzes Gesicht, das von einem schneeweißen Turban eingerahmt war. Er trug eine graue Dschellabah, und in seinem breiten Ledergürtel steckte ein wertvoller, ungewöhnlicher alter Dolch mit feiner Silberziselierung.

Mornajay stellte sich ihm auf französisch vor, wies ihm den Passierschein und seinen Ausweis vor und beobachtete ihn, während er beides mit geschürzten Lippen las.

Seine Stimme war überraschend weich, fast schmeichelnd, als er auf englisch sagte: »Bitte erlauben Sie mir, Ihnen Tee anzubieten.«

Mornajay lächelte höflich und fragte mit überschwenglichem Dank, ob er zuerst einige Aufnahmen machen könne, solange das Licht so günstig war, und eine Stunde

später auf el-Kebajs liebenswürdige Einladung zurückkommen dürfe. »Ich möchte das Alltagsleben in Ihrem Dorf einfangen. Daß es am Rand der Wüste liegt« – er deutete auf den goldbraunen Sand, der sich bis zum Horizont erstreckte –, »macht alles besonders interessant.«
»Ja? Was zum Beispiel?« wurde er neugierig gefragt.
»Die *ferran* . . . öffentlichen Öfen . . .? Und das Badehaus? Und vielleicht . . .« Er zuckte mit den Schultern. »Gibt es hier Kamele?«
»Wir erwarten morgen früh eine Karawane«, sagte el-Kebaj hilfreich.
»Wunderbar!« sagte Mornajay erfreut. »*Bon!* Ich habe eine Aufenthaltsgenehmigung für zwei Tage, leider nicht für länger, deshalb möchte ich auch gleich anfangen, wenn Sie nichts dagegen haben.«
El-Kebaj verneigte sich würdevoll. »Dann darf ich Sie als Gast in mein Haus bitten für die Nacht.«
»Sehr freundlich«, sagte Mornajay voll Unbehagen. »Wirklich sehr freundlich. Könnten Sie bitte auch so gütig sein und mir zeigen, wo Brot gebacken wird und wo das Badehaus ist, und . . .« Er kam sich bereits recht komisch vor. ». . . ich nehme an, daß Sie hier herrliche Sonnenuntergänge haben. All das würde ich gerne fotografieren.«
Die Dschellabah raschelte, el-Kebaj nickte und führte Mornajay am Café vorbei zu der großen offenen, sandigen Fläche, die die ummauerten Häusergruppen voneinander trennte. *Natürlich*, dachte er, *solche riesigen Plätze sind ein absolutes Muß für Kamelkarawanen! Unmöglich, Hunderte von Kamelen in eine enge Gasse zu treiben!* Die Sonne schien warm, aber nicht sengend. Sie kamen an einem Torbogen vorbei, der in einen schmalen Durchgang führte, und nach einer Weile zu einer offenen Tür, dort verlangsamte el-Kebaj den Schritt.

»Das *hammam*«, sagte er deutend.

»Das was?«

»Das Badehaus. Dahinter, an der anderen Mauer, ist der öffentliche Ofen. Es ist dort sehr heiß, Monsieur, wir gehen hinein.«

Eine sehr praktische Kombination, dachte Mornajay, ein riesiger offener Ofen, aus dem Flammen hochloderten – rechts davon der Eingang zum Frauenbadehaus, links das Badehaus der Männer –, und wahrscheinlich nutzte auch der Bäcker dahinter dieses Feuer. Sehr vernünftig, da Brennstoff so rar war. Ein Junge schürte es, und ein älterer Mann hielt ihm offenbar eine Strafpredigt. Er war dunkelhäutig und hatte einen borstigen Schnurrbart. Wenn das der Badehausaufseher war, fragte Mornajay sich, wie er wohl allein mit ihm reden könnte.

»Sein Name?« erkundigte er sich höflich und hantierte an seinem Blitzlicht.

»Khaddour Nasiri«, erklärte der Dorfvorsteher.

Mornajay hob die Kamera ans Auge und schoß ein Bild. Als er seinen Namen hörte, drehte sich Nasiri um. Er blickte mürrisch auf Mornajay und ließ sich zu einem widerwilligen Nicken herab. »Sprechen Sie Französisch?« fragte ihn Mornajay.

Nasiri zuckte gleichmütig die Schultern. *»Oui.«*

»Noch eine Aufnahme hier und dürfte ich Sie dann draußen im Licht fotografieren, mit dem Haus hinter Ihnen ... Hätten Sie soviel Zeit?«

El-Kebaj nickte dem Mann auffordernd zu, da wurde Mornajay klar, daß der Vorsteher sie begleiten würde, daß sich in diesem Nest kaum je etwas tat und er eine willkommene Abwechslung für ihn war. Er hätte es ahnen müssen! Heimlich seufzend führte er sie hinaus, wo die beiden Männer unsicher in der Sonne stehenblieben,

während eine Schar Jungen herbeirannten. Es war absurd, es war komisch, und es war schrecklich: Er würde hier keine Minute allein sein können.
El-Kebaj erteilte Befehle, und die Jungen blieben in einiger Entfernung stehen, redeten aufgeregt aufeinander ein und kicherten. *Eine deprimierende Meute,* dachte Mornajay verärgert, und bald würden sie ihn anbetteln. Er postierte Khaddour Nasiri allein vor der Tür in der Mauer und ging zum Vorsteher und den Jungen zurück und stellte seine Kamera ein.
Sein Problem war gar nicht so unlösbar. Während alle ihn aufmerksam beobachteten und warteten, brummte er, schüttelte unzufrieden den Kopf, dann ging er zu Nasiri zurück und fummelte an seinem Turban. Während er diesen zurechtrückte, sagte er leise: »Ich muß allein mit Ihnen sprechen, Khaddour Nasiri. Es ist zu Unannehmlichkeiten gekommen. Glauben Sie mir, wenn ich die Namen Sidi Tahar Bouseghine in Zagora und Muhammed Tuhami in Ouarzazate nenne?«
Nasiri drehte den Kopf, um ihn anzusehen, aber seine Miene blieb unbewegt. Mornajay wich wieder zurück und begann zu knipsen, er ging dabei in die Hocke, richtete sich wieder auf, drehte sich, um auch den Vorsteher und die Kinder miteinzubeziehen, und als er genügend Aufnahmen gemacht hatte, verschenkte er Eindirhammünzen, bis seine Taschen leer waren. Dann dankte er el-Kebaj und bat, jetzt allein gelassen zu werden, weil er ein wenig herumspazieren und Momentaufnahmen machen wollte. Der Vorsteher zögerte, dann nickte er, sprach barsch zu den Jungen, scheuchte sie fort und versprach Tee, sobald Mornajay fertig war.
Nachdem er sowohl Vorsteher wie Kinder los war, drehte sich Mornajay um und schlenderte die breite, sandige

Durchgangsstraße hoch, vorbei an den letzten Mauern des Dorfes und auf die große freie Weite zu, die menschenleer und flach und in der Spätnachmittagssonne fast golden war: die Wüste.

Er spürte Khaddours Näherkommen, ehe der ihn erreicht hatte.

»Schwierigkeiten?« erkundigte sich Nasiri leise.

»Ja. Wenn Ihr Allah gnädig ist, kommen sie nach Rouida. Es gibt keinen anderen Weg mehr aus dem Land. Die Polizei ist hinter ihnen her.«

»Sie?« fragte ein wachsamer, veränderter Nasiri jetzt.

Mornajay nickte. »Ja, und wir müssen um *baraka* beten. Zwei Personen, eine Frau und ein Mann, kamen aus dem Westen, weil sie wußten, daß etwas nicht stimmte. Jetzt stimmt gar nichts mehr, auch sie sind in Schwierigkeiten und auf der Flucht. Haben Sie irgendeine Transportmöglichkeit?«

»Einen sehr alten Lastwagen mit sehr alten Reifen«, antwortete Nasiri nickend, dann fügte er mit schwachem Lächeln hinzu: »Aber der Motor ist neu, ebenso wie die gut versteckten breiten Wüstenreifen. Er hat auch ein verstecktes Funkgerät.«

Mornajay schoß ein Bild der leeren Wüste, dann drehte er sich zu Nasiri um, lächelte ihn an und hob die Kamera, um eine Nahaufnahme seines Kopfes zu machen. »Machen Sie alles bereit«, sagte er aus dem Mundwinkel. »Und es wäre gut, wenn Sie einen Turban und eine Dschellabah, möglichst alt und abgetragen, für mich finden könnten.« Mit einem nochmaligen Nicken spazierte er in die Wüste hinaus, um noch ein paar Bilder zu machen. Als er wieder umkehrte, war Nasiri weg.

Dennoch verflüchtigte sich Mornajays Erfolgsgefühl. Immerhin hatte er Rouida erreicht und mit Khaddour Nasiri gesprochen, was keine geringe Leistung war – während der nächsten Stunde, als er zu viel Zeit zum Überlegen hatte. Er hatte keine Ahnung gehabt, daß einem Gast in diesem Land Tee vorzusetzen ein so komplexer und ritueller Vorgang wie die japanische Teezeremonie war; es gehörte viel Sitzen und Warten dazu. Es gab ein sehr schönes Kohlenbecken zu bewundern, auf dem das Wasser in einem noch schöneren Kupferkessel erhitzt wurde. Ein Junge sorgte immer wieder mit einem Blasebalg dafür, daß das Feuer auch richtig brannte, während Mornajay ziemlich unbequem auf einer Matte saß und zusah. Als das Wasser endlich kochte, kam el-Kebaj an, setzte sich im Schneidersitz auf den mit Matten bedeckten Fußboden und hielt ein Tablett mit zwei Gläsern vor sich, die mit grünen Minzenzweigen gefüllt waren. Auch eine Schale mit großen Zuckerklumpen stand darauf. Wasser wurde in ein Glas gefüllt, und el-Kebaj fügte mit feierlicher Miene Zucker hinzu und kostete das Getränk, dabei waren seine Bewegungen bedächtig und sinnlich. Der Tee wurde zur Verfeinerung in den Kessel zurückgegossen, und das Zeremoniell begann von vorne.

Wie eine Weinprobe, dachte Mornajay verärgert. Er saß in einem Zimmer, dessen abblätternde Betonwände mit dem allgegenwärtigen Bild des Königs geschmückt war und mit einem arabischen Kalender, der Werbung für Räucherwerk machte. Am Ende des Zimmers stand eine riesige Anrichte aus Holz und Glas und ein prallgepolsterter europäischer Sessel, ansonsten lagen gefaltete Teppiche in den Ecken, andere offen auf dem Boden. Er nahm an, daß er in der Nacht auf einem davon schlafen würde. Das war der Zeitpunkt, als ihn sein Optimismus verließ, denn wie, zum Teufel, könnte er etwas für irgend jemanden tun, der in Rouida ankam, und was, zum Teufel, sollte er tun, wenn niemand kam? Seine Zeit hier war beschränkt durch seine Aufenthaltsgenehmigung, was bedeutete, daß er am kommenden Nachmittag aufbrechen mußte, außer er konnte el-Kebaj irgendwie veranlassen, den Präfekten um eine Verlängerung anzugehen. Es stimmte, daß er mit Khaddour Nasiri Kontakt hatte aufnehmen können, und ja, das war ein Erfolg, und es war erfreulich, daß Nasiri ein Fahrzeug hatte. Aber wie in aller Welt könnte ein von der Polizei gesuchter Ausländer hierhergelangen und in Sicherheit gebracht werden, ohne daß das halbe Dorf hinter ihm her war?

Der Vorsteher nickte endlich und bedeutete dem Jungen, dem Gast den Tee zu servieren.

Mornajay zwang sich zu einem Lächeln, aber es fiel ihm schwer; ihm war, als hätte er es aus Papier ausgeschnitten und auf sein Gesicht geklebt. »Merci beaucoup«, sagte er und hoffte, daß der Klebstoff nicht zu sehen war.

19

Es würde eine denkwürdige Fahrt werden, dachte Mrs. Pollifax, wenn es überhaupt eine Zukunft für sie gab, um sich erinnern zu können. Sie konnte weder Weg noch Steg hinter sich sehen, während sie in der Dunkelheit durch Brachland holperten. Auf der Ladefläche, wo es nichts gab, woran sie sich hätten festhalten können, wurden sie herumgeworfen wie Murmeln in einer Schachtel. Rashid fuhr zwar nicht schnell, doch zügig. Er schien einem Weg zu folgen, der ihm vertraut war. Sie schaukelten und rutschten auf ständig geneigter Ladefläche, da der Laster laufend hangauf, hangab ratterte. Rashid fuhr ohne Licht, aber glücklicherweise minderte die Mondsichel hoch am Himmel die Dunkelheit ein wenig, und er kannte den Weg offenbar gut.

Als der Wagen eine Kuppe erreichte und kurz nach links bog, sah Mrs. Pollifax das Dorf, das sie verlassen hatten, wie Bauklötze hinter ihnen in der Tiefe liegen. Aber da war noch etwas! Sie legte die Hand auf Sidi Tahars Arm und deutete. Die Scheinwerfer von drei, in der Entfernung winzigen Fahrzeugen bogen gerade auf die unbefestigte Straße am Friedhof ein und fuhren auf das Dorf von Mahfoud und seinen Nachbarn zu. Sie waren gerade noch rechtzeitig entkommen.

Sidi Tahars Blick folgte ihrem Finger, er nickte. »Ja – Allah Akbar, Gott ist groß«, sagte er. Da bog ihr Laster auf ein kahles Felsplateau ab, und sie konnten das Dorf nicht mehr sehen.

Unentwegt fuhr Rashid weiter, bis Mrs. Pollifax dachte, daß die Hölle kein Ort mit Feuer und Teufeln war, sondern eine endlose nächtliche Fahrt über Fels und Stein zu einem unbekannten und wahrscheinlich sehr unerfreulichen Ziel. Kaum hatte sie sich mit dieser neuen Vorstellung abgefunden, als der Wagen langsamer wurde und schließlich vor zwei hohen Felsblöcken anhielt. Max rief nach hinten: »Sind Sie noch heil?« Einen Augenblick später tauchte sein Kopf über der Ladefläche auf. »Wenn ich gewußt hätte, daß Rashid so weit in die Berge fahren kann, hätte ich Sie vorn sitzen lassen. Tut mir leid. Ich wollte mit ihm reden, aber ich glaube, nicht einmal Rashid selbst hat gewußt, daß wir es so weit schaffen würden.«

Sidi Tahar sagte gelassen: »Nur das Fleisch hat gelitten, die Knochen sind heil geblieben.«

»Oh, es war *schön!*« rief Ahmad begeistert. »Das ist ein *guter* Laster.«

Mrs. Pollifax sagte würdevoll: »Ich werde hinunterklettern – wenn ich kann –, aber vielleicht wäre es eine moralische Unterstützung, wenn ich wüßte, wie viele Kilometer Rashid uns gebracht hat.«
»Etwa zwanzig«, antwortete Max und streckte die Hand aus, um ihr herunterzuhelfen.
Sie rechnete aus: Von Zagora waren sie gute acht Kilometer bis zum Haus von Ahmads Verwandten gefahren, und dieser Laster hatte sie jetzt noch zwanzig Kilometer weiter gebracht. Mehr wären ihr zwar lieber gewesen, aber sie hatten nun doch schon fast zwei Drittel des Weges nach Rouida und zu Khaddour Nasiri zurückgelegt. Sie sah, wie Ahmad hinuntersprang. Sidi Tahar erhob sich steif und griff nach den helfenden Händen; dann kletterte sie selbst über die niedrige Bordwand und ließ sich von Max auffangen. Sie stellte fest, daß sie noch aufrecht stehen und auch gehen konnte, was sie freudig überraschte. Als sie wieder auf festem Boden stand, beobachtete sie, wie Rashid den Laster zwischen die zwei Felsblöcke manövrierte. Mit einer Sorglosigkeit, die sie erschreckte, fuhr er rückwärts in die Kluft, dann stellte er den Motor ab und legte zum triumphierenden Gruß die Hand an die Schläfe. Nach ein paar Worten mit Sidi Tahar und Max stapfte er in die Richtung davon, aus der sie gekommen waren. Er hatte einen langen Weg vor sich, den jedoch zweifellos der Gedanke erträglich machte, daß er in ein paar Wochen zurückkommen konnte und einen eigenen Lastwagen haben würde.
»Er sagt, die Straßensperre liegt weit hinter uns«, erklärte Max, »und wir könnten uns jetzt an die Straße halten, aber ich glaube, daß es hier oben sicherer ist, meinen Sie nicht?«
»Leider ja«, antwortete Mrs. Pollifax. Sie blickte hinunter

in das Tal zu ihrer Linken, das sich kilometerweit eben ausbreitete und an einer Reihe von Tafelbergen endete, die so gleichmäßig flach aussahen, als hätte ein Riese ihre Gipfel mit einem scharfen Messer abgeschnitten. In der Ferne entdeckte sie ein einsames Licht in der schier unendlichen Weite. Es leuchtete geheimnisvoll wie ein Stern. Sie drehte sich um und blickte in die Richtung, die sie nehmen mußten, und sah im Mondschein einen Felshügel.

Max bemerkte ihren Gesichtsausdruck und sagte tröstend: »Nach etwa zwei Kilometern fallen die Berge nicht allzu steil zur Wüste ab, versicherte uns Rashid, aber bedauerlicherweise sind sie sehr felsig.«

Mrs. Pollifax betrachtete sie finster. »Ja, sieht ganz so aus.«

»Also, machen wir uns auf den Weg.«

»Bismallah«, sagte Sidi Tahar.

»Bismallah«, echote Ahmad und strahlte alle an.

Und so begannen sie ihren Marsch, während der Mond am Himmel höher wanderte und die nächtliche Kälte sich vertiefte. Die ersten Kilometer waren, als kämen sie durch einen versteinerten Wald. Seltsame, surreale Gebilde ragten in erstaunlicher Formenvielfalt rings um sie auf: Felsen wie Phalli, Felsen wie ungeheure Brotlaibe, und einige – aber auch dieser Vergleich verriet ihren wachsenden Hunger – wie Pfannkuchen. Ein paar waren gut sechs Meter hoch und boten den Wanderern bloß soviel Platz dazwischen, daß sie sich hindurchquetschen konnten. Andere türmten sich wie Mauern auf, die nur umgangen werden konnten, während die niedrigeren auf Händen und Knien zu bezwingen waren.

Allmählich wurden die Felsen weniger schroff und mächtig, und es fiel leichter, sie zu überklettern. Im kalten

Mondschein schien es Mrs. Pollifax sogar, daß sie jetzt einem Pfad folgten, den Hirten getreten hatten oder möglicherweise – aber dieser Gedanke gefiel ihr weniger – andere Flüchtlinge, hinter denen Polizei oder Militär her gewesen war – wie jetzt hinter ihnen. Während sie hinter Ahmad herstapfte, kam ihr plötzlich in den Sinn, daß sie nicht die geringste Ahnung hatte, welcher Wochentag in wenigen Stunden dämmern würde. Ihre Abreise von zu Hause schien ihr eine Ewigkeit zurückzuliegen. Fast schockartig wurde ihr bewußt, daß sie sich noch nicht einmal eine ganze Woche in Marokko befand. Aber dies war nicht der Augenblick, Tage und Orte an den Fingern abzuzählen, zumal sie vor Kälte starr waren. Vage fragte sie sich, wo Cyrus sein mochte und was er gerade tat – vermutlich schlafen –, aber es war besser, jetzt nicht an ihn zu denken, auch nicht ans Schlafen, und erst recht nicht, wie hungrig sie war und wie sehr sie fror.

So konzentrierte sie sich auf Ahmad, der mit beneidenswerter Agilität über die felsigen Hindernisse kletterte. Unwillkürlich dachte sie an das Dorf, aus dem sie gekommen waren, und daran, daß Mahfoud so geredet hatte, als würde Ahmads Vater seinen Sohn nie mehr zurückholen; und sie fragte sich wieder, was er ahnte und befürchtete. Sein Verhalten hatte sie zu dem Zeitpunkt beunruhigt, als Max übersetzt hatte, und es beunruhigte sie auch jetzt. *Wir konnten ein paar Leben retten*, dachte sie. *Nicht viele, nicht Hamoud ou Azus in Fes und vielleicht auch nicht das des verhafteten Ibrahims aus Er Rachidia; aber den jungen Kellner in Erfoud konnte ich rechtzeitig warnen, und in Tinerhir haben wir Omar und seiner Tochter geholfen, sich in die Wüste abzusetzen.* Bis jetzt lebte auch Sidi Tahar noch, und er hatte selbst unter Druck den Namen des Informanten nicht verraten, zu dem sie nun unterwegs waren.

Also gab es auch hier Hoffnung ... Genügte es, was sie getan hatten?
Darauf gab es keine Antwort, und jetzt mußten sie eine Möglichkeit finden, sich selbst zu retten.
Sie waren etwa zwei Stunden dahingestapft, als Max abrupt die Hand hob. »Horchen Sie!« sagte er scharf.
Sie blieben stehen, lauschten und hörten es nun ebenfalls: das langsame, gleichmäßige Dröhnen einer Maschine zerriß die Stille der Nacht und kam auf sie zu. »Am Himmel!« sagte Max. »Hört sich wie ein Hubschrauber an – ein ziemlich tief fliegender noch dazu.«
Verblüfft entgegnete sie: »Aber sie können uns doch in der Dunkelheit nicht sehen!«
»Möglicherweise schon. O Gott, sie können es durchaus, wenn sie Nachtsichtgläser haben!«
Einen Moment war sie wie betäubt, dann krächzte sie: »Verstecken!« Sie blickte verzweifelt um sich, dann deutete sie auf einen riesigen Brotlaibfelsen, in dessen Fuß Erosion ein Loch gefressen und einen niedrigen Überhang zurückgelassen hatte. Sie rasten über Felsbrocken springend darauf zu und konnten sich in den engen Spalt zwängen, ehe das Hubschrauberdröhnen ohrenbetäubend wurde. Schaudernd sagte sie: »Er muß wirklich *sehr* niedrig fliegen.«
Der Strahl des Suchscheinwerfers erreichte sie als erstes: ein schrecklicher, greller Lichtfinger, der zwischen den Felsen nach ihnen suchte, sondierte, tastete, fast menschlich wirkte, während er Felsen um Felsen taghell beleuchtete. Wie Treiber, die auf die Büsche klopfen, um Wild aufzuscheuchen, dachte Mrs. Pollifax, und sie vier waren das Wild, das sie aufspüren und ins Freie treiben wollten, um es vor die Flinte zu kriegen. Und der schreckliche Krach, den dieses Ungeheuer machte, das unsichtbar

über ihnen schwebte, begleitete das Licht. Der Hubschrauber war so nahe und so tief, daß seine Rotorblätter die Luft um sie peitschten, und die Grashalme in den Felsspalten erzitterten.

Sowohl Lärm wie Licht waren erschreckend. Die Zeit stand still, während sie warteten und horchten. Mrs. Pollifax ertappte sich dabei, daß sie den Atem anhielt, als könne sie solcherart unsichtbar werden. Endlich flog die monströse Maschine weiter. Allmählich beruhigten sich Luft und Gras, und der Krach der wirbelnden Rotoren schwand langsam.

Sie waren glücklicherweise nicht entdeckt worden; noch nicht, zumindest.

»Sie suchen *uns?*« fragte Ahmad verängstigt.

Max antwortete grimmig: »Ja, und sie werden zurückkommen!«

Mrs. Pollifax gefiel der Klang seiner Stimme nicht, deshalb sagte sie rasch und fest: »Ja, aber wir müssen trotzdem weiter! Wir müssen Khaddour Nasiri warnen!«

»Wenn er nicht schon tot oder eingesperrt ist«, entgegnete Max düster.

»Max«, mahnte sie, »geben Sie jetzt nicht auf, wir brauchen Sie!«

Er kroch unter dem Überhang hervor und blickte sie gereizt an. »Sie sind verdammt gelassen, aber Sie haben natürlich recht. Okay, marschieren wir weiter.«

Sie verließen ihre Zuflucht, gingen nun vorsichtiger und mit angespannten Sinnen weiter: ihre Ohren lauschten auf Geräusche möglicher Verfolger; ihre Augen spähten unentwegt nach einem neuen Versteck zwischen den Felsen, für den Fall, daß sie wieder eines brauchten. Nach etwa einer halben Stunde hörten sie den Hubschrauber erneut in der Ferne. Sie gingen in Deckung, sahen jedoch, wie seine Scheinwerfer den Himmel einige Kilometer entfernt durchschnitten. Als seine Umrisse sich flüchtig vom Mond abhoben, glich er einer monströsen Gottesanbeterin mit geschwollenem Bauch und ausgebreiteten Flügeln. Sie sahen ihm nach, bis er wieder in der Richtung verschwunden war, aus der er gekommen war, dann verließen sie ihr Versteck und setzten ihren Weg fort.

Später, im ersten Morgengrauen, legten sie eine Rast ein und teilten ihre einzige Dose Ölsardinen und die restlichen Orangen. Seit über einer Stunde hatten sie nichts mehr gesagt. Als sich Mrs. Pollifax mit verrutschtem Schleier und geröteten Wangen erschöpft auf ein Grasbüschel fallen ließ, keuchte sie: »Das beantwortet jedenfalls eine Frage, die mich gequält hatte.«

»Welche?« fragte Max und setzte sich neben sie.

Sie drehte den Kopf und grinste ihn an: »Ob noch Leben in der alten Dame steckt. *Toujours gai, toujours gai* ...«

»Was in aller Welt ...«

»Ein Zitat aus *Archy and Mehitabel*«, erklärte sie zwinkernd. »An dem Tag, als mich Carstairs' Assistent wegen dieser Reise anrief – meine Güte, das ist noch nicht einmal eine Woche her! –, hatte ich mir gerade gedacht, daß ich wohl zu alt für neue Aufträge sein mußte. Ich grübelte darüber nach, als das Telefon klingelte.«

Max lachte schallend. »Danke! Ich hatte nicht gedacht, daß ich je wieder lachen könnte! Das haben Sie wirklich gedacht? Sie zweifelten daran?«

»Natürlich zweifelte ich.«

Er betrachtete sie in dem dämmrigen Licht und schüttelte den Kopf. »Ich kann mich nicht einmal erinnern, wie Sie aussahen, als wir uns das erstemal begegneten – sehr kultiviert, glaube ich. Jetzt reise ich mit dieser wilden

Bauersfrau in zerrissener Dschellabah und zerfetzten Sandalen und kann mich kaum noch auf den Beinen halten ... Und Sie haben tatsächlich gedacht ... Ich hoffe, Sie halten mich nicht für hysterisch, aber ich finde das entsetzlich komisch!«

Sie lächelte ihn sonnig an. »So komisch auch wieder nicht, aber nehmen Sie doch noch von der Orange. Sidi Tahar, wie weit ist es noch?«

Er deutete geradeaus. »Es ist schon nicht mehr so felsig. Wir sind am Rand der Wüste – der echten Wüste!« Ernst fügte er hinzu: »Sie wissen doch, daß Sie in die Wüste müssen? Die einzige Möglichkeit für Sie, Marokko zu verlassen.«

Das war ihr seit Stunden klar, doch Anstrengung und Gefahr hatten es aus ihrem Bewußtsein verdrängt. Mit einem müden Anflug von Humor antwortete sie: »Und ich habe mein Rückflugticket von Casablanca nach New York so sorgfältig gehütet ... Sogar meine Bordkarte habe ich.«

Max sagte gereizt: »Sie tun so verdammt zuversichtlich, Sidi Tahar! Als ob feststünde, daß es uns gelingt, Rouida zu erreichen, Khaddour Nasiri zu finden und den Ort wieder heil zu verlassen. Wie können Sie so sicher sein, wenn Sie nicht einmal wissen, wie dieser Mann zu finden ist? Ist das wieder einmal Ihr Allah, der Ihnen das einflüstert?«

Er überraschte sie mit seiner gelassenen Antwort. »Ich war im Lauf der Jahre schon des öfteren in dem Dorf, trank Tee mit dem Vorsteher el-Kebaj und unterhielt mich mit ihm über den Koran. Nein, er gehört nicht zu uns und wir müssen ihm aus dem Weg gehen. Ich übernachtete in Khaddours Haus auf dem Weg zu ...« Er lächelte. »... anderen Orten.«

»Auf dem Weg in die Wüste.« Mrs. Pollifax nickte. »Zu den Polisarios.«

»Ja. Wohin Sie jetzt müssen, um nach Algerien zu gelangen, wo Sie einen neuen Flugschein und eine neue Bordkarte bekommen.«

Aber seine Worte erschienen ihr nicht real, zu viele Ungewißheiten und ein Hindernis namens Rouida ließen alles nur als Wunschtraum erscheinen.

Max sagte ungeduldig: »Aber hat das nicht Mißtrauen in Rouida erregt?«

Sidi Tahar zuckte mit den Schultern. »Ich werde da und dort und dann und wann eingeladen, wenn es Allahs Wille ist. Es ist bekannt, daß ich umherwandere, denn es ist eine Aufgabe des Ordens, dem ich angehöre, den Armen zu helfen, und die Armen sind überall.« Er lächelte. »Es heißt, daß Demut der Reichtum der Armen ist und daß bei den Reichen zu sitzen ein kaltes Herz macht ... Danach richtet sich das Gesetz der Bruderschaft, das auf dem Koran beruht.«

»Ich verstehe«, sagte Mrs. Pollifax, gerührt von diesen Worten. Ihr Blick fiel auf Ahmad. Sie sah, daß er jetzt Sidi Tahars Hand hielt. Ihr entging auch seine andächtige Miene nicht. Er übertrug seine »Heldenverehrung« jetzt auf Sidi Tahar – und das war gut so, sagte sie sich streng, denn von ihnen hier hatte Sidi Tahar die größte Chance, zu den Polisarios durchzukommen. Sie und Max waren Fremde, Verkleidete aus dem Westen, und so *sorgfältig* von der Polizei gesucht.

Sie vergruben die leere Ölsardinendose und die Orangenschalen unter den Steinen und stapften weiter. »Es ist jetzt nicht mehr weit«, versicherte ihnen Sidi Tahar und führte sie mit langen, sicheren Schritten, wobei seine Dschellabah lose wie ein Cape hinter ihm her flatterte.

Im Osten erhellte sich der Himmel merklich, die dunklen Schatten der Felsen schrumpften, die frische Luft verriet bereits einen Hauch Wärme nach der kalten Nacht, und ein leichter Wind kam auf. Während sie weitermarschierten, fiel Mrs. Pollifax auf, daß sie bald nur noch Sand unter den Füßen hatten und daß die Felsen endgültig hinter ihnen lagen. Als eine niedrige Anhöhe vor ihnen emporragte, hob Sidi Tahar die Hand.

»Horchen Sie!« sagte er lächelnd.

Der sanfte Wind trug das Krähen eines Hahnes herbei.

»Ein Dorf?« stöhnte Mrs. Pollifax.

»Ja. Rouida liegt links von uns. Wir werden den Berg nicht hochsteigen, sondern kriechen, bitte.«

Es war ein schräger, nicht sehr langer Hang, und als Mrs. Pollifax, auf dem Bauch liegend, oben angelangte und über die Kuppe spähte, hielt sie den Atem an. Unmittelbar voraus lag die Wüste, diese große einsame Weite, von keinen Bäumen, keinen Dörfern, keinen Menschen in ihrer Majestät gebrochen, und im Augenblick nur vom Mond beleuchtet, der jeden Moment hinter den Horizont gleiten würde. Sie schaute und staunte: Hier war die Welt von Nomaden und Einsiedlern, von Männern Gottes wie de Foucald, von versteckten Oasen und den Gräbern von Karawanenleuten und Forschern. Sie drehte den Kopf nach links und sah etwa einen Kilometer entfernt die schattenhaften Umrisse von Rouida, einer Ansammlung von niedrigen Häusern mit Flachdächern.

Plötzlich deutete Max. »Schauen Sie! Was ist das?«

Weit entfernt, auf der vor einem Augenblick noch leeren Wüste, hoben sich verschwommene Formen am Horizont ab. So plötzlich waren sie dort aufgetaucht, als wären sie einen steilen Berg hochgeklettert und mit einemmal an seinem Kamm sichtbar geworden. Die winzigen Figuren

erstreckten sich in einer Einserreihe über einen Kilometer von Ost nach West.
»Das sind Kamele, müssen Kamele sein«, sagte Max fast ehrfürchtig. »Es ist eine Karawane!«
»So viele!« flüsterte Mrs. Pollifax und beobachtete staunend, wie hundert oder mehr Kamele allmählich aus der *hammada,* der Geröllwüste, kamen. Ihr gemächlicher Schritt kündete von langen, anstrengenden Reisetagen voll Staub und Hitze. »Ich wußte gar nicht, daß es überhaupt noch Karawanen gibt. Sidi Tahar, was transportieren sie?«
»Vieles«, antwortete er. »Unbeladen wären es Kamele, die auf dem Markt verkauft werden sollten. Sind sie beladen, bringen sie Handelsware von Mali und Senegal oder Mauretanien – Gewürze, Ziegenfelle, Kupfergefäße, Elfenbein, Gold, auch von Nomaden – wie Berbern und Tuareg – angefertigte Teppiche und Schmuck.« Er zuckte mit den Schultern. »Für uns ist ihre Ankunft sehr günstig, denn sie bedeutet Ablenkung. Wir steigen nach Rouida hinunter, bevor die Karawane näherkommt – sie ist noch etwa eine Stunde entfernt –, denn in dem Durcheinander . . .« Er blickte die beiden Erwachsenen streng an. »Sie hofften, sich ein bißchen ausruhen zu können, das weiß ich, aber das ist ein Geschenk Allahs für uns! Kommen Sie! Ehe es heller wird . . . Wir müssen uns wie Schatten bewegen.«
Ein Hauch Panik befiel Mrs. Pollifax, als sie ihn so reden hörte. Sie war noch nicht bereit weiterzumarschieren, doch das war nicht physisch bedingt, sondern psychisch. Sie zitterte, ihr fehlte momentan der Mut, sich einen Erfolg ihrer Aktion vorzustellen. Sie brauchte Zeit, nachdem sie so weit gekommen war. Sie wollte ihren Protest hinausschreien, wollte Sidi Tahar erinnern, daß sie seit

über vierundzwanzig Stunden nicht mehr geschlafen hatte. Und sie wollte – *mußte* hier in dieser relativen Sicherheit noch verweilen, um sich auszuruhen. Sie wollte ...
Hier Wurzeln schlagen? fragte ein anderer Teil ihres Ichs höflich. *Wie lange möchtest du denn bleiben, Emily?*
Denn Sidi Tahars eindringlicher Rat bedeutete Leben und Zukunft. Sie biß die Zähne zusammen und plagte sich auf die Füße.
Als hätte er ihre Gedanken gelesen, sagte Sidi Tahar sanft: »Es liegt alles in Allahs Hand – so steht es geschrieben.«
Sie nickte und erinnerte sich, daß das Wort Islam übersetzt Gottergebenheit hieß, und sie wünschte, daß sie ein solches Vertrauen hätte, das Nichtmoslems als puren Fatalismus ansahen. Müde dachte sie an das Sprichwort, das sie in ihrer Kindheit so oft gehört hatte: Hilf dir selbst, dann hilft dir Gott. Das und Sidi Tahars Glauben waren ihr ein bißchen Stütze. Als sie schließlich stand, empfand sie sogar etwas wie schwindelerregenden Wagemut bei dem Gedanken, wie es weitergehen würde. Vielleicht hatte ein wenig der östlichen Philosophie auf sie abgefärbt, oder sie war ganz einfach zu erschöpft, sich Sorgen zu machen. Sie dachte, wenn man mich erwischt und verhaftet, darf ich wenigstens schlafen.
Sidi Tahar übernahm nun das Kommando und erteilte strikte Anweisungen: Mrs. Pollifax mußte sorgsam darauf achten, daß ihr Schleier fest saß und ihr Gesicht verbarg, so daß nur ihre Augen zu sehen waren, und Ahmad sollte nicht von ihrer Seite weichen. Wenn Max mit seinen Bartstoppeln den Kopf gesenkt hielt und schlurfte, statt wie ein westlicher Ausländer daherzuschreiten, würde man ihn ohne weiteres für einen Bergbauern halten, doch wie gesagt, er mußte gut darauf achten, wie er ging! Er, Sidi Tahar,

würde hier das Reden übernehmen, denn Max' Arabisch war das der Städte, doch die Menschen hier waren Berber.

Von seiner Zuversicht angesteckt, machten sie sich daran, den Schutz der Berge zu verlassen. In der Dämmerung kurz vor dem Sonnenaufgang näherten sie sich Rouida aus dem Westen, während die noch ferne Kamelkarawane aus dem Süden darauf zukam. Mrs. Pollifax hoffte, daß sie sich wie Schatten bewegten, doch als sie das letzte karge Dickicht hinter sich ließen, kam sie sich wie auf dem Präsentierteller und furchtbar schutzlos vor; hier gab es nichts, wo sie sich hätten verstecken können, und nachdem sie sich so lange versteckt gehalten hatte, erschreckte sie die offene Weite.

Als sie sich dem Dorf näherten, hob es sich deutlicher aus der Dämmerung und nahm Form an. Mrs. Pollifax sah einen runden Brunnen auf dem ungepflasterten Dorfplatz – und dann den Wagen. Er war ganz in der Nähe des Brunnens geparkt und paßte so gar nicht in diese primitive Szenerie, daß er ihr Unbehagen steigerte; er war hier, am Rand der Wüste, eine Anomalie, er gehörte nicht hierher, er deutete auf einen Boten aus der Stadt, ja, auf Gefahr hin. Doch dann – noch schlimmer – bemerkte sie auch noch einen Mann, der zusammengekauert auf der Stufe zum Brunnen schlief. Ohne Zögern führte Sidi Tahar sie an diesem Mann vorbei, der aus dem Schlaf schreckte und sie aus verquollenen Augen anstierte. *»Salam«*, grüßte Sidi Tahar. Der Mann nickte, erwiderte etwas und schaute ihnen neugierig nach. Mrs. Pollifax blickte nicht zurück, sondern schlurfte hinter Max her, vorbei an einem länglichen Haus mit einem Coca-Cola-Schild. Dann führte Sidi Tahar sie gnädigerweise in einen engen Durchgang zwischen zwei Häusern. Sie seufzte erleichtert, als sie nicht mehr jedermanns Blick ausgeliefert waren.

Sie sagte: »Der Wagen ...«
Sidi Tahar nickte. »Ja, er hat ein marokkanisches Nummernschild. Passen Sie auf Ihren Schleier auf!«
Sie nickte und hielt mit einer Hand den Schleier fest, während ihr Herz heftig pochte.
Die Illusion, hier nicht gesehen zu werden, war kurz, denn das Dorf schlief gar nicht mehr. Daß es längst wach war, hatten nur die Mauern verborgen. In der Seitenstraße standen die Türen weit zu dunklen Zimmern offen. Es roch nach Speiseöl und Holzkohlenrauch; ein barfüßiges Kind stand an einer Tür und starrte sie an. Bald kreuzte sich dieser Weg mit einem anderen. Sie bogen nach rechts ab, dann nach links und wieder nach rechts; die fleckigen Mauern, die die Straßen säumten, waren nur durch Türen oder winzige, wie Augen wirkende Fenster unterbrochen. *Großer Gott, das ist ja ein wahres Labyrinth,* dachte Mrs. Pollifax und staunte über Sidi Tahars sicheren Schritt. Zweimal begegneten sie in Dschellabahs gehüllten Männern, deren Sandalen im Vorübergehen auf den Boden klatschten; dann bog Sidi Tahar abrupt in einen langen und viel breiteren Weg ein. An seinem Ende sah sie wieder Helligkeit und freie Weite – die Wüste – und ihr wurde bewußt, daß Sidi Tahar diesen dunklen, verschlungenen Weg gewählt hatte, damit sie so wenig wie möglich gesehen wurden.
Auf halbem Weg hielt er an einer verschlossenen Holztür an und klopfte leicht, aber mehrmals und schnell daran. Eine Stimme ertönte aus dem Innern, und Sidi Tahar antwortete in seiner Muttersprache. Ein Riegel wurde zurückgezogen, und kurz ehe sich die Tür öffnete, drehte sich Sidi Tahar zu ihnen um und sagte lächelnd: »Wir sind da. Hier wohnt Khaddour Nasiri.«

20

Die Tür wurde einen Spalt weit geöffnet und ein glänzendes dunkles Auge betrachtete sie. »Allah sei Dank, Sie haben es geschafft!« hauchte eine Stimme, die Tür schwang auf, und so lernten sie Khaddour Nasiri, den siebten Informanten, kennen. Er war ein grobschlächtiger, stämmiger Mann mit buschigem Schnurrbart und schwieligen Prankenhänden, doch auch wenn ihm die Höflichkeit von Sidi Tahar fehlte, freute sich Mrs. Pollifax, ihn heil vorzufinden, und sie fand, daß er sehr tüchtig aussah. Er warf einen verblüfften Blick auf Ahmad, ehe seine Augen zu Mrs. Pollifax' verschleiertem Gesicht und dann zu Max wanderten. Er deutete auf ihn und sagte auf englisch. »Er ist ein *Nasrani*, aber er hat Muskeln, er muß mir mit dem linken Vorderreifen helfen.« Erst jetzt besann er sich auf die Höflichkeit. Er verbeugte sich vor Sidi Tahar, drückte die Hand an die Stirn und grüßte: *»Salam al eikum.«*

Sidi Tahar lächelte. *»Al eikum wa Salam.«* Rasch fügte er hinzu: »Ich bin gekommen, um Ihnen zu sagen, daß alles bekannt ist, Khaddour. Unsere Arbeit hier ist zu Ende.«

Der Mann nickte. *»Bismallah,* ich bin jetzt froh wegzukommen – es ist an der Zeit, ich habe gehungert und gewartet.« Dann redete er sehr rasch in seiner eigenen Sprache weiter, was Max aufmerksam verfolgte.

Mrs. Pollifax blickte an ihm vorbei auf das Zimmer mit den dunklen Steinwänden und Teppichen und Kissen, doch es machte sie ungeduldig, daß sie nichts verstand. Sie stupste Max am Arm. »Was ist los?« fragte sie. »Worüber reden sie?«

Max wirkte verwirrt. »Er hat uns anscheinend erwartet, und sein Lastwagen steht bereit, nur irgend etwas ist mit einem Reifen.«

Sie fand das gar nicht beruhigend. »Sidi Tahar«, wandte sie sich fast flehend an ihn. »Max sagt, daß wir *erwartet* wurden?«

Sidi Tahar drehte sich zu ihr um. »Jemand war hier, bevor wir kamen, und warnte ihn.«

Sie blickte ihn entsetzt an. »Wer kann das sein? Wo ist diese Person? Ist sie von der Polizei?«

»Ich weiß nur, daß der Mann im Haus des Dorfvorstehers el-Kebaj übernachtet hat.«

»Aber ...« Aufs neue quälte schreckliche Besorgnis sie. Khaddour schenkte ihr kaum Interesse, sondern wandte sich wieder an Max, auf den er nun einredete, ohne daß sie ein Wort verstehen konnte.

Max nickte und sagte: »Jetzt ist keine Zeit für lange Erklärungen. Er sagt, daß vergangene Nacht ein Polizeispitzel ins Dorf kam und beim Brunnen schlief. Momentan braucht Nasiri einen kräftigen Mann für seinen linken Vorderreifen, was immer er damit meint. Das Wichtigste – ich versuche, mehr zu erfahren, nur was spielt es für eine Rolle?« Er gestikulierte hilflos. »Wir verschwinden oder werden geschnappt. Sie, Ahmad und Sidi Tahar sollen hier warten. Er sagt, es dauert nicht lange.«

Nicht lange, dachte sie fast verzweifelnd.

»Verschließen Sie die Tür hinter uns«, riet Max noch, dann eilte er mit Nasiri hinaus.

Sie sperrten die Tür zu. Mrs. Pollifax ließ sich auf einen dichten Teppich fallen und legte die Arme um die angezogenen Knie. Ahmad setzte sich neben sie, er blickte sie besorgt an, und Sidi Tahar, der mitten im Zimmer stand, betrachtete sie ebenfalls nachdenklich. Ernst sagte er: »Ihr Geist ist ermüdet.«

Sie nickte. »Jetzt ist es am schlimmsten, Sidi Tahar.«

Er zuckte mit den Schultern. »Aber das ist doch nicht neu für Sie.«
»Das nicht, aber wir haben alles versucht, was in unseren Kräften stand, und jetzt ist da dieser Wagen aus Marrakesch, und der Polizeispitzel, der *uns* gesehen hat, und diese mysteriöse Person, die Khaddour gewarnt hat ...«
»Der Verstand kann sich nur mit einem Gedanken befassen, nicht mit mehreren gleichzeitig«, erinnerte er sie sanft. »Denken Sie über Rouida hinaus, denken Sie an die Polisarios. Ja, ich werde jetzt von ihnen sprechen, da Sie als Frau ihren Glauben bestimmt zu würdigen wissen.«
»Glauben?«
»Wieso nicht? In ihm entsagen sie allen Arten von Ausbeutung und sind für eine gerechte Verteilung aller Mittel, für menschenwürdige Wohnverhältnisse, für ein ausreichendes Gesundheitswesen und allgemeine Schulpflicht ...«
Mrs. Pollifax warf einen raschen Blick auf Ahmad.
»... und die Emanzipation der Frauen«, fügte er hinzu, »mit gleichen politischen und sozialen Rechten.«
Das war sehr erfreulich, aber doch akademisch, denn diese Frauen waren meilenweit entfernt jenseits der Grenze, während sie sich hier befand; deshalb war sie erleichtert, als Sidi Tahar zu reden aufhörte. Nach ein paar Minuten, während er sie immer noch beobachtete, sagte er: »Sie verharren eigensinnig in Ihren Ängsten und Sorgen und sind nicht bei uns!«
Sie hatte an Cyrus gedacht; hatte sich an das kühle Grün von Tannen erinnert, an den Schnee auf den Wiesen, an mollige Kaminfeuer, aber seine sanfte Anklage riß sie aus ihren Gedanken, und sie blickte zu ihm hoch.
Er sagte: »Als Geschenk für Sie, um sie abzulenken –

und für Ahmad, weil er vielleicht eines Tages ebenfalls ein Sufi sein wird –, führe ich Ihnen jetzt den Tanz vor.«
Er zog die Dschellabah aus und stand nun in einem langen weißen gegürteten Gewand vor ihnen. Er verbeugte sich, berührte die Stirn mit einer Hand, und sie meinte, daß sich seine Lippen bewegten. Ihre volle Aufmerksamkeit gehörte jetzt ihm. Eine Melodie summend, begann er sich zu wiegen, dann hörte er auf, nahm Haltung an, verschränkte die Arme auf der Brust und begann sich zu drehen, langsam zunächst, allmählich schneller, immer schneller, und sie keuchte, als er verschwamm wie ein Kinderkreisel – er war wie eine Flamme –, und sie verstand, daß dies wirklich sein Geschenk an sie war. Sie fand zum Leben zurück, reagierte, und als er langsamer, wieder zu Körper und Fleisch wurde, glänzten Tränen in ihren Augen. »O ja«, wisperte sie. »Ja, ja, *ja!*«
Sidi Tahars Augen leuchteten; er sah aus, als kehrte er aus einer anderen Welt zurück. »Natürlich ja«, sagte er. »Immer ja – zum Leben, zu Allah.«
»Und Ihr linker Fuß hat sich nie bewegt!« staunte sie ehrfürchtig. »Danke, Sidi Tahar.« Sie lächelte und fühlte sich wieder im Jetzt verwurzelt und ohne Furcht.

Trotzdem fuhr sie zusammen, als es klopfte. Ahmad rannte zur Tür, zog den Riegel zurück und öffnete für Max, der hereinhuschte und hinter sich zusperrte. Mrs. Pollifax sah, daß sein Gesicht grau war. Mit angespannter, leiser Stimme drängte er: »Schnell – hier wimmelt es plötzlich von Polizei. Der Laster wartet am Ende des Durchgangs – völlig ungeschützt und ...«
»Großer Gott, Max, was ist das für ein Lärm?«
»Kamele«, antwortete er, und mit einer Spur seines alten Sarkasmus fügte er hinzu: »Kamele und Polizei, der reine

Wahnsinn! Sidi Tahar und Ahmad – Sie zuerst; Mrs. Pollifax und ich werden folgen. Wir gehen paarweise, aber beeilen Sie sich. Khaddour sitzt hinter dem Lenkrad, es ist gefährlich. Sobald Sie draußen sind, nach rechts und rennen!«

Er öffnete die Tür für die beiden, und Sidi Tahar nahm Ahmad an der Hand und verschwand mit überraschender Flinkheit. Max schloß die Augen, zählte: »Eins – zwei – drei . . .« Er öffnete sie, lächelte Mrs. Pollifax schief an und sagte: »*Tante* Emily, jetzt sind wir an der Reihe – beten Sie und rennen Sie, was die Beine hergeben!«

Sie nickte, er öffnete die Tür und sie hasteten hinaus. Rechts, etwa acht Türen entfernt, sah sie den Laster im Sonnenschein warten, doch als sie zu laufen anfingen, brüllte jemand hinter ihnen: »*Arretez!* Stehenbleiben!«

Sie blickte über die Schulter und sah, daß zwei Männer in schwarzen Lederjacken und Schirmmützen den Durchgang betreten und, als sie sie sahen, zu laufen angefangen hatten. »Polizei!« keuchte Max. »O Gott!«

Weil sie so nahe waren, und weil einer von ihnen einen Revolver zog, hatten sie keine Wahl, als tatsächlich stehenzubleiben. Max wisperte: »Es sind nur zwei . . .« Und mit einem raschen Blick: »Passen Sie auf, daß der Schleier nicht rutscht!«

»Sie würden ihn mir schnell herunterreißen«, entgegnete sie leise. »Nehmen Sie den rechten, Max, ich kümmere mich um den anderen.« Ein rascher Blick über die Schulter zum Laster zeigte ihr, daß Sidi Tahar soeben Ahmad auf die Ladefläche hob, aber Khaddour konnte es sich nicht leisten, lange zu warten. Sie wandte sich wieder den zwei Polizisten zu. Hinter ihnen betrat gerade noch jemand den Durchgang – und sie erkannte ihn. Es war Saleh, der sie in die Lagerhütte in Zagora eingesperrt hatte.

Jetzt oder nie, dachte sie grimmig, und als die beiden Gesetzeshüter sie erreicht hatten und barsch arabisch auf sie einredeten, nahm sie Abwehrhaltung ein und wartete.
Der größere der beiden streckte den Arm aus, um ihr den Schleier herunterzureißen. Dadurch kam er ihr nahe genug. Mit einem schnellen Hieb schlug sie seinen Arm hinunter, zielte mit dem Fuß auf das Nervenzentrum an seinem Oberschenkel, und als er vor Schmerzen aufschreiend zurücktaumelte, schmetterte sie die Knöchel ihrer Rechten unter sein Kinn. Als er halbbetäubt auf dem Boden lag, drehte sie sich Max zu und sah, daß es ihm geglückt war, dem anderen den Revolver zu entwinden und ihm damit auf den Schädel zu schlagen.
»Laufen Sie!« keuchte Mrs. Pollifax. Eine Kugel schmetterte dicht neben ihnen in die Wand und unterstrich die Dringlichkeit der Aufforderung. Saleh war bewaffnet und brüllte um Hilfe.
Sie rannten. Die Tür des Führerhauses aufzureißen, war keine Zeit, so schwangen sie sich zu den anderen auf die Ladefläche. Khaddour gab Gas, bog auf die breite Sandstraße zur Wüste ein und bahnte sich einen Weg durch Dutzende von Kamelen, riesige, häßliche Geschöpfe, die stöhnende Laute von sich gaben, als ihre blaugewandeten, verschleierten Tuaregtreiber ihre Lasten abluden. Mrs. Pollifax spähte über die Bordwand und beobachtete Saleh, der schreiend aus dem Durchgang stürmte. Zweifellos forderte er mit seinen aufgeregten Rufen, daß man sie aufhalte, und da ihn über das Brüllen der Kamele niemand hörte, feuerte er Schüsse in die Luft. »*Regardez!* Aufhalten!« schrillte er und gestikulierte wild.
Der Laster fuhr erschreckend langsam. Sie sah, wie sich Khaddour im Führerhaus über den Ganghebel beugte und sein rechter Arm sich abplagte, ihn aus dem ersten

Gang herauszuschieben. Sie ließen die Kamele hinter sich, aber so langsam, daß Saleh, der ihnen nachrannte und mit der Pistole fuchtelte, auf bedrohliche Weise aufzuholen begann. Ein Kameltreiber hatte sich ihm inzwischen angeschlossen – seinem verschleierten Gesicht und dem blauen Gewand nach ein Tuareg –, und dahinter sammelten sich weitere Polizisten zur Jagd auf sie. *Wir werden es nicht schaffen,* dachte sie grimmig, *o diese alten Karren, diese Karren! Lieber Gott, hilf uns – schneller, Khaddour, schneller!*

Das Schneckentempo im ersten Gang war nervenaufreibend; sie hatten noch nicht einmal die letzten Mauern des Dorfes erreicht, hinter denen die heißersehnte Wüste lag. Sie spürte, wie Ahmads Hand nach ihrer langte und hielt sie fest, teilte seine Angst. Eine Kugel aus Salehs Pistole prallte mit einem metallischen *Ping* gegen die Bordwand, die Kamele brüllten hinter ihnen, der Motor heulte und der Hebel blieb immer noch im ersten Gang stecken.

Es ist hoffnungslos, absolut hoffnungslos, dachte Mrs. Pollifax verzweifelt, als Saleh und der Tuareg, weit vor den anderen, immer näher kamen. *Bitte Khaddour, sieh zu, daß die Gangschaltung endlich funktioniert!* betete sie, und während sie über die Bordwand schaute, sah sie wie der verschleierte Tuareg einen Revolver aus seinem Gewand zog und kurz stehenblieb, um zu schießen.

»Hinlegen, Ahmad!« schrie sie und duckte sich. Der Tuareg drückte auf den Abzug und feuerte. Doch als sie einen raschen Blick über die Bordwand wagte, sah sie verblüfft, daß er nicht auf sie geschossen hatte, sondern auf Saleh.

Sie keuchte, als Saleh zusammensackte. Der Mann im blauen Gewand wirbelte herum, um zu fliehen; in diesem Moment löste sich sein Schleier und sie sah sein Gesicht. Sie glaubte ihren Augen nicht trauen zu können. Die übrigen Verfolger hielten neben Saleh an und starrten verwirrt auf ihn hinunter. In diesem Moment ließ sich der Hebel endlich in einen höheren Gang schieben. Als der Laster Fahrt aufnahm, verschwand der Mann, der Saleh erschossen hatte, in einer der Labyrinthgassen, doch kurz bevor er hineintauchte, sah Mrs. Pollifax, wie er sein Gewand wegwarf und nun eine blaue Windjacke und dunkle Hose trug.

Neben ihr rief Max verblüfft: »Großer Gott! Dieser Mann hat uns das Leben gerettet! Haben Sie das gesehen?« Da bemerkte er ihren Gesichtsausdruck. »He, alles in Ordnung? Sie sehen aus, als hätten Sie ein Gespenst gesehen!«

Mrs. Pollifax lehnte sich verwirrt, erstaunt und nachdenklich an die Bordwand. »Das habe ich auch«, antwortete sie schließlich. »Ich habe einen Geist gesehen!« Und als ihr voll bewußt wurde, was sie gesehen hatte – und wen – und sie das Ganze deutete, begann sie zu lächeln und plötzlich warf sie den Kopf zurück und lachte laut.

Verärgert rief Max: »Also wirklich! Wir haben immer noch fast vierzig Kilometer bis zur Grenze! Worüber in aller Welt lachen Sie?«

»Über einen unglaublichen Witz«, rief sie zurück »Einen wundervollen Witz! Vergangenes Jahr begegnete ich einem ekelhaften, eingebildeten Kerl und wäre nicht einmal im Traum auf den Gedanken gekommen, daß er einer von Carstairs' Leuten sein könnte, dabei . . .«

Sie beendete den Satz nicht; sie würde Max später davon erzählen, wenn sie nicht mehr zu brüllen brauchten. Statt dessen drehte sie sich um und blickte zurück nach Rouida, das nun, da sie über die Wüste rasten, zum Spielzeugdorf geschrumpft war, und dachte: *Salam al eikum, Mr. Mornajay ... Ich hoffe, Sie haben nicht nur auf Gott vertraut, sondern auch ihr Kamel angebunden, und werden bald in Sicherheit sein ...*

Keine Hubschrauber kamen, sie aufzuhalten, keine Wagen verfolgten sie, und schließlich schlief Mrs. Pollifax ein wenig, mit dem Kopf an Max' Schulter. Als sie die Augen aufschlug, staunte sie, daß sie bei einer so holprigen Fahrt über Sand, der teilweise zu glasigen Klumpen gebrannt war, überhaupt hatte einnicken können. Über ihnen war der Himmel immer noch mit den Gold- und Aprikosenfarben des Morgens überzogen – sie hatte also gar nicht so lange gedöst –, und als Khaddour fest auf die Hupe drückte, die sich wie das Brüllen von Kamelen anhörte, wurde ihr bewußt, daß sie davon aufgewacht war. Sie setzte sich auf und fragte; »Was in aller ...«

»Dort!« rief Max und deutete.

Sie lehnte sich über die Bordwand und sah, daß sich voraus das Bild der Wüste leicht veränderte. Niedrige Dünen kamen in Sicht, ein paar Ziegen weideten bei einem Fleckchen kargen Wüstengrases vor zwei niedrigen Zelten. Und da entdeckte sie die Männer: es waren zwei, in groben khakifarbenen Dschellabahs, die mit dem Khakibraun der Wüste ringsum verschmolzen. Turbane waren um ihre Köpfe gewickelt, die selbst das Kinn verbargen und fast auch die Augen, und jeder hatte eine Maschinenpistole um den Rücken hängen. Und während sie erstaunt darauf blickte, winkte einer mit einem Feldstecher, und der andere zog eine Pistole aus dem Gürtel und feuerte vor Begeisterung zum Willkommen ein paar Schüsse in die Luft ab.

Der Lastwagen hielt vibrierend, und die beiden Männer

rannten herbei, um Sidi Tahar zu begrüßen, ihm herunterzuhelfen und ihn freudig willkommen zu heißen.

»Aber – wer sind sie?« fragte Mrs. Pollifax stockend.

»Unsere Eskorte – Polisarios«, antwortete Max fast ehrfürchtig. »Sie sagen Sidi Tahar, daß sie seine Nachricht erhielten und schon lange auf ihn warten. Wir sind herzlichst willkommen.'«

Willkommen! dachte sie. Welch ein wundervolles Wort, nachdem sie durch das ganze Land gehetzt wurden, sich immer verstecken, immer hungern mußten und kaum zum Schlafen kamen. Und jetzt wurden sie von zwei Männern willkommen geheißen, mit denen sie ihre lange Reise zurück in die Sicherheit und zu Cyrus und nach Hause beginnen würde.

Aber Sidi Tahar hatte das letzte Wort – wie immer, dachte sie voll Zuneigung. Dieser Freund Carstairs' stand aufrecht und groß neben dem Laster, mit dem kleinen, müden Ahmad an seiner Seite. Er schaute hoch, begegnete ihrem Blick, lächelte und spreizte die Arme in einer Geste, die die große einsame Wüste einschloß, die schwindenden Farben am Himmel und alle Gefahren des Lebens. »Sehen Sie«, sagte er zu ihr. »So stand es die ganze Zeit geschrieben.«

Knaur

Auf den Spuren von Sherlock Holmes

(1459)

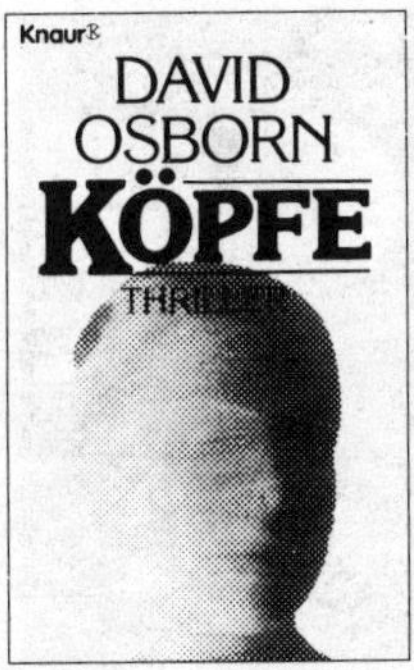

(1468)

(1794)

(2898)

(2965)

(3240)

Knaur

Medizin-Thriller

(1744)

(1745)

(2025)

(2045)

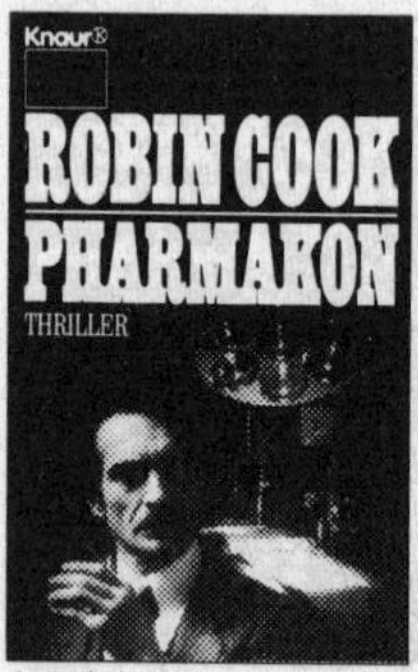

(2845)

(2938)